내 잠 속에 비 내리는데

李外秀 산문집

東文選

내 잠 속에 비 내리는데

내 잠 속 에

1. 인생의 빛 ─── 9
2. 내고향 내 친구들 ─── 21
3. 도를 닦듯 굶으며 ─── 23
4. 春川의 봄. 春川을 아는가 ─── 28
5. 가을, 詩, 숙이야 ─── 33
6. 사랑을 배우는 사람들이여 ─── 35
7. 말도 안 된다 ─── 38
8. 바다엽신 ─── 41
9. 기죽을 거 없다 ─── 43
10. 젊은이여 방황하라 ─── 45
11. 다시 배고프리라 ─── 49
12. 점보빵과 화이트크리스마스 ─── 55
13. 한 다발의 시린 사랑얘기 ─── 72
14. 신혼 여행을 세계 도처에 ─── 83
15. 그 겨울 우리 마누라가 먹은 세 개의 참외 ─── 85
16. 소묘 한 묶음 ─── 95
17. 여행 일지 ─── 101
18. 해바라기의 鄕愁 ─── 105
19. 만나고 싶은 그 女子 ─── 107
20. 연못가에서 ─── 109
21. 꽃가꾸기 ─── 114
22. 맞기만 하는 권투선수 ─── 119
23. 공상에의 권유 ─── 121

비 내 리 는 데

24. 눈 오는 날에 ——————————— 125
25. 방　생 ———————— 128
26. 구조오작위 ———————— 136
27. 달라지는 소시장 ——————————— 142
28. 하찮은 것들을 위하여 ————————————— 155
29. 거　미 ———————— 170
30. 미꾸라지 ———————— 177
31. 지렁이 ———————— 180
32. 먼　지 ———————— 184
33. 콩나물 ———————— 189
34. 도라지 ———————— 193
35. 호박꽃 ———————— 200
36. 똥개들의 말 ——————————— 205
37. 나는 너에게 편지를 쓰노니 ————————————— 210
38. 대학생과 국화빵 ——————————— 215
39. 봄을 기다리는 사람들을 위하여 ————————————— 219
40. 廣大歌 ———————— 223
41. 소녀들이여 ——————————— 235
42. 겨울편지 ———————— 239
43. 누가 그를 사랑하나 ——————————— 243

절망의 벼랑에다 꽃을 피워내는 독특한 감성 (유익서) ————————————— 249

내 잠 속에 비 내리는데

1.인생의 빚

만약 인간이 먹지 않고도 살아갈 수 있다면 과연 어떤 현상이 일어날까.

어쩌면 식량문제에 쓰여졌던 그 막대한 경비와 노력 들이 보다 높은 차원에서의 인류복지문제를 해결하는 데 쓰여질 수 있을는지도 모른다.

그러나 또 한편으로 생각하면 전혀 예기치 않았던 부작용이 발생해서 오히려 인간을 더욱 절망적인 상태로 몰아가게 되는지도 모른다.

얼마 전에 쥐를 대상으로 하여 삶의 한 단면을 실험하고 관찰했던 기록을 읽은 기억이 있다.

쥐가 생활하기에 적합한 시설이나 안전조건이 아주 잘 갖추어진 창고 속에 건강한 쥐 몇 쌍을 넣고, 항시 맛있고 영양가 높은 음식을 넣어 주었을 경우 과연 어떤 현상이 일어날까.

얼핏 생각하면 번식력이 왕성한 쥐들은 오직 생식의 문제에만 전념해서 삽시간에 식구를 늘릴 것이며, 전체가 쥐떼로 득시글거릴 것으로 짐작되어진다.

그러나 실험의 결과는 전혀 예상과는 달랐다.

쥐들은 어느 한도까지 증식되어지면 그 일부가 차츰 시름시름 죽어가기 시작하고, 마침내는 그 수가 가장 많았을 때의 삼분지 일 정도만 남게 되더라는 것이었다. 그리고 일단 그렇게 줄어든 다음에는 다시 증식되어지고, 이어 시름시름 죽어가기를 계속 거듭하더라는 것이었다.

그런데 죽은 쥐를 해부하여 그 원인을 캐보니까 대개 비장이 부었거나 부신(副腎) 등의 내분비 계통에 이상이 생겼더라는 거였는데, 그

증상은 공포·과로·흥분을 겪었을 때 생기는 소위 스트레스 증상과 거의 흡사한 것이며, 이것은 신경의 피로 때문에 생기는 증상이라는 거였다.

삶의 문제란 한갓 미물인 쥐에게 있어서도 이렇듯 먹고 마시고 입고 잠자고, 또는 섹스를 즐기는 것만으로는 끝나지 않는다. 정신적인 문제라든가 육체적인 문제를 안고 개인적으로든 사회적으로든 끊임없이 갈등을 느끼며 살아야 하는 것이 모든 생명체의 숙명이다. 그 중에서도 인간은 가장 갈등이 많은 동물이다.

나는 대학을 스스로 때려치워 버리고 아무런 희망도 계획도 없이 무작정 춘천에 주저앉아 먹이문제 하나로 몇 년씩이나 고통을 받아야 했던 적이 있다.

내게는 일할 곳도 잠잘 곳도 전혀 마련되어져 있지 않았었다.

낮이면 춘천의 번화가로 나가 나를 아는 사람들에게서 하루에 딱 20원씩만 동전을 구걸했었던 적도 있다. 그때 20원으로 번데기를 사면 지금 1백 원어치 정도의 분량이었다. 그리고 삶은 감자를 사면 작은 걸로는 두 알, 큰 걸로는 한 알을 주었더랬다. 나는 이틀마다 한 번씩 20원어치의 번데기와 삶은 감자로 하루의 요기를 대신했다.

그러니까 하루는 굶고 다음날 번데기 20원어치를 사먹고, 다시 하루는 굶고 다음날 삶은 감자 20원어치를 사먹는 것이었다.

이러한 생활을 무려 2년간이나 계속하는데 나중에는 다리가 후들후들 떨려서 제대로 걸을 수도 없었고, 앉았다 일어서면 어지러워서 금방 쓰러져 버릴 것처럼 위태로웠었다. 더러 공지천 둑으로 나가 혼자 웅크리고 앉아 울곤 했었다.

밤이면 벽돌 공장으로 몰래 숨어 들어가 모랫더미 아래 벽돌을 대충 쌓아 지붕이 없는 임시 단독주택을 만들어 놓고 잠을 자곤 했었다. 또 더러는 시외버스 터미널이나 역 대합실의 벤치 신세를 지기도 했었다. 친구나 후배 들을 찾아가서 신세를 지는 것도 한두 번이 아니어서 이제는 양심도 자존심도 도저히 그것을 허락할 수 없는 단계에까지 와 있었다.

특히 그즈음 내 측면에서는 모두들 맹렬히 나를 비난하고 있었다. 경멸하고, 조소하고, 혐오하고, 지탄하기에 추호의 망설임도 보이지 않았다. 간접적으로든 직접적으로든 버러지만도 못한 자식이라는 욕설이 자주 내 귀로 전해져 왔다. 나는 반발하지 않았다. 그들의 말이 천만번 지당하다고 생각했었던 것이다.

"그까짓 교육대학을 칠 년씩이나 다녔던 저의는 무엇이며, 이런 거렁뱅이의 행색을 하고 아직도 살아남아 있는 이유가 뭐냐. 나 같으면 당장 자살이라도 해버리겠다."

"제대로 학교를 다녔으면 벌써 몇 년 전에 선생님 소리를 들었을 게 아니냐. 그런데 이게 무슨 꼴이냐, 정말로 네가 인간이라면 시장 바닥에 좌판이라도 깔아 놓고 꼴뚜기라도 팔면서 살 길을 한번 모색해 보아야 할 게 아니냐, 네가 무슨 디오게네스냐. 주제를 알아야지 지금이 어느 시대냐. 알렉산더 시대냐. 제발 정신 좀 차려라."

노골적으로 내 앞에서 침이라도 뱉아 주고 싶다는 듯한 표정을 짓는 사람들도 있었다.

그러나 국민학교 선생도 어물장수도 내가 가야 할 길은 아니라는 생각만은 확실했다. 그리고 인간이 오직 먹고 살기 위해서만이 목숨을 부지해야 하는 동물은 결코 될 수 없다는 생각도 확실했다.

솔직히 말해서 나는 고통스러웠다. 남들처럼 현실에 최면당한 채로 살기는 싫었다. 그러나 남들처럼 살지 않으려 들면 들수록 그 고통은 더해 갔다.

그런 중에도 아주 드물게 여자가 더러 생기곤 했었다. 꿈 같은 사랑을 한번 해보고 싶었다. 육체도 한번 끼져 보고 싶었다.

그러나 나는 너무 굶었기 때문인지 발기불능상태가 계속되던 중이었고, 하도 사는 일이 처절해서 꿈 같은 사랑도 제대로 되어지지가 않았다. 그래서 여자가 생기더라도 한 달 이상 정상적인 관계를 유지해 나가 본 적이 없었다.

참! 개 같은 삶이여.

가만히 있어도 시간은 흐르는 법이므로 급기야는 공포의 겨울까지 닥쳤다. 이제는 벽돌 공장에서도 역 대합실에서도 너무 추워서 새우잠을 잘 수가 없게 되었다. 사는 모습이 너무 비천하고 혐오스러우니까 마침내는 20원을 꾸어 주는 사람도 희박해져서 재수가 없으면 일주일 내내 1원조차도 수중에 들어오지 않았다.

굶주림이란 정말로 몸서리쳐져서 사람들이 보지 않는 곳에서는 길바닥에 굴러다니는 돌멩이조차 문득 버려진 떡으로까지 보인 적도 있었다.

재수가 좋으면 후배들의 시화전에 그림이나 그려 주고 소주라도 몇 잔 얻어 마실 수가 있었다. 또 가끔은 뜻하지 않은 술자리가 생겨 가까스로 안주라도 몇 점 집어넣고 요기를 삼을 수가 있었다.

세상 사람들이여, 그대들은 바람 부는 겨울밤을 한잠 못 자고 바람막이가 될 장소만 찾아 헤매다 통금 위반에 걸려 본 적이 있는가.

통금 위반에 걸리는 것은 행복하다. 최소한 보호실에서 춥지 않게 하룻밤을 보낼 수가 있으며, 벌금이 없으면 이삼 일 정도는 구치소에서 신세를 질 수도 있다. 일부러 방범대원에게 붙잡히려고 깊은 겨울밤 골목을 헤매는 한 인간의 희극적인 비극을 상상해 보라, 실화라고 믿을 수 있겠는가.

그러나 이것은 틀림없는 실화다.

나는 마침내 생의 벼랑 끝에 당도해 있는 자신을 확연히 의식하기 시작했다. 도대체 무엇을 바라고 이토록 구역질나는 목숨을 부지하며 살아가고 있었던가. 희망이라곤 전혀 보이지 않는 장래를 간직한 채 비굴하게 전전긍긍하느니 떳떳한 방법으로 자살하는 것이 어떻겠는가. 나는 하루에도 몇 번씩이나 번민했다.

그러나 여기서 죽는 것은 더욱 비굴하다. 자살은 결국 패배자가 내미는 최후의 이기주의적 자기 합리화다. 나는 어떻게 해서든 살아봐야겠다는 판단을 내렸다. 그 시절 나의 삶이란 나 자신에 대한 빚, 그 자체였었다. 나는 얼마간이라도 그 빚을 떳떳하게 청산하고 싶었다.

그런데 어느 날 길에서 우연히 후배 하나를 만나게 되었다. 그 후배는 공교롭게도 시골에서 교직생활을 하고 계시는 내 아버님의 제자였는데, 당시 강원대학을 다니고 있는 중이었다. 그즈음 나는 재질이 없어 그림을 집어치우고 글에 대해 관심을 가지기 시작했었고, 그 후배 역시 소설에 열중하고 있던 문학도였다.

"형, 아직도 살아 있수? 참 질기기도 하우."

후배는 내게 그렇게 인사를 했다. 지금은 이 나라의 아름다운 시인이 되어 있는 이언빈, 신승근, 박기동, 최승호 같은 문우들도 당시 나를 만나면 그렇게 인사를 하는 악습들을 가지고 있었다.

솔직히 말해서 나는 그런 인사를 받으면 내심 몹시 부끄러웠었다.

"살아 있지 뭐."

라고 얼버무리면서 나는 대충 후배의 인사를 어물어물 받아넘겼다.

"방학이지만 볼일이 있어서 올라왔어요. 모처럼 만났으니까 대포 한 잔 합시다."

구세주 같으신 말씀, 나는 그 후배를 따라 대포집으로 가서 이런저런 이야기들을 나누었다. 그런데 무슨 이야기 끝엔가 그 후배가 내게 조심스러운 목소리로 이런 제의를 해왔다.

"형, 내가 자취하던 방이 비어 있는데요. 거기서 한번 살아보시지 않을라우."

뜻밖의 제의였다.

나는 사실 별로 마음에 내키지 않았다. 나 자신에 대한 빚도 한두 가지가 아닌데 남에게까지 연속적으로 빚을 지고 싶지는 않았던 것이다. 남에게 대한 빚은 20원씩 꾼 빚 한 가지에 그치고 싶은 심정이었다. 게다가 친구나 후배 들을 찾아다니며 밥과 잠자리를 제공받았던 일들도 적지 않은 부담감으로 남아 있었던 터였다.

"형 성미는 잘 알아요. 하지만 마지막으로 딱 한번 자존심을 꺾어 보슈."

그 후배의 말에 의하면, H의 집에 자기가 전세로 방 한 칸을 얻어 가지고 자취를 했었는데, 그냥 방을 비워두느니 거기 틀어박혀 악을 쓰고 글이라도 한번 써보는 게 좋지 않겠느냐는 것이었다.

"H네가 빚에 쪼들려서 급히 돈이 필요했기 때문에 임기 응변식으로 도와 주는 셈치고 그 방을 내가 전세 내게 되었어요. H네도 째지게 가난해서 날마다 죽 한 그릇도 제대로 못 먹는 형편이란 말요. 그러니까 형의 먹이는 형이 스스로 구해야 되는 거요. 게다가 부엌은 있지만 얼마 전부터 아궁이에 물이 고여서 무너앉은 지 오래니까 연탄을 넣을 수도 없어요."

그렇지만 이불은 두터운 게 있으니까 그걸 뒤집어쓰고 겨울을 나보라는 애기였다.

"방이라도 있으면 그래도 좀 낫잖우. 독한 맘 먹고 한 작품 기찬 걸로 만들어 봐요."

고맙게도 후배는 거듭 내게 그렇게 격려해 주었다. 그리하여 그날로 나는 H네 집에서 살게 되었다.

H네 집은 후배에게서 들은 그대로였다. 약간 과장되게 표현하자면 아침은 굶고 점심은 거르고 저녁은 생략하는 형편이었다. 과장됨이 없이 실지로 그렇게 하는 때도 허다했다.

"보아하니 자네도 매일 굶는 모양인데 보리쌀 한 톨이라도 있어야 나눠먹지. 이 많은 식구가 굶기를 밥먹듯이 하는 형편이니."

H 어머님께서는 가끔 내게 동정어린 목소리로 그렇게 말씀하시곤 했다.

"전 괜찮아요. 조금도 염려 마세요. 지금이라도 시내에 나가면 밥 정도는 해결할 수가 있어요. 하지만 일부러 이렇게 인내심을 기르고 있는 거예요."

나는 그때마다 아무렇지도 않다는 듯 큰소리를 치곤 했다.

가끔은 H가 밥 사발을 들고 와서 내게 권하기도 했었다. 나는 되도록이면 그것을 필사적으로 사양하려 했었다. 정말이지 그때쯤엔 이미

굶는 것이 아무렇지도 않은 일상의 일처럼 생각되어지곤 했었다. 나는 다만 밤을 새워 소설이라는 걸 한번 써보려고만 안간힘을 썼었다.

그러나 파지만 자꾸 쌓일 뿐 전혀 소설은 되어 주지 않았다.

아침이 되면 지쳐서 잠이 들었고 가끔 잠결에 방문이 열리며 H 어머님의 목소리가 들려왔다.

"여보게 자나? 여보게 자나?"

"네, 잡니다."

라고 내가 마른 목소리로 대답해 드리면, 그제서야 방문이 닫히는 소리가 났다.

"벌써 닷새째 아무것도 안 먹고 방안에만 틀어박혀 있군. 아무리 굶어야 글이 나온다고는 하지만 기척도 없이 조용하기만 하면 혹시 죽은 것이나 아닌가 싶어서 겁이 덜컥덜컥 나는 걸 어쩌누. 일부러 그렇게 오래 굶으면서 글을 쓴다니 하여튼 별난 사람일세. 고생을 사서라도 그렇게 하는 걸 보니 성공은 하겠지만 옆에서 보기가 민망스럽고 딱하구만."

그러니까 죽었는지 살았는지를 수시로 확인해 보시곤 했었다는 얘기다.

그런 나날 속에서 가끔 H가 내게로 건너왔다. H는 내게 방을 내어준 후배의 친구로서 누구보다 열심히 시를 쓰는 대학생이었다. 우리는 때로 밤을 하얗게 지새면서 문학을 이야기하고 인생을 이야기했다. 굶주림을 이야기하고 운명을 이야기했다. 그런 밤 밖에서는 함박눈이 쌓이는 예감, 불도 피우지 않은 냉방에서 이불을 뒤집어쓰고 우리는 속절없이 외로움에 전율했다.

    내 房 안에서
    어느 누구를 만날 수 있을까
    가끔씩 門에 부딪히다
    사라지는 소리

하얀 뱀이 안고 있는
안개의 숨소리지
꿈처럼 가슴속에 깨어지는
유리의 비늘이지
　李興模 〈사는 것은 5〉

 H는 여러 가지로 아르바이트를 모색해 보는 중이었으나 좀처럼 마땅한 자리가 생겨나 주지 않았다. 휴학을 해야 하느냐 도둑질이라도 해서 학업을 계속하느냐로 그는 고민하고 있었다. 그의 밑으로는 여러 명의 동생이 딸려 있었으므로 당시 대학 1학년밖에 안 된 그로서는 하루 지내기도 어려운 형편이었다. 그리고 그때는 대부분 생활이 어려운 형편이었다. 물론 잘 먹고 잘 사는 사람들도 많기는 했었지만 잘 먹고 잘 사는 사람들끼리만 어울렸고 우리와는 전혀 인연이 닿아 주지 않았다.
 그러나 우리가 그 어려운 형편에서 가까스로 목숨을 부지할 수가 있었던 것은, 하다못해 우리가 파먹을 원고지 뒷면이라도 남아 있었기 때문이었다. 그것조차 없었더라면 우리는 이미 이 세상에 살아 있지 않았을지도 모르며 살아 있다고는 하더라도 전혀 다른 형태로 살아 있었을 것이다.
 하지만 굶고 살았다는 것이 무슨 자랑이며, 굶어야만 글이 나온다는 것이 어느 나라의 저주스러운 법률인가.
 어떤 사람들은 세상의 모든 글장이들이 끝까지 굶주리면서 글을 쓰다가 마침내 거리에서 동사라도 해주기를 바라는 듯한 어투로 말하기까지 한다.
 그러나 그대들이여 사흘이라도 한번 굶어보시라. 그리고 원고지 앞에 앉아 보시라. 저절로 글이 나오리라고 생각되어지는가. 천만의 말씀이다.
 굶주리는 것도 하루이틀이지, 거의 날마다를 그런 식으로 살아보시

라. 글은커녕 욕밖에 나오지 않을 것이다.
"아, 세상은 정말 쓰펄이라고 아니할 수가 없구나. 되지도 않는 소설을 집어치우고 어디 가서 일자리나 구해 봐야겠다. 정 안 되면 이젠 똥이라도 푸는 수밖에 없어."
나는 마침내 죽기 아니면 까무러치기라는 생각을 하며 H네 집을 나오고야 말았다.

　거리에는 어둠과 함께 바람뿐. 커튼 뒤로 돌아서 있는 상. 상의 파이프 오르간에 푸른 죽음처럼 거리가 실린다. 한 권의 새 노트에 새벽까지 바람이 접히고 유리창마다 바다가 흔들리고 있다. 오 흔들리는 바다에 나와 선 사내. 몇 잔 싱싱한 취기만 깔깔한 입에 남은 채 다시 폐항의 깨진 빈 틈으로 새어나는 바람을 맞고 있다.
　　李興模 〈거리에는 바람이〉

그로부터 파란만장하게 살아오기를 이제 십 년, 나는 망가지고 망가진 끝에 기어코 쓸잘데없는 시정잡배가 되었다.
툭하면 술 처먹고 마누라한테 주정이나 하고, 툭하면 세상을 향해 팔뚝질이나 하면서도 아직 글다운 글이라곤 한번도 써본 적이 없다.
애는 둘씩이나 되는데, 인생의 빚은 늘어가는데, 나이는 자꾸 먹어가는데, 몸은 점차로 쇠약해지는데, 언제 쓰려고 이렇게 비틀거리고만 있는지 모르겠다.
그러나 그 시절 나와 함께 춥고 배고픈 겨울을 보내었던 시인이여, 어둠과 절망뿐인 나날 속에서 파지 뒷장이라도 파먹으면서 문학을 종교처럼 믿어 왔던 나의 시인이여, H여.
그대는 지금 어디서 무엇을 하고 있느냐. 그대의 새 노트에 접히던 바람은 오늘도 내 생생한 기억 속에 남아 있으되 그대의 얼굴은 보이지 않고 오늘밤엔 후둑후둑 비가 내린다. 그대 그리운 발자국 소리로 비가 내린다.

이런 날은 문득 그대 생각. 소주 한 병을 들고 먼길을 젖은 채로 걸어와서 형, 아직도 살아 있수, 참 뻔뻔스럽소. 빙긋이 웃으면서 손을 내밀 것 같은 생각. 우리들의 겨울은 정말로 좆 같노라고 술취한 목소리로 회상하면서 우리가 굳게 끌어안고 살았던 그 기나긴 어둠이며 좆 같음 들이 다시는 오지 않기를 건배하며 빌고 싶다는 생각…….

그러나 나는 알고 있다. 그대는 아직도 진정한 시인이며, 그때 우리가 보내었던 그 겨울이 결코 헛되이 잊혀지지는 않을 것임을.

그러나 나 또한 믿고 있다. 한번쯤은 죽기 전에 반드시 그 처절한 나날들을 모두 모아서 피 같은 즙으로 짜낼 것임을.

그 시절 내가 만났던 모든 사람들이여. 이제 더욱더 나를 혐오해 다오. 나는 아직도 그대들에게 진 빚을 아무것도 갚지 못했다.

내 나이는 아직도 서른여덟, 이제 먹이문제는 가까스로 해결되었다. 집도 생겼다. 그것은 내가 같잖은 잡문 따위나 팔아서 마련한 또 하나의 빚이다. 어찌 혐오스럽지 않겠는가.

그러나 기다려 다오. 어떻게 해서든 일생에 단 한번쯤은 인간이 오직 먹고 살기 위해서만이 살아 있는 것이 아니라는 사실을 나도 반드시 보여 주고 싶다. 지금까지 내가 살아온 길은 나 자신에 대한 빚이면서 또 타인들에 대한 빚임에는 틀림이 없다.

하지만 내게는 빚을 갚을 만한 확신이 있다. 지금까지 내가 살아왔던 모든 나날들은 처절한 굶주림과 고통뿐이었지만, 그것들은 또 나 자신에 대한 빚이면서 재산이므로 언젠가는 내 소설의 거름으로 썩을 것이다. 그리고 단 한 그루의 나무라도 크게 하여 아름다운 열매를 익게 할 것이다. 나는 오직 그 희망이 있으므로 부끄러움을 무릅쓰고 아직까지도 살아 있다.

2. 내고향 내 친구들

내 고향은 경상남도 함양군 수동면 상백리.
봄이면 햇빛 좋은 동산 아래 문둥이들 마을이 고즈넉이 가라앉아 있고, 진달래꽃 활활 불붙어 까닭 없이 눈물나던 곳.
할머니하고 나하고 단둘이 살면서 이삭 줍고 동냥하며 보내던 그 시절이 하나 서럽지 않은 지금, 고향을 다시 생각하면 무엇을 하리, 고향을 생각하면 무엇을 하리.
친구들하고 번천 벚꽃 환한 풍경을 바라보면서 학교로 가면 천막 교실 안에서 기다리던 선생님. 정택상 선생님. 지금은 어디서 무엇을 하고 계신지.
가르치시기를, 황금을 보기를 돌같이 하라 하셨는데 어린 제자는 이제 다 커서 길바닥에 깔려 있는 돌들이 모두 황금이었으면 좋겠다는 생각도 몇십 번, 썩을 대로 다 썩어서 비틀비틀도 몇십 번.
때로는 간절히 고향에 돌아가고 싶지만, 고향에 돌아가면 무엇을 하리. 다시 고향에 돌아가면 무엇을 하리.
친구들도 뿔뿔이 흩어지고 낯선 사람들이 모두 차지한 고향.
군대 가기 직전에 한번 가보니 고향은 낯설기만 하고 나를 반기는 건 주막의 몇 잔 술.
그러나 이제는 모두 고향을 바꾸어 살고 있거니.
친구들하고 봇도랑 막아 놓고 살진 미꾸라지 잡던 그 들판도, 농약 무더기가 폭폭 쏟아져서 박토가 되고, 어린 마음 가슴 설레던 일들도 무참히 깨달아져서 소원도 믿음도 하나 없는데. 빌어먹을, 누군들 고향이 따로 있을까.

한때는 방세가 몇 달이나 밀려서, 하루 한 끼만 먹어도 아무 말 안 하고 살던 내 마누라의 순정(註·술을 가져왔기 때문에 '바가지'를 바꾸었음) 속에 괴롭다가, 순경 아저씨한테 노상강도 누명까지 쓰고 매도 맞다가, 아니아니 그 이전에는 더 많이 서러운 일 당하며 떠돌다가 그럭저럭 뿌리 내린 강원도 땅.

나는 한 그루 병든 나무라 해도 더러는 햇빛 좋은 날 시시한 꽃이라도 한 이파리 남 보이지 않게 피우고 싶으니, 벌이건 나비건 지나가다 참으로 옛같이 사는 내 인생 어느 한 부분에 잠시 앉으시어 내 고향에 대한 말을 전해 주소서. 그리고 경상남도 함양군 수동면 상백리까지 날아가서, 겨울에 발가락 비져 나오는 짚세기 신고 바람 피해 물 마른 도랑을 웅크린 모습으로 나란히 등교하던 내 친구들한테까지 전해 주소서. 그대가 서 있는 그 자리가 바로 고향이고, 그대 곁에 서 있는 그 사람이 친구라고.

이제 어디에도 고향은 없거니. 나는 서른이 넘고, 쓰러지기도 서른 번 넘고, 그러다 보면 고향도 없거니.

그대가 눕는 자리가 고향이고, 그대가 눈 뜨는 자리가 고향인 것을.

이제 다시금 고향을 생각한들 어디에 고향이 있으리. 이제 다시금 친구를 생각한들 어디에 친구가 있으리.

우리가 청명한 목소리로 한나절을 보내던 그 빈터에도 불도저의 강인한 이빨이 박히고, 박힌 뒤에 뒤집혀진 흙더미 위로 생경한 콘크리트 건물들이 들어서고, 해질녘 그 밑에 우리는 그늘이 될 뿐 다시 모여앉은 바람이 될 뿐.

정말로 우리가 사는 그늘이 모두 고향이고, 우리가 만나는 바람이 모두 친구인 것을.

어디에 적이 있고 어디에 칼이 있으리.

아무데서나 우리는 끌어안고 아무하고나 우리는 울면 되는데.

3. 도를 닦듯 굶으며

　나의 삶은 조악하였다.
　외상값을 갚기 위해 《강원일보》 신춘문예에 소설 한 점을 던졌던 것을 계기로 내 인생은 새로운 전환을 맞이했다.
　감히 말하거니와 인생은 빚으로 사는 것이 아닐지. 그때 상금으로 그 빚을 갚고 나는 지그재그로 면상을 두드려 맞으면서 몰리기 시작했었다.
　마침내 내가 알아낸 사실은 내가 축몰이에 걸려 있다는 것. 지금까지 몰리기만 하던 축에서 손을 떼고 다른 곳에다 돌을 걸어보아야 한다는 것. 그러나 지금까지 몰리던 돌들을 충분히 이용해서 내 인생 한 판 바둑을 끝내는 좋은 모양으로 거두도록 노력해야 한다는 것. 그러나 아직은 수가 모자라 안타깝기만 하다.
　회상해 보자.
　교육대학을 중퇴하고 나는 전교생 17명의 어느 깊은 산중 화전민촌 분교에서 소사 노릇을 했었다. '이 선생님'의 꿈을 안고 교육대학에 입학했던 놈이 결국은 '이씨'로 전락해 버리고 말았다.
　아, 그 겨울은 얼마나 외로웠던가. 나 이씨는 방학이 되자 소설가가 되는 연습을 시작했다.
　아무도 찾아오지 않았었다. 그리고 배고팠었다. 쌀이 생기면 밥을 한솥 가득 해놓고 조금씩 먹었었다. 상할까봐 밖에다 내놓고 얼음밥을 만들곤 했었다. 서걱거리는 얼음밥을 먹으면 정신이 청명해져 왔었다.
　가끔은 눈이 내리고 첩첩산중, 나는 여자가 그리웠었다. 그러나 누

가 있을 것인가. 한밤중 눈 내리는 운동장에 서서 추억 같은 수음을 했었다.

파지만 뜯겨 나가고 단 한번도 묶이는 원고지는 없었다. 가끔은 산비탈로 눈이 무너져 내리는 소리, 내 가슴도 우수수 헐리곤 했었다.

겨울 개구리.

얼음 언 개울에 나가 얼음을 깨고 개구리를 잡아먹기도 했었다. 솔직히 말해서 맛이 있었다. 그러나 한편으로는 참혹했었다.

소설가란 참 더럽게 힘드는 것이로구나, 차라리 '이씨'로 내 인생을 말뚝박아 버리고 싶다는 생각을 하루에도 몇 번이고 해보았다. 갈수록 소설가들이 하느님 같아 보이기 시작했었다.

비공식적으로 했던 취직이었으므로 나는 소사의 자격을 박탈당하기에 이르렀었다.

나는 다시 산을 내려와 도를 닦듯 굶기 시작했었다. 지금도 나는 끝내 주게 잘 굶는데, 아마도 그때 닦은 도의 덕분이리라. 그러나 그게 어디 닦고 싶어 닦은 도이랴. 인생이 조악하다 보니까 절로 그렇게 된 거지. 아, 다시 한번 회상해 보자.

안개 많은 춘천. 전문적인 거지 행각. 그리고 사기 행각. 소설가가 되겠다는 것을 빙자하여 나는 얼마나 많은 사람들을 속여먹어 왔었던가. 그리고 얼마나 많은 사람들로부터 분에 넘치는 격려를 받아왔었던가.

특히 장미촌의 장미꽃들에게 나는 지금도 감사하고 있다. 그녀들은 내게 연탄불을 같이 쬘 수 있도록 허락해 주었고, 포주 몰래 빈 방을 빌려 주기도 했었다. 더러는 돈 많은 늙은이를 등쳐서 아침에 설렁탕 한 그릇을 포식할 수 있는 은혜도 베풀어 주었다. 그러나 같이 자 주지는 않았었다.

나는 언제나 여자가 그리웠었다. 여자만 하나 있다면 어떻게 해서든 소설을 한 편 쓸 수 있을 것 같았었다. 그래서 마치 여자를 환장한 놈처럼 '밝히고' 다녔었다. 그러나 만나기가 바쁘게 끝장나곤 했었다.

부모님의 결사 반대 때문이었다.

당연했다. 당연하고도 당연한 일이었다. 내 머리카락은 베토벤보다 더 엉망진창이어서 항시 머릿니가 곰실곰실 기어다녔고, 기어다니다가 방바닥에 떨어지기도 했었고, 주책없게도 '우리딸과 다시는 만나지 말라'는 얘기를 하러 온 여자의 엄마 치마폭에까지 기어오를 정도였었다. 게다가 어디 내 꼬라지가 머리카락만 엉망진창이었으랴. 아래위로 동서남북 훑어보아도 쓸 만한 데라곤 전혀 없었다. 내가 그녀들의 엄마였어도 딸을 줄 생각은 하지 않았을 거였다.

그러다가 나는 좋은 후배놈들을 몇몇 만났었다.《문예중앙》에〈오위류〉를 발표했던 양순석이라는 여자가 '바람문학동인'으로 있었는데, 그때 나는 양순석이라는 여자와는 별로 친하지 않았었지만 '바람들' 몇몇과는 소설을 빙자한 사기를 거래하며 중앙시장 바닥을 헤매었었다. 그리고 또 '그리고'라는 부사를 간판으로 내걸어 놓은 한 무리의 글패들이 있었는데, 그 패들에게는 특히 엄청나게 신세를 많이 졌었다. 《심상》이란 시지에서 좋은 작품을 보여 주었던 신승근 형도 역시 '그리고'였다.

우리는 수시로 만나서 술을 마셨었고, 술을 마시면 '패배(?)당했다'는 절망감에 빠지곤 했었다. 그러니 그때가 한창 때였다는 표현이 적당하지 않을까. 그때 나는 글솜씨가 조금 늘었다. 제법 많은 책도 읽을 기회가 있었다.

그러나 역시 소설가가 될 자신은 없었다. 큰소리뿐, '자신 있어' 큰소리치며 헤매기만 했을 뿐 아무리 생각해도 내 실력은 '엿먹어라'였다.

나는 다시 본격적으로 뼈를 한번 깎아보아야겠다는 결심을 했었다. 그래서 연탄도 해브 노, 담요도 해브 노인 상태로 싸구려 골방을 하나 얻었다. '그리고'들에게 원고지를 꾸어서 밤마다 파지 만들기로 전전긍긍을 거듭했었다.

한겨울 부질없는 낮과 밤 들이 파지를 벗겨낼 때마다 한 겹씩 벗겨지곤 했었다. 자주 코피를 흘렸고, 자주 변소에 가서 혼자 울었다.

소설가라는 말은 점점 위대해지는데 이외수라는 고유명사는 점점 왜소해져 가고 있었다. 만사가 정말 빌어먹을이었다. 라면 한 개를 간신히 구하면 알맹이로 사흘을 아껴먹고 스프는 술병에 풀어서 또 사흘을 아껴먹었다. 매일 죽고 싶은 심정 하나뿐이었다.

그러다가······.

참 이상한 일도 다 있지. 다음해 겨울까지 비벼서 졸고를 하나 던졌더니 '축 당선'이라는 통지가 왔었다. 나는 믿지 않았었다. 도저히 믿기지 않아서 믿지 않았었다.

지금도 그렇다. 나는 소설가라는 것을 믿지 않는다. 매일 부끄럽고 매일 울고 싶다. 내가 왜 이토록 기구한 바둑판에 뛰어들었는지 앞으로 어떻게 해야 좋을는지 두렵기만 하다.

모든 여자들에게 부탁건대 소설 쓰는 남자들을 잘 좀 봐주기를, 하여튼 누구보다도 외롭다는 사실을 알아 주기를, 더러는 술도 좀 사 주고 글도 좀 읽어 주기를.

그러나 소설가라는 것은, 제대로 소설가가 못 된 나로서는 그 무엇보다도 위대하다. 그것은 그대로 하늘이며 눈물이며 말씀이다. 아니다. 아무것도 아니다. 소설가란 무엇인지 나는 모른다. 그래서 나는 아직도 습작중이다.

4. 春川의 봄. 春川을 아는가.

춘천의 겨울은 그대로 쓰라림, 나는 언제나 혼자였었다. 마지막 사랑도 버리고, 마지막 비틀거림도 버리고, 공지천 물가로 나가 보면 스산한 바람뿐 사는 것은 언제나 부질없었다.
밤이면 우두 벌판을 내달아 와 벽을 때리는 바람 소리. 가슴도 허전하게 비어 나가고, 커튼을 걷어내고 하늘을 쳐다보면 거기 내 유년의 시린 눈물로 반짝이는 별들이 빙판같이 카랑카랑한 하늘에 박혀 있었다.
겨우내 나는 불면이었다. 새벽까지 잠이 오지 않았다. 참혹했었다. 그 무엇이든 내게는 참혹했었다. 내 의식은 앙상하게 말라죽고 유리창의 하얀 성에만 백엽 식물처럼 무성하게 가지를 뻗고 있었다. 영영 겨울은 끝나지 않을 것 같았다.
더러는 슈베르트의 슬픈 목소리로 눈이 내리고, 또 더러는 지붕에서 풀썩풀썩 떨어지는 눈더미 소리. 나는 누구에게든 편지를 쓰고 싶었다. 여기는 춘천. 겨울 속에 갇혀 있음. 엽서라도 한 장 보내 주기 바람.
그러나 나는 아무에게도 편지를 쓸 수 없었다. 당연히 내게도 엽서 한 장 오지 않았다.
그러나 봄을 기다려 볼 것. 더 이상 절망하지는 말 것. 봄이 올 때까지는 버림받고 살기로. 그리고 나 또한 하나씩 버리면서 살기로. 사랑도 버리고 절망도 버리고 모든 부질없음까지 버리고, 나도 저 시리고 맑은 겨울 허공이 될 것. 잠결에도 나는 내 가슴밭에 꽃씨를 뿌리며 봄을 생각했었다.
그대, 춘천의 봄을 아는가.

문득 잠결에 들리는 황사바람, 싸르락싸르락 모래알 쓸려가는 소리. 그리고 몇 번의 시린 비가 다시 내리고 이어 몇 번의 식은 금색 햇빛, 그 다음 마른 개나리 가지 끝에서도 움이 튼다.

공지천으로 나가 보라.

아직은 겨울의 싸아한 기운이 스며 있는 바람 한 가닥에 눈을 씻으며 제방 비탈 돌 틈에서 파릇한 풀잎이 돋고, 어느새 얼음은 모두 녹아 몇 척의 보트가 물 위에 떠 있다. 겨우내 문을 닫았던 목로 찻집도 문을 열었다. 헤어진 사람들이여, 다시 만나라.

봄은 겨우내 밤을 새우며 몇 번이고 다시 쓰고 몇 번이고 찢어 버렸던 편지 속 낱말들이 금색 햇빛 속에 다시 반짝거리기 시작하는 계절. 고통의 낱말들은 꽃으로 남고 어둠의 낱말들은 빛으로 남아 또 다른 편지를 쓰게 만드는 계절이다.

까닭도 없이 가슴이 설레이고 밖으로 나가면 누구든 한 사람쯤 정다운 이를 만날 수 있을 것 같은데 햇빛은 햇빛대로 화창하기 짝이 없다. 강 하나 건너 적당히 깨끗하고 아담한 주택가엔 하얀 옥양목 빨래들이 널려 있고, 그 뒤로는 나지막한 산비탈. 과수원엔 희디흰 배꽃이 눈부시게 피어 하늘 가는 밝은 길을 열고 있다.

밤이면 가끔 속삭이는 비도 내린다. 내려서 병든 도시를 적시고 병든 가슴을 적신다. 비로소 우리는 더 이상 외로워하지 않기로 한다. 우리도 각자 비가 되어 공지천 물 위로, 또는 꽃잎 지는 배꽃나무 밑으로 속삭이며 스며들기도 한다. 그러면 세상은 오래도록 편안하고 우리는 영원히 신선하다.

싸우지 말라. 돈과 명예와 권력 때문에 싸우지 말라. 봄에 내리는 비, 봄에 피는 꽃, 그리고 봄에 새로이 눈뜨는 모든 것들에게 죄를 짓지 말라. 자연 앞에서는 우리도 한낱 보잘것없는 뼈와 살, 너무도 많은 것을 더럽혀 오지 않았는가. 우리는 다만 서로 사랑하면 그만이다. 마음까지를 더럽히려고 애쓰지 말라. 단 한 줄의 시(詩)도 외어 보지 못한 채 봄을 훌쩍 보내어 버린 사람이 돈과 명예와 권력을 얻는다고 인간다운 생활을 영위할 수가 있겠는가. 봄비 내리는 밤 한 시, 잠 못 이루고 한 줄의 시를 쓰는 사람과 잠 못 이루고 몇 다발의 돈을 세는 사람들과를 한번 비교해 보라. 누구의 손끝이 더 아름다운가. 어디선가 꿀벌들이 윙윙거리는 소리가 들리고 구름은 벚꽃처럼 화창하게 퍼져 있는데, 정원의 식탁 위에는 아름다운 햇빛 한 장이 순은처럼 빛나고 있다. 거기 새로 페인트를 칠한 아담하고 깨끗한 의자에 앉아 점백내기 육백을 치면서, '치사하게 왜 이래요, 끗발에 지장 있다니까' 따위의 대화를 주고받는 부부와 통기타를 치면서 화음에 맞추어 '그대는 이 나라 어느 언덕에 그리운 풀꽃으로 흔들리느냐, 오늘은 내 곁으로 바람이 불고……' 등의 노래를 낮은 목소리로 부르고 있는 부부를 비교해 보라. 어느쪽이 더 아름다워 보이는가.

낭만이란 반드시 있어야 한다. '낭만이 밥먹여 주냐' 라고 반박하는 사람이 있다면 나는 더 이상 그에게 할 말이 없다. 밥을 먹기 위해 태어나서 밥을 먹고 살다가 결국은 밥을 그만 먹는 것으로 인생을 끝내겠다는 식으로 이야기하는 사람들과 같은 때에 살고 있다는 사실이 다만 비참할 뿐이다. 밥 정도는 돼지도 알고 있다. 그러나 낭만을 아는 돼지를 당신은 본 적이 있는가. 아마 없을 것이다.

인간을 사랑하라. 그러나 낭만도 사랑하라. 애당초 사랑이라는 것은 낭만이라는 강변에 피어난 꽃이다. 낭만이 없는 사람은 사랑도 할 수 없다. 마른 모래 사막에서는 한 포기의 풀잎도 자랄 수 없듯이.

돈이나 명예·권력으로도 결코 사랑의 싹을 틔울 수 없다. 돈이나 명예나 권력으로는 고작 사랑을 가장한 플라스틱 가화(假花)들이나 사들일 수 있을 뿐이다.

10원짜리 동전 하나를 전화통에다 집어넣고 검지손가락 하나로 애인을 불러내는 조잡한 시대. 문화가 죽고 문명의 이빨만 번뜩거리는 이 살벌한 시대. 먼 새벽 강물 소리로 가슴을 자욱하게 설레이며 밤을 새워 자신의 순수하고 진실한 가슴을 편지에다 심어넣는 낭만을 이 봄에는 단 한번만이라도 가져 보자. 우리 모두가 한 줄의 시가 되자.

우리 모두가 더 이상 때묻지 말기로 하자. 저 청량한 햇빛과 강물과 공기, 저 따스하고 화사한 벚꽃나무와 누님의 구름 곁에서 우리는 오래도록 음악이 되자.

녹슨 서울. 해 하나 불그죽죽하게 떠서 시름시름 병을 앓고 있는 서울. 한강이 죽어가고 있는 서울. 그 서울에도 봄은 오는 것일까. 그 서울의 녹슨 가슴에도.

물론 온다. 봄은 어디에든 온다. 그러나 더러 사람들의 가슴에만은 봄이 오지 않는 경우도 있다.

너무 외로웠기 때문에 지난 겨울 한 통의 편지도 써보낼 수 없었던 이들이여. 이제 편지를 쓰자. 봄은 편지를 쓰는 계절. 다시금 묵은 비듬을 털고 수양버들도 먼 바다를 향해 머리를 빗고 있다. 지난 겨울 쥐불을 놓았던 자리, 검은 논두렁에도 민들레가 핀다.

이제 봄이다. 겨울을 쓰라리게 보낸 사람일수록 봄은 더욱 새롭다. 마치 고통을 심하게 받은 조개일수록 그 진주가 더욱 아름답듯이.

진달래의 뿌리를 본 적이 있는가. 그 고통으로 뒤틀린 형상을 본 적이 있는가. 진달래의 뿌리는 무엇인가를 몹시 고통스럽게 땅 속에서 찾아 헤매고 있었음이 분명하다. 그 형상이 징그러울 정도로 꾸불텅 휘어지고 뒤틀려 있다. 그 무엇인가를 고통스럽게 찾아 헤매던 끝에 봄이 되면 비로소 피어나는 꽃. 햇빛에 그 고운 연분홍 꽃잎을 투명하게 반사시키며 야산 여기저기에 피어 있는 진달래에 홀려서 하루 종일을 헤매어 본 경험이 있는 사람은 알 것이다. 문득 배가 고파 한줌씩 꽃잎을 따먹으면 입 안에 고이던 그 꽃물의 향기로움을. 그 애틋한 그리움의 즙 한 모금이 적신 세포의 빛깔을.

그렇다. 이제 완전히 겨울은 갔다. 그러나 그 겨울의 모든 쓰라림만은 잊지 말기로 하자. 우리는 앞으로 더 많은 쓰라림을 배우기 위해 잠시 한 순간의 봄 속에 머물러 있을 뿐인지도 모른다. 그리고 더 큰 봄이 우리를 기다리고 있을는지도 모른다.

춘천은 안개의 도시. 그러나 봄에는 개나리의 도시. 집집마다 개나리가 없는 집이 거의 없다. 개나리는 춘천의 시화(市花)로 지정된 꽃이다. 봄이면 집집마다 샛노란 개나리가 축제처럼 눈부시다. 나는 다시 편지를 쓸 것이다. 여기는 춘천. 지금은 봄입니다. 나는 이제 양지바른 벽에 기대앉아 그냥 하늘이나 바라보며 그대에게 뭉게구름 한아름을 만들어 보냅니다. 지금 당장 하늘을 한번 쳐다보십시오. 안녕이라고.

5. 가을, 詩, 숙이야

숙이야.
 가을이 온다. 시인이 아닌 사람도 박인환의 〈목마와 숙녀〉를 읽으면 한 잔의 술을 사랑하게 되는 계절. 사무실에서 날마다 신경질 부리고 핀잔 주고 독촉하고 결재받는 일로 하루를 몽땅 보낼 수 있는, 건조한 충성심의 대가로 말단사원보다 약간 월급을 더 받게 되는, 재미 한 개도 없는 계장님도 한번쯤은 하늘을 쳐다보며 허무를 배우는 계절. 무서리 내린 아침의 공기, 바람 부는 날의 코스모스, 콩밭 역 주변에 늘 어선 사시나무 울타리와 탱자알, 나프탈린 냄새 나는 새 내의, 아내의 찬 손, 그리고 가난한 집 대문에 칠해진 식은 금색 햇빛, 이 모든 것이 명료한 감각으로 우리들 뼈에 스미게 되리라. 그대여. 편지를 쓰라.
 가을은 마당을 잘 쓸어 놓고 누군가를 기다려 보는 계절. 그대 심장에 쓰라린 흔적을 남기고 돌아섰어도 끝끝내 그리운 사람이 있거든 기다려 보라. 그 동안의 모든 진실한 말 잘 기억하여 돌아오면 들려주리라, 준비해 두라.
 지난 여름의 바다에서 실패한 사랑, 뜻도 없이 시간에 쫓기며 땀흘린 나날, 아내의 바가지와 바캉스, 장마철 비 새는 단간 셋방에서의 선잠, 그 여러 가지 빌어먹을 것들은 떠나고 있다. 아아 지겹던 모기들, 마지막 더위, 숨통이 컥컥 막히는 더위, 제발 내년에는 오지 말아다오.
 그리고 가을이여. 아직 한번도 남자와 동침한 적이 없는 순결한 여인 같은 가을이여. 씻어 다오. 우리들 마음의 때를, 매연을, 우울을, 빚진 자의 근심을. 그러나 더욱 모질게 기억토록 해다오. 가난에 찌들며 시를 쓰다가 거룩한 행적도 이름도 남기지 못한 채 외롭게 죽어간 어느 젊은 시인의 시 한 줄을. 부질없는 한 장 일력처럼 펄럭이며 떨어져 간 그 허망한 생애를.

가을같이 순결한 여자여. 이마를 짚어 다오. 괴로움 하나로 세상을 살며 마음까지 병든 자의 어두운 이마를. 가을에 한 줄의 시를 사랑할 줄 모르는 자여. 그대는 부디 부끄러워해야 한다. 그러나 이미 그대는 부끄러워하는 법도 모르리라. 그대의 가슴속엔 한심하게도 곧 김장 준비를 할 걱정뿐이고, 그대의 무식한 머릿속에는 그저 숫자만 가득 들어 있을 테니까. 그러나 시를 사랑하는 자여, 용서하라. 그 사람들은 그 사람들대로 돈, 돈, 돈이라고 시를 읊는다.

그러하다. 이제 여름은 갔다. 비계 많은 사람들이 산이며 바다로 자가용을 몰아대면서 시인을 열등케 하던 여름은 갔다.

죄없고 마음 청명한 사람들의 가을이 온다. 가을에 우리는 눈물을 참는 법을 배우자. 혹독한 추위 속에서 만나 사랑하는 마음으로 굳게 껴안을 준비를 하자. 봄과 여름은 마음 녹슨 자들의 것, 가을과 겨울은 외로운 시인들과 착한 사람들의 것이다.

진실한 자는 아직도 눈물이 남아 있고, 눈물이 남아 있는 자에게는 고통을 굳게 껴안을 순수가 남아 있다. 가을.

우리가 그러하다면 작은 사과의 속살을 열고 사는 한 마리 하얀 벌레인들 어떤가. 숙이야, 이 가을엔 보아라. 저 하늘 냉각된 유리처럼 차고 투명한 곳, 외로운 시인들의 모습을.

6. 사랑을 배우는 사람들이여

개에게도 정이 있느냐. 있고말고다. 나는 소년 시절 내가 친구삼았던 몇 마리의 개들을 아직도 생생하게 기억할 수 있다. 집 잘 지키고 주인에게 유순했던, 그러다가 결국은 보신탕집으로 끌려가 버린 그 비통의 충복들을, 어머니는 섭섭해하시면서도 그것들을 팔아치운 뒤 양은그릇들을 사곤 했다. 그리고 며칠이 지난 뒤엔 보신탕이 되어 버린 한 식구에 관한 것보다 새로 찬장 속에 정돈된 그릇들을 더욱 소중히 하셨다.

적어도 한 달 정도는 어머니에 대해 나는 원망을 품곤 하였다. 나는 잊을 수 없었다. 끌려가지 않으려던 내 친구의 애처로운 버팀, 그리고 울음이며, 원망이며, 불안으로 가득하던 그 얼굴을. 그러하다. 팔려간 날 밤에 20리 길을 헐떡이며 다시 내 집으로 돌아온 개의 홀쭉한 뱃가죽과, 반가움으로 미친 듯 꼬리를 흔들며 내 몸에 얼굴을 비비던 그 말 못하는 짐승의 질기고 눈물 겨운 정을 나는 도저히 잊을 수가 없었다.

잊을 수가 없다는 것은 잊을 수가 없는 시간까지의 병이다. 우리들 사랑할 줄 아는 사람의 참다운 병이다. 그 병은 작별로부터 발생한다. 우리는 알고 있다. 작별이 얼마나 흔해 빠진 유행인지를.

그러나 우리는 모른다. 작별하지 않고도 견디며 사는 방법을. 다정도 병인 양하여 잠 못 들던 우리들, 그러나 우리는 이제 무디어졌다. 작별하면 '어쩌다 생각이 나겠지' 정도로 덤덤할 수 있게 되었다. 한 마리의 개를 팔아치우고 필요하면 또 다른 개를 사들이면 되는 것이다.

그러나 사랑을 배우는 사람들이여. 그대들은 흥정된 한 마리의 개가

아니다. 아니 흥정된 한 마리의 개여도 좋다. 그대들의 목을 맨 사슬을 끊어 버릴 수만 있다면, 그리하여 혹한의 겨울 밤 칼날 같은 바람을 헤치고 다시금 그리운 이에게로 돌아갈 수만 있다면. 그렇다. 흥정된 한 마리의 개인들 어떤가.

그러나 참 이상도 하지. 나는 최근의 젊은이들이 왜 그렇게 쉽게 '차버리고 갈아치우고' 하는지 도대체 알 수가 없다. 작별 뒤에 독배처럼 괴로운 시간을 마시며 머리카락을 잡아뜯지 못하는지 알 수가 없다. 재빨리 체념해 버리는 방법을 배운 탓일까. 아니면 너무 쉽게 인생을 살고 싶어하는 탓일까. 그도저도 아니면 우리집 식구들 먹다 남은 밥으로 기르던 개만큼의 정조차 없는 탓일까.

서로 사랑을 배우는 사람들이여. 그대들은 작별하지 말라. 아니다. 사랑을 위해서라면 더러는 작별도 해볼 것. 그러나 너무 오래 기다리게 하지는 말 것. 그리고 우리는 사랑조차 모르는 사람들을 경멸해 주지 않으면 안 된다.

최근에 나는 보았다. 쉽게 만나고 쉽게 헤어지는 젊은이들의 사랑 없음을. 아, 그리하여 또다시 나는 장가들기 불안하다. 왜냐하면 나는 '여편네 또는 마누라'라고 부르지 않고 '우리 아내'라고 부르는 걸 좋아하기 때문에, '우리 까이'라는 말보다 '우리 흰 새'라고 부르는 걸 좋아하기 때문에. '우리 까이'라는 말보다 '우리 흰 새'라고 불렀던 사람이기 때문에. 그러나 읽는 사람들이여. 이것은 낯 간지러운 감상벽이나 치기는 아니다. 영자라는 흔한 이름의 애인을 가진 남자가, 그녀에게 아름다운 이름을 새로 지어 주려고 밤을 새우는 것만큼 진지한 일임을 알고 있어야 한다.

7. 말도 안 된다

생활에 필요한 모든 것은 올랐다. 공중변소 입장료도 오르고, 어물전의 꼴뚜기값도 오르고, 아내들의 바가지 긁는 목청도 한 옥타브 올랐다. 올라야 하기 때문에 올랐겠지. 그러나 모든 것이 자꾸만 오를수록 사람값은 떨어지고 있다는 기분을 절감하는 이유가 무엇일까.

이제 마침내 사람들은 '빌어먹을, 그저 돈을 벌어야지'라는 말을 니나노 집 작부 '울려고 내가 왔던가' 부르듯 자주 한숨 섞어 입에 올리게 되었다. 돈독이 오를수록 인정은 메마르게 마련이다.

보라, 이제 누가 진실로 사랑하여 결혼하는 자가 있는가. 풀뿌리를 캐먹더라도 '그대만 곁에 있으면 행복해요'라고 말하는 여자가 있다면, 분명히 그녀는 좀 얼빠져 있거나 딱지가 덜 떨어져 있는 것으로 판단되어질 것이다.

하지만 진실하고 자애스럽기는 하나 대단히 가난한 애인을 걷어차 버리고, 용감무쌍하게도 양심이니 뭐니 따질 거 없이 호화로운 대저택을 가진 실업가에게 평생을 팽개치듯 맡겨 버리는 여자를 경멸할 사람은 최근에 와서 무척 드물어졌을 것이다. 또한 사랑이니 진실이니 하는 것을 돈으로 제조하거나 매매할 수 있다고 착각하는 사람을 개새끼라고 노골적으로 욕해 줄 사람도 드물어졌을 것이다. 그렇다면 인간 자체보다 그 인간의 생활에 붙어다니는 것이 더 소중하게 평가되는 시대가 오고 있다는 말이 되겠는데, 이건 인간으로서는 참으로 부끄러운 일이 아니겠는가.

돈을 어머어마하게 벌어 놓고 마침내 당신이 죽음에 이르렀을 때, 당신의 사랑하는 아들이 머리맡에 앉아 통곡 대신 히히히 웃으며 '아버지 고맙습니다'라고 말할지도 모른다. 국민학교 교과서에는 이순신 장군의 위엄 대신 '오나시스'의 돈방석 위에서 보내었던 생애가 수록되고, 교사들은 모두 장사꾼이나 돈놀이하는 사람들로 대치될지도 모른다. 황금을 보기를 돌같이 하라던 최영 장군에 대하여 일찍이 우리는 존경심을 가져왔다.

그러나 이제 최영 장군을 기억하는 자 누군가. 그분의 이야기는 최근에 이르러 우리들의 기억 속에서 거의 자취를 감추어 버렸다. '황금을 보기를 돌같이 하라'는 교훈이 이 시대에는 전혀 맞지 않는다고 생각하는 사람이 너무 많기 때문은 아닐까.

생각해 보라. 다시 한번 곰곰 생각해 보라. 지금 당신의 소유물 중에서 가장 소중한 것이 무엇인가를. 아들인가, 혹은 당신의 아내인가, 혹은 당신의 애인, 아니면 친구인가. '내가 가장 소중하게 생각하는 것은 저금 통장이다'라고 말하는 돼지 같은 사람이 없기를 나는 빈다. 잘 사는 나라 잘 사는 국민은 확실히 좋은 것이다. 그러나 돈 많은 나라 황금으로 장식된 바보들은 확실히 나쁜 것이다. 그러나 잘 살려고 노력하는 것이 곧 돈 벌려고 노력하는 것이라고 생각(또는 착각)하는 바보가 너무 많다. 외국으로 돈을 빼돌리거나 위장 이민 가려던 사람들, 도대체 정당한 방법으로 그런 돈을 벌었을까가 의심스럽다. 소매치기 작당해서 자가용 굴리는 놈, 그런 놈에게 '무엇을 도와 드릴까요'를 오용해서 뇌물받고 잘 봐준 경찰관, 참 영악스럽게 돈독이 올랐지만 말도 안 된다. 사람값만 왕창 떨어뜨려 놓았다. '돈 벌려고 노력 말고 잘 살려고 노력하자.' 이 표어를 말도 안 된다고 말하면 정말 말도 안 된다.

8. 바다엽신

누군가는 고독을 질겅질겅 씹으며 산다고 했다. 또 다른 누군가는 고독을 외출복처럼 갈아입으며 산다고 했다. 무슨 상관이랴. 고독이 달 밝은 밤에 보초 서는 흑인 병사의 어금니에 질겅질겅 씹히는 추잉 검이건, 여름 방학에 여행을 떠나는 어느 재벌의 바람기 있는 외동딸 미니 스커트이건 무슨 상관이랴.

지금 비 내리는 바다에 나는 와 있다. 내가 무슨 마도로스라고 날마다 그토록 바다를 그리워하였던가. 비린내 나는 부둣가에 이슬 맺힌 백일홍조차도 없는 바다를. 당신은 들리는가. 비는 당신이 고등학교 시절 한번도 말 붙이지 못하고 애태우던 여자애의 음성, 아니면 당신이 밤을 새워 쓰던 편지의 활자들이 이제야 다시 그대 주변으로 돌아와 떨어지는 소리다. 소리는 곧 아픔이다. 양철지붕 가득히 흩어지는 불면의 낱말, 그리고 사랑하는 이들의 이름이다. 당신은 비 오는 날의 저문 거리에서, 한 사람의 낙오된 유목민처럼 아주 외로운 사람이 되어 오래도록 우산도 없이 홀로 걸어본 적이 있는가.

호주머니 속에는 당신의 남루한 방으로 돌아갈 시내버스 요금밖에는 없고, 그리하여 다실의 흐린 조명등 밑에서 당신이 좋아하는 베토벤의 침울한 육성을 들으며 쉴 수조차도 없었던 날, 정답던 친구 몇 명은 저희들끼리 바다로 떠나고 잠시 사귀던 애인마저 출타하고 없을 때 당신이 그 무엇을 만나게 되는 것은 오직 명료한 고독뿐임을.

그 시간에 집으로 돌아가 보아야 당신 홀로 기거하는 방안 가득 더욱 감당할 수 없는 고독이 자욱한 빗소리로 누적되어 있을 터이고, 그래서 당신은 차라리 거리에 머물러 좀더 비를 맞을 작정을 하게 되리

라. 점차로 당신의 어깨는 젖어들고, 통속한 유행가조차도 눈물겹게 들리면 문득 당신은 회상하게 되리라. 당신이 모르는 사이, 당신의 머릿속에서 지워져 버린 이름들을. 그렇다. 진실로 우리가 망각한 것은 아무것도 없다. 우리가 살아오는 동안 잠시 우리는 많은 것들을 가슴속 저 알 수 없는 깊이에 방치해 두고 있었을 뿐이다. 그러다가 이렇게 홀로 쓰라림을 맛보는 시간에 새삼스럽게 찾아내어 보게 될 뿐이다.

여기는 바다. 오늘은 종일토록 비가 내렸다. 당신은 이해할 수 있는가. 저 문명의 거리에서 시달리며 내가 보낸 나날. 소설이고 나발이고 집어치우고 막걸리 국물로 얼룩진 작업복을 걸친 채 비틀거리며 살아온 나날, 내가 경영한 자학이며 방황이며 빌어먹을 울분 들을.

정말이지 나는 어금니가 부러질 지경으로 고독을 모질게 씹다가 그 저주스러운 고독에서 헤어나기 위해 바다로 왔다. 그러나 어이없게도 나는 비 내리는 이 유월의 텅 빈 백사장에서 더 큰 고독 속에 갇히고 말았다. 지금까지 내가 저 문명의 거리에서 생각했던 고독은 한갓 사치일지도 모른다. 바다에서 만나는 이 엄청난 고독을 어떻게 표현하랴. 그러나 차라리 다행한 것은 바다에 찾아와 내가 맛본 것이 고작 몇 모금의 소금물이 아니라 바로 나를 자살시켜 버릴 듯한 고독이라는 점이다. 그것을 못 느끼면 나는 플라스틱 제품의 인간으로 끝장이 나고 마니까.

9. 기죽을 거 없다

나는 하루에도 몇 번씩 기가 팍 죽어 버리곤 한다. 거리에서 우연히 만난 친구 하나가 힘차게 아주 힘차게 악수를 하면서 '나, 이번에 한 오백 까뭉개고 집 한 채 지었다. 놀러와' 하고 말하며 기세 좋게 웃을 때, 그리고 그가 내민 명함에 적힌 전화번호와 그의 빛나는 직함을 읽을 때 나는 영락없이 기가 팍 죽어 버린다. 체중 45킬로그램밖에 안 되는 내 곁으로 단단한 근육과 아랑드롱을 닮은 얼굴의 운동선수가 주먹을 다부지게 거머쥐고 떡 벌어진 어깨로 지나갈 때, 또는 배가 상당히 불룩하고 얼굴에 기름기가 땀처럼 번질번질한 중년의 남자가 아주 젊고 싱싱한 여자의 어깨에 손을 얹고 호텔 쪽으로 가는 택시를 잡는 것을 볼 때, 마찬가지로 나는 기가 팍 죽어 버린다. 나보다 훨씬 학벌이 좋고 박학다식한 술집 작부, 담배값이 올라도 여전히 은하수를 끼고 있는 사람들의 손가락, 그 손가락에 장식된 금반지의 무게, 대포 한 잔 척 걸치고 x팔 어쩌고를 내뱉는 어떤 여대생의 혓바닥, 그런 것들은 나를 기죽게 한다. 때마다 고기를 먹는 부자집의 견(犬)선생 나오리, 마음 괴로워 찾아간 천주교의 높은 첨탑과 그 밑에 초라하게 서 있는 내게 이빨을 번득이며 달려드는 세퍼드, 그리고 천주교의 문에 매달린 권투선수의 주먹만한 자물쇠, 재벌 2세가 거느리는 여자들의 이름과 거기에 첨가되는 논의 휴지 같음 또한 나를 기죽게 한다. 소설 나부랑이가 밥먹여 주냐, 너도 취직해서 돈 모아 갖고 장가나 가라는 선배들의 애정, 차비가 없는 날의 예비 사이렌, 시집 간 내 애인이 아이를 낳았다고 누군가 말해 올 때, 그날 내가 마신 술의 분량과 술집 주인의 사나운 눈초리. 아, 산다는 건 얼마나 곤혹스러운가.

서른 해를 살면서 효도 한번 못하고, 게다가 이 비썩 가물어 빠진 내 몸 하나 누일 땅도 나는 장만 못했다. 언젠가 춘천 시내의 어느 낯익은 거지님에게 하루 수입이 얼마냐고 물었더니, '뭐 2천5백 원 정도밖에 안 돼요'라고 대답했었다. 기찬 벌이다. 시내 한 바퀴 돌면 2천5백 원, 기죽을 수밖에 없다. 나는 춘천시 명동 전원다실 구석진 의자에 쑤셔박혀 계속 써갈기지만 항상 창자는 암탉 알 품는 소리를 낸다. 그러나 팔 하나 싹둑 잘라 버리고, 한푼 줍쇼에 가담할 만큼 내가 어디 죽일 놈이냐.

 지난 겨울을 연탄 없는 냉방에서 1초간 5회 정도 따다다다닥 이빨을 부딪치며 떨었어도 복권 따윌 살 생각은 추호도 없었다. 단지 원고지만 있으면 나는 행복하였고, 그것은 실로 참담한 행복이었다. 내가 아주 자신만만한 것은 하루에 라면 반 개와 냉수에 스프 가루 한 개씩을 타마시며 한 달 정도는 너끈히 살아갈 수 있는 독이다. 그리고 원고를 쓰는 동안만은 닷새 정도 밤을 계속해서 하얗게 죽일 수 있다는 문학에의 사랑이다. 설마 이 말 듣고 기죽을 사람 없겠지. 그러니까 뭐 나도 기죽을 거 없이 소설, 참으로 좋게 써서 기 한번 죽여 보아야 하지 않겠는가.

 기를 펴라, 기를. 기죽은 자여! 그대는 알 것이다. 쥐구멍에도 볕 들 날 있다는 그 기막히게 희망적인 속담을.

10. 젊은이여 방황하라

그리고 젊은이들이여 방황을 하자. 임무처럼 방황을 하자. 사치가 아니어야 한다. 방황은 고통을 가진 자만의 참다운 자유이어야 한다. 더욱 고통스러워지기 위하여 우리가 껴안아야 할 정신의 칼. 창백한 지성이 우리에게 부여되는 최대의 형벌. 껴안으면 껴안을수록 더욱 쓰라린 우리들 시간의 중심부. 헤어나기 위해서 더 깊이 빠져 들어가는 어둡고 적막한 희생이어야 한다. 우리는 그 동안 얼마나 많은 낱말들을 암장(暗葬)하며 살았던가.

돈을 벌어라. 아버지를 닮아라. 너는 아직도 어린애다. 좀더 비정하게 살아가는 방법을 배우려고 노력하라. 네가 대학에서 배운 바람직한 인간은 조금도 현실에 맞지 않는다고 생각토록 노력해라. 출세를 위해서는 더러 양심도 팔아넘겨야 할 때가 많은 법이다. 다들 그렇게 살고 있다. 그런데도 혼자 결백한 체했다가는 오히려 너만 손해다——그러나 우리는 끝끝내 결백하고 싶었다.

배불리 먹고 편안히 잠들지는 못해도, 사흘을 굶고 웅크려 새우잠을 자더라도 오직 인간답게 살면 우리는 만족하리라 작정했다. 우리는 젊은이답고 싶었다.

그 여자와 헤어지도록 해라. 반드시 사법고시에 합격하도록 해라. 아직 술 담배엔 신경을 쓰지 않도록 해라. 머리가 너무 길다. 바지통이 너무 좁다. 친구들과 자주 만나지 마라. 네 친구놈들은 모두가 왜 그 모양이냐. 예술하는 놈들치고 처자식 제대로 먹여 살리는 놈 없더라. 너는 아예 그 따위 되지 못한 일에는 눈길조차 건네지 마라. 나는 너를 믿고 있다. 너는 효자다. 자 약속할 수 있겠지. 내일부터는 모든

일에 손을 떼고 내 명령에만 복종할 수 있겠지…….
 그러나 우리는 날마다 죄스러웠다.
 그리고 날마다 자신 없었다. 거리로 나오면 만나는 것은 바람뿐. 우리는 까닭도 없이 서글퍼서 한 잔의 낮술을 마시며 깊이 생각해 보곤 하였다. 어떻게 살아야 될 것인가. 정말 어떻게 살아야 될 것인가. 그러나 아직까지는 비굴할 수 없었다. 저 문화가 녹슬고 문명이 번쩍거리는 생활의 거리. 지폐가 일어서고 인간이 쓰러지는 풍경의 거리. 플라스틱 인간처럼 표정도 감정도 상실당해 버린 사람들을 몇 번이고 마주치면서 우리는 온 몸이 형편없이 줄어들고 있는 듯한 착각에 사로잡히기 일쑤였다.
 대체로 우리는 돈이 없었다. 우리가 스스로의 힘으로 벌 수 있을 때까지 우리는 이 사회 어디에서고 편안한 마음으로 머리를 식힐 생각을 하지 않는게 현명할 것 같았다. 대개의 사람들이 우습게도 썩 돈을 좋아하고 있음이 분명해 보였다. 아니다. 좀더 솔직해지자. 대개의 사람들이 우습게도 자기 목숨의 반 이상을 돈에 맡겨 놓은 것 같아 보였다. 존경하는 돈이시여, 제발 그대가 한갓 종이라는 사실을 인간들이 믿을 수 있는 방법을 가르쳐 달라.
 우리는 고독하다. 그대를 존경하는 사람들이 많아지면 많아질수록 우리는 더욱 고독해진다. 이제 사람들은 점차로 저마다 개성을 잃어가고 있음이 틀림없다. 절대로 손해 볼 수 없다는, 좀더 쉽고 편하게 인생을 살고 싶어하는, 남의 일엔 절대로 관심을 두지 않으면서, 골치아픈 일은 적당히 남에게 맡겨 가면서 자신의 위치는 언제나 적당하다고 은근히 주장하며 사는 얼굴들. 낭만이고 나발이고 집어치워라. 그저 먹고 사는 일만으로도 '바쁘다. 바빠'가 온 봄에 다닥다닥 붙어 있는 사람들.
 그러나 어딘가에서 인생이 조금씩 헐리는 소리를 그들도 더러는 들어본 적이 있을지도 모른다. 그러나 젊은이들이여. 우리는 그렇게 살지는 말도록 하자. 우리는 돈의 노예도 기계의 하수인도 아니다. 젊은

이들이여, 이제는 방황부터 다시 시작하기로 하자. 겨우 30년도 못 살고 인생을 꺾어먹은 처지에, 마치 인생을 달관해 버리는 듯한 얼굴로 자신을 위장하며 앉아 있는 일은 없기로 하자. 이기와 타산에 물들어 있으면서도 그 사실이 조금도 부끄러운 일이 아니라고 자기 합리화에 열을 올리는 속물도 되지 말기로 하자. 사랑을 상실한 이 시대. 전화기 앞에서 손가락 하나로 애인을 쉽게 불러낼 수 있는 편리한 시대. 그러나 새벽 그리움의 물살로 가득 찬 낱말들이 우리의 저 가슴속 깊숙이를 설레이게 하던 연애편지는 사라져 버린 시대. 진실을 모두 흘려 버리고 껍질만 남은 시대 젊은이들이여. 우리는 이 시대를 방황하자. 흘려 버린 우리를 찾아 방황하자. 방황 끝에 비로소 젊음은 확인된다.

11. 다시 배고프리라

 춘천시 석사동. 그 원한에 사무치던 우리들의 유배 시절. 나와 함께 사흘을 굶고 도둑질 대신 물배를 채우며 눈물로 시를 쓰던 나의 친구여.
 지금은 또 무슨 죄의 명목으로 이 나라의 끝부분 전라남도 완도군 완도읍 어딘가에까지 유배당해 갔느냐. 거기서도 학처럼 깨끗한 날개를 접고 앉아 시를 쓰며 사느냐.
 방세가 석 달치나 밀려서 주인 아주머니가 자기네 자물쇠로 방문을 걸어 잠그고 막무가내로 열어 주지 않던 우리들의 자취방. 그 혹한의 감옥. 그때 그대가 신춘 문예에 응모해서 상금 타면 갚겠다고 사정 끝에 간신히 들어갈 수 있었던 비정의 냉동실.
 밤 새워 시를 쓰다 흘린 그대 코피의 흔적은 이제 지워지고 없어도 아직 우리들 가슴에 정신의 시퍼런 칼날은 살아 있다.
 그리워할 여자조차도 하나 없었던 그 시절. 우리에겐 겨울이 바로 공포였었다. 추위를 가릴 수 있는 것이라곤 담요 한 장과 우리들의 체온뿐이었다. 연탄도 곤로도 없었다. 어쩌다 따뜻한 밥 한 끼라도 먹을 수 있게 되면 우리들은 마치 큰 죄라도 짓는 것처럼 수저를 들기가 거북했었다. 정말 빌어먹을…… 이었지.
 날마다 먹이를 구하기 위해 우리는 얼마나 고심했던가. 먹어야만 살 수 있는 우리들 자신에 대해 우리는 얼마나 비굴함을 느껴야 했던가.
 팔아치울 수 있는 것은 모조리 팔아치웠었다. 그리고 마침내는 마지막 남은 담요 한 장마저 팔아치우고 나서야 우리는 각자 헤어질 것을 결심했었다. 더 이상 어떻게 버틸 수가 있었단 말인가. 돈도 생기지

않는 시만 붙잡고 그 낯선 사람들만의 거리에서 우리가 더 이상 어떻게 맑은 창자로만 버틸 수가 있었단 말인가.

우리는 헤어졌다.

그후로 그대는 5급공무원 시험에 합격해서 면서기가 되었다는 소문이었다.

결국 춘천에 혼자 남아서 나는 집도 절도 없는 방황의 개가 되었다.

어느 날은 간첩으로 오해받아 파출소로 끌려가서 매를 맞았다. 또 어느 날은 절도죄로 누명을 쓰고 수갑까지 찼었다. 파출소를 나오면서는 하늘을 보며 끼득끼득 웃었었다. 정말 미쳐 버릴 것 같아서였다.

언젠가는 면서기를 한다는 그대가 하도 보고 싶어서 그대의 사무실까지 한 번 찾아갔었다.

가는 동안 어느 작은 읍 터미널에서 또다시 순경에게 붙잡혀 머리를 깎였었다. 하늘이 흐려 있었다.

쥐 파먹은 머리로 그대의 사무실까지 찾아가 보니 그대는 출장중이었다. 비가 내리고 있었다.

나는 비를 맞으며 출장지까지 찾아갔었다.

그대의 출장지는 파종기의 논두렁. 그대는 검은 우산을 쓰고 혼자 멍청하니 빈 논 가운데를 배회하고 있었다.

비둘기들이 논두렁 콩을 다 파먹었군. 실적이 나쁘면 모가지라는데.

나와의 악수를 끝내고 그대가 처음으로 한 말이었다. 우울한 목소리였다.

나는 울지 않았다. 그대 가슴에서 빛나는 시의 칼빛을 알고 있었기 때문에.

그날 우리는 말없이 술만 마셨었다. 돌아올 때 그대가 내 손에 쥐어 주던 가슴 아픈 돈 일금 2천 원. 그대도 사무실에서 꾸어 가지고 나왔었다. 7년 전 일이었다.

춘천으로 돌아와 나는 변두리인 석사동에서 번화가인 명동으로 진출해서 좀더 구체적인 거지가 되었다. 춘천시 명동 거리 한복판에 서서 아는 사람을 만나면 딱 20원만 꾸는 거지가 되었었다. 그 20원으로 무엇을 했는가는 묻지 말아라. 치사하다. 그냥 번데기를 사먹었을 뿐이니까. 단돈 20원으로 섭취할 수 있는 고단위 영양식품으로서는 그게 그래도 최고였었다.

더러는 도무지 살아 있다는 게 혐오스러워서 견딜 수가 없었다. 몇 번이고 자살하고 싶었다. 하지만 억울해서 자살할 수가 없었다.

어쩌다가 술에 취하면 안개에 홀려 명동에서 다시 석사동으로 떠내려가곤 했었다. 겨울이면 안개가 막막했었다.

잠은 주로 다리 밑이나 벽돌 공장 신세를 지곤 했었다. 불량배들하고 만나서 다구리도 맞고 이빨도 깨지고 그랬었다.

그 즈음은 머리에 이가 생겨 산에 올라가 양지바른 비탈에다 자리를 잡고 앉아 이를 한 마리씩 한 마리씩 뽑아내어 데리고 놀다가 손톱으로 눌러죽이곤 했었다. 외로웠었다. 햇빛이 좋으면 왠지 눈물 났었다.

이러다간 안 되겠다 싶어 남춘천에다 골방 하나를 얻었었다. 후배에게 일금 1천 원정을 간신히 꾸어 가까스로 방세를 낼 수가 있었다. 일금 1천 원정으로 얻을 수 있는 방의 모습을 상상해 보라.

그러나 나는 거기서 겨울을 보내며 마치 고행을 하는 기분으로 고통스럽게 글을 썼었다. 나를 아는 사람들은 모처럼 만나면 '아직도 살아 있니? 기차구나'라는 말로 인사를 대신했다.

중편소설을 하나 써서 《세대》라는 월간지에 내었었다. 그러나 보기 좋게 낙선을 했다. 당선작 없음. 나는 발표문을 보고 막막했었다. 앞으로 또 1년을 글만 믿고 어떻게 살란 말인가.

그러나 글만 믿고 1년을 기적처럼 살았다. 그리고 다음해 중편소설 하나를 다시 써서 기어이 문단에 부끄러운 얼굴을 내밀었다.

소설가라는 직업이 얼마나 그 배면에 어둠과 고통을 감추어 둔 것인지도 모르고, 또 앞으로 얼마나 많은 배고픔과 눈물이 기다리고 있는지도 모르고 한 여자가 나와의 결혼을 허락했다.

지금의 내 아내 전영자다.

고생을 너무 많이 시켜 안쓰럽다.

첫애를 가난한 단간 셋방에서 내 손으로 받던 날, 햇빛이 좋아서 나는 또 울었더랬다.

작가라는 칭호에게는 미안했지만, 나는 내 아내의 미역국을 끓이기 위해 월부책장수의 길로 나섰었다.

결혼 반지도 목걸이도 팔아치운 지 오래였었다. 아, 죄 많은 남편 같으니라고.

하지만 지금은 두 아들의 볼기짝을 신경질적으로 두드리면서 돈 못 버는 남편에게 눈을 흘길 수 있는 영광을 가진 나의 아내여.

비록 가난은 하지만 너무 그러지 말아 다오. 내게는 돈이 없지만 빛나는 칼날, 몸살나는 바다, 맑은 눈물, 그리고 아직은 악물고 참아낼 수 있는 어금니 몇 개쯤은 남아 있다.

속아 다오. 그것은 돈보다 좋은 것이다. 그렇게 믿으면 사실이 된다.

나는 결코 통속해지고 싶지는 않다. 물론 돈을 번다고 반드시 통속해지는 것은 아니다. 하지만 내게는 아직 때가 오지 않았다. 나의 아내여, 친구여, 독자여, 믿어 다오.

우리들의 결혼식 날을 이야기할까.

결혼식장엘 가야 하겠는데, 시간은 임박해 오는데, 내 호주머니 속에는 단돈 10원도 없었다.

하는 수 없이 재촉하러 온 내 아내의 친구에게 3백 원을 꾸었었다. 친구놈들은 어떻게 된 셈인지 코빼기도 보이지 않았었다.

그렇겠지. 개새끼들. 먹고 사느라고 바쁘겠지.

나는 처음으로 친구놈들을 미워하기 시작했다.

그런데 이게 웬일.

식장에 당도해 보니 자식들은 모두 다 대기중에 있었다. 마치 즈이들이 내 결혼을 대신하기라도 하는 놈들처럼 엄숙하고 딱딱하게 굳은 얼굴로 말없이 나를 바라보고 있었다.

장장 두 시간 동안 결혼식은 진행되어졌다. 성악을 전공하는 후배가 축가를 부르고, 그대, 눈물로 시를 쓰던 그대가 축시를 읽었다. 죽어도 축시 따윈 안 쓴다고 하던 그대의 고마운 말씀 몇 줄을 나는 아직 고 이 가슴에 넣어 두고 잊어버릴 수가 없다.

식장에서 나와, 나의 아내는 하얀 웨딩 드레스를 입고 김유정 문인비까지 동행했다. 거기 외롭게 죽어간 강원도의 한 소설가를 기리는 자리. 우리는 11월 26일의 싸늘한 소주를 나누어 마셨다. 구두닦이들도 있었고, 장래의 시인·소설가 들도 많이 있었다. 모두가 가난했었다.

그러나 직행버스도 잠시 멈추고 우리들의 가난한 결혼식을 축복해 주었었다. 함박눈이 억수로 쏟아지고 있었다.

신혼 여행은 어린이대공원으로 갔었다. 날씨가 너무 추워서 열대 식물원에서 오랜 시간을 보내었었다.

행복했었다.

그리고 이제 남은 것은 무엇인가, 부끄러움 하나뿐이다.

아직도 집 한 채 없는 가장이여, 반성하라, 반성하라, 반성하라.

그러나 나는 앞으로도 계속 배고플 것이다.

아내여, 몸서리를 치지 말라. 적어도 그대들만은, 나의 아내와 나의 자식들만은, 하얀 쌀밥에 고기 반찬을 먹여 주마.

하지만 나는 살아 있는 그날까지 그 쓰라림을, 배고픔을 복습하리라. 비록 내 몸은 썩어가도 내 언어는 영원히 남아서 빛나기를 빌면서. 모든 가난한 자들 곁에 있으려고 노력하리라.

12. 점보빵과 화이트크리스마스

겨울에 얼어죽은 가래나무 가지에
겨울에 얼어죽은 가래나무 새 한 마리
날아와 울 때까지
봄밤에도 몇 번이나 눈이 내리고
더러는 언 빨래들 살을 부비며
새도록 잠을 설치는 소리

 필요에 따라 직업에는 귀천이 없다고 말하는 사람들은 상당히 많다. 그러나 마음속으로 정말 그렇게 생각하고 누구든 차별 없이 대해 주는 사람들은 아주 드물다.
 그것은 내가 학생과 군인과 건달과 소사와 필경사와 연탄 배달부와 도안사와 월부책장수와 학원 강사와 글장이를 단계적으로 거치면서 몸소 체험한 끝에 알아낸 사실이다.
 그러니까 내 눈에는 아직도 세상이 직업의 귀천을 분명히 가리고 있는 것으로 비쳤다는 사실인데, 솔직한 심정으로 말하자면 나도 천대받을 당시에는 사는 일이 대단히 아니꼽고 더럽다는 생각을 하곤 했었다. 아무리 잘난 체하는 사람이라도 깊이 따지고 보면 별것도 아니어서 혐오스러울 정도로 속물근성만 남아 있는데도, 단지 남보다 잘 먹고 잘 산다는 자부심 하나 때문에 외관상 좀 초라해 보이는 사람이면 숫제 자기 집 종놈처럼 취급하려 드는 부류들도 나는 더러 본 적이 있다. 그리고 그런 사람들은 항시 표정이 근엄해 보여서 절로 어이가 없다는 생각이 든다. 그들이 근엄한 표정을 짓는 것은 근엄한 표정보다 더 좋은 표정이 인자스러운 표정이라는 사실을 모르기 때문일 것이다. 아니다. 안다고는 하더라도 인자스러운 표정은 감히 흉내를 낼 수조차 없기 때문일 것이다.

하지만 아무리 근엄한 표정을 지으면서 허세를 부려도 죽고 나면 그뿐이다. 온 세상의 시계가 멎어 있어도 반드시 시간은 시간대로 흐르기 때문이다. 만약 그가 죽어가는 순간까지 근엄한 표정을 지을 수 있다면 그는 정말로 근엄한 속물이다.

그러나 죽어가는 순간까지 근엄할 필요가 어디 있으랴. 아무리 지상에서 근엄한 표정을 지으며 살았어도 그는 일단 하나님께로 가게 될 것이며, 거기서는 근엄한 표정을 지어 봤자 전혀 통하지가 않을 것이다.

나는 아직도 누구든 인간으로 태어났다면 가난이라는 것을 한 번쯤 체험해 볼 필요가 있다고 생각하는 사람 중의 하난데, 그 이유는 가난이 자신을 어떤 인간인가 알게 만들어 주면서 남 또한 어떤 인간인가를 알게 만들어 주기 때문이다.

어떻게 살아야 하는가는 중요하다. 왜 살아야 하는가도 중요하다. 그리고 그런 것들의 중요성은 가난 속에서 비로소 선명하게 발견되어진다.

그러나 가난을 극복하고 난 다음에 부자가 되는 경우 근엄한 표정이나 짓는다면 그건 헛가난을 치른 것이다. 가난할 때는 마음이 넉넉했었는데 부자가 되어 마음이 각박해졌다는 것은 슬픈 일이다. 그는 한 마디로 마음의 눈이 멀어 버린 것일 테니까.

나는 어느 해 겨울에 천사를 본 적이 있다. '자식 농담도 잘 하네'라고 피식 웃어넘겨 버리는 사람도 있을 테지만 맹세코 이건 거짓말이 아니다.

천사에 대해서는 항간에 여러 가지로 논란이 분분했던 것으로 알고 있다. 우선 배꼽이 있다느니 없다느니로부터 시작해서 성별이 있다느니 없다느니로 옥신각신하다가 나중에는 신이 어떻고 종교가 어떻고까지 이르러 밤을 새우는 사람들도 자주 보아 왔다.

그러나 그대들이여. 배꼽이 무슨 상관이며 성별이 무슨 상관이랴. 그대들이 마음만 열어 놓는다면 언제나 천사는 그 속에 자리한다.

국어사전을 찾아보면, 천사란 '하나님의 명령을 받들고 사람의 세상에 내려온다는 사자'라고 풀이되어 있다.

그렇다. 그해 겨울에 나는 실제로 그러한 천사를 만난 적이 있다.

그해 겨울은 내 생애 최악의 겨울이었다. 이제는 더 이상 굶을 기력도 없었고, 더 이상 한뎃잠을 잘 기력도 없었다. 길을 가다 보면 수시로 길바닥에 쓰러져 편안히 잠들어 버리고 싶다는 충동이 문득문득 내 의식을 사로잡았다. 그것은 충동이라기보다 일종의 유혹이었다. 아무데서나 쓰러져 잠이 들면 영원히 일어나지 않을 것 같았으며, 또한 영원히 행복할 수 있을 것 같았다.

당분간 연탄 가게에서 연탄이나 나르면서 잠자리와 먹을 것을 제공받고 살았었는데, 자금난으로 연탄 가게가 문을 닫아 버린 후로 다시 조악한 삶이 시작되어 버렸다.

며칠을 굶었을까. 쓰레기통이라도 한번 뒤져 보고 싶은 욕망이 자꾸 불끈불끈 치밀어 올랐다. 항시 쌀밥과 고기 반찬이 눈에 선했다.

객지의 어두운 저녁 골목을 접어들면 어느 집에선가 꽁치를 굽는 냄새, 더러는 된장국 냄새, 골목 쪽으로 나 있는 유리창으로는 환한 불빛이 새어 나오고 방에서는 도란도란 이야기하는 소리, 이따금 새어 나오는 웃음소리, 부엌에서는 수돗물이 넘치고 달그락달그락 그릇들 부딪치는 소리.

아아, 그러한 저녁에 나는 낯선 어느 집 담벼락에 기대어 허기를 참지 못해 시멘트 벽에다 머리라도 박아 버리고 싶은 심정이었다.

그날은 크리스마스 이브였다. 눈이라도 오려는지 하늘이 회색으로 낮게 낮게 내려앉아 있었다.

거리는 요란했다. 상점마다 네온사인이 번쩍거리고 있었다. 메리 번쩍번쩍, 크리스마스 번쩍번쩍, 선물용 케이크는 두루루루 번쩍번쩍, 진미당에서 두루루 번쩍번쩍.

자선 냄비도 딸랑딸랑 요란을 떨고 있었다. 불우 이웃을 도웁시다, 따뜻한 동포애를 보여 줍시다, 메가폰을 들고 사내 하나가 외치고 있었다. 사람들이 오며가며 자선 냄비에다 돈 들을 던져넣고 있었다.

다만 나는 어지럽고 배가 고팠다. 외로웠다.

나는 이병욱을 찾아가기로 했다. 그는 당시 대학생이었으며 소설을 공부하고 있었다.

혹시 집에 없으면 어떻게 하나, 나는 불안하고 막막했다. 통행 금지도 없는 크리스마스 이브에 혼자 허기진 배를 움켜쥐고 거리를 배회해야 한다는 것은 정말로 비참하고도 비참한 일이 아닐 수 없었다.

그런데 다행히 그는 집에 있었다.

"아직도!"

살아 있었느냐고 버릇처럼 그는 내게 악수의 손길을 내밀었다.

"형이나 내나 참 더러운 크리스마스 이브요. 이럴 때는 여자라도 하나 있어야 하는 건데, 여자가 없다면 돈이라도 대신 있어야 하는 건데, 젠장. 하루종일 방구석에 틀어박혀 있으니까 처량하기 짝이 없습니다."

방으로 들어서자 저녁은 먹었느냐고 그가 내게 물었다.

"먹었어."

나는 거짓말을 하는 수밖에 없었다. 그는 매형에게 얹혀 살고 있었다. 그리고 그의 매형 역시 그리 부자는 아니었다.

"이 방이 굉장히 춥지요."

"내가 올 때마다 연탄이 꺼지나부지."

"매형네 방에서 이 방으로 고래가 연결되어 있어요. 연탄 한 장으로 이 방까지 따뜻하기를 바랄 수야 없지요."

"난 그래도 충분히 견딜 만한데."

"이불을 뒤집어써요."

그러나 나는 정말로 견딜 만했다.

벽으로 시선을 던지니 백지 두 장이 눈에 띄었다.

겨울
겨울
겨울

백지 한 장에는 그렇게만 적혀 있었다. 정말로 겨울 같은 느낌을 주고 있었다.

가장 높이 나는 새가
가장 멀리 본다.
　리차드 바크
가장 높이 나는 새가
가장 먹이를 늦게 줍는다.
　이병욱

다른 한 장에는 또 그렇게만 적혀 있었다. 가만히 들여다보고 있으니까 이상한 슬픔 같은 것이 느껴져 왔다.
그런데 밖에서 이홍모의 목소리가 들렸다. 문을 열어 보니 한 잎 두 잎 눈송이가 떨어지고 있었다. 그 속에서 이홍모는 아주 쓸쓸한 모습으로 서 있었다. 알 만했다. 그도 갈 데가 없었던 것이다.
"나한테 원고지 사라고 매형이 준 돈 사백 원이 있는데, 지금 이 돈을 가지고 나가면 채 두 시간도 버티지 못할 거야."
이병욱의 말이었다.
막걸리 한 되에 50원을 하던 시절이었다.
"자정까지 기다렸다가 정각이 되면 나가자구. 나가서 김치를 안주삼아 막걸리나 마시자구. 이야기나 하면서 아껴 마시면 생각보다 오래 마실 수 있을 거야. 형 의견은 어떠우?"
"나야 술을 마실 희망만 있다면 좋지 뭐."

그래서 우리는 초저녁부터 자정을 기다리기 시작했다.
정말로 겨울밤은 길었다. 자정을 기다리기가 지루하기 짝이 없었다. 우리들은 각자 우리들의 신세가 너무 처량하다고 생각했기 때문인지 가만히 입을 다물고 상당히 오랜 시간을 침묵으로만 일관했다. 그리고 길고도 지루한 시간을 견디고 견딘 끝에 마침내 자정이 되었다.
"정각이다."
우리는 문을 열었다.
눈이 엄청나게 쏟아지고 있었다. 숙연했다. 거리로 나오니 사방이 조용했다. 조용한 크리스마스, 가족과 함께 보내는 크리스마스, 캠페인 때문인 것 같았다.
눈은 한치 앞도 분간하기 어려울 정도였다. 마땅한 술집을 찾아보았다.
그러나 크리스마스 이브에 술을 팔면 하나님께 혼이라도 난다고 생각했던 모양인지 대개의 술집들이 문을 닫아 걸고 있었다.
번화가로 나가면 혹 열려 있는 술집이 있을지도 모르겠으나, 우리는 돈이 충분치 못했기 때문에 되도록이면 골목 안 싸구려 술집을 찾으려고 노력했다. 눈은 계속해서 무더기로 쏟아져 내리고 있었다.
"엄청나게 내리는군."
"도시 전체가 다 파묻혀 버렸으면 좋겠군."
"내일 아침까지만 이대로 내린다면 형의 소원이 이루어지겠소."
멀리서 성가대의 합창 소리가 아련히 들려오고 있었다.
한참 동안 우리는 눈 속을 헤매었다. 그리고 간신히 술집 하나를 찾아내었다. 변두리 골목의 후미진 술집이었다.
"스마일집?"
"막걸리 냄새라곤 전혀 안 나는 간판일세."
그렇거나말거나 우리는 술집 안으로 들어섰다.
삼십대의 남자 두 명이 이십대의 여자 한 명을 데리고 막걸리를 마시고 있었다. 주인 여자는 문지방에 걸터앉아 졸고 있다가 우리가 들어서자 잠에 취한 목소리로 '어서 오세요'라고 말했다.

우리는 약간 비애에 젖은 듯한 표정들을 지으며 둥근 쇠판 주변에 둘러앉았다.

"아주 천천히 마시자구."

"되도록이면 이야기를 많이 하고 술을 아끼면서 시간을 질질 끄는 거라, 형. 제발 오늘은 너무 성급하게 마시지 맙시다."

"알았으니까 염려 놓으라구."

그리하여 기다리고 기다렸던 술이 시작되었다. 주인 여자에게는 미안했지만 우리는 김치 이외의 안주는 시킬 수가 없었다.

우리는 되도록이면 천천히 마시려고 노력했다. 술이 다 끝나 버리면 이병욱의 집에 돌아가 잠을 자는 일 이외에는 아무런 할 일이 없어져 버리게 되는 셈이었으므로 되도록이면 이야기를 많이 하려고 노력했다.

우리는 문학을 이야기했다.

까뮈의 페스트를 이야기하고, 르 끌레지오의 홍수를 이야기했다. 가와바다 야스나리의 천우학을 이야기하고, 다자이 오사무의 사양을 이야기했다.

그러다가 다시 우리나라 작가들의 생애와 작품들을 이야기했다. 어용 시인 하나가 안주가 되어 난도질을 당하더니, 작품은 하나도 없으면서 문단 정치로 문학가가 된 어느 분께서 연탄불 속에 구워져 노린내를 풍기기 시작했다.

그러면서 시간이 흐르고 주전자가 세 번 비었다.

"좀더 천천히 마십시다."

이홍모가 말했다.

이 상태로 나가면 두 시간을 넘기기가 힘들 거라는 추산이었다.

그런데 이때 뜻하지 않은 사태가 발생했다.

"제가 술 한 잔씩 따라 드려도 실례가 되지 않을까요?"

건너편에서 삼십대 남자들과 술을 마시던 여자가 어느새 우리에게로 다가와 그렇게 말을 걸었던 것이다.

스물다섯이나 여섯 살쯤 되어 보이는 나이였다. 말씨와 몸가짐이 무척 조심스러워 보여서 전혀 술집 작부 같아 보이지는 않는 여자였다. 우리는 영문을 몰라 어리둥절한 표정을 짓고 있었다.

"저쪽에서 듣자니까 너무 좋은 얘기들을 하고 계시는 것 같아서 아까부터 이리로 오고 싶었어요."

여자가 말했다.

우리는 일제히 건너편 좌석을 건너다 보았다. 삼십대의 남자 두 명이 아주 못마땅하다는 듯한 표정으로 이쪽을 노려보고 있었다. 금방이라도 컵을 날려 버릴 것 같은 분위기였다.

"저분들은······."

이흥모가 그들에게 실례되지 않겠느냐는 듯이 그녀를 쳐다보았다.

"걱정 마세요. 저는 이 집에서 술을 따르는 여자이니까요. 아무한테도 독점되어져 있지 않아요."

그제서야 우리는 약간 안심이 되었다.

"앉으세요."

우리는 다시 술을 시켰고, 그녀는 우리에게 술을 따르기 시작했다.

"글 쓰시는 분들이신가 봐요."

여자가 말했다.

"뭐, 글을 쓴다기보다도······."

우리는 모두 습작기를 벗어나지 못한 상태들이었으므로 대충 그렇게 얼버무리고 말았다.

그런데 그녀는 알고 보니 문학에 관한 한은 아주 대단히 박학다식한 여자였다. 말씨도 차분하고 몸가짐도 단정한데다 안 읽어 본 책이 없을 정도였다. 그렇다고 뚜렷이 그걸 드러내 보이는 것도 아니고, 그저 가끔 한 마디씩 거드는 말들이 모두 생기와 탄력을 가지고 우리들이 나누는 대화 속에서 활기차게 살아 움직이고 있었다.

우리는 뜻밖의 장소에서 우리와 언어가 잘 통하는 여자 하나를 만났다는 사실에 마냥 감격스러워서 큰 소리로 웃고 떠들어대기 시작했다.

"제가 노래 하나 할까요? 화이트 크리스마스."

여자가 말했다.

우리야 골백번 찬성의 뜻을 표명할 수밖에 없었다.

여자는 주전자를 들고 일어섰다. 그리고 우리들 세 사람 사이를 옮겨다니며 어깨 너머로 껴안 듯이 허리를 숙이고 감싸면서 원어로 화이트 크리스마스를 부르기 시작했다. 굉장히 잘 부르는 노래였다. 가수가 아닌가 착각할 정도였다.

"메리 크리스마스!"

노래를 다 끝마치자 그녀는 우리에게 다시 술을 따르기 시작했다.

도대체 어디서 무엇을 하다가 이리로 왔느냐고 물어보았으나 일체 대답하지 않았다. 그저 잔잔한 미소만 띨 뿐 술이나 드세요, 가만히 잔만 내밀 뿐 일체 자신의 사생활에 대해서는 말해 주지 않았다.

그때 맞은편 탁자에서 술을 마시던 남자들이 자꾸만 우리에게 시비를 걸어오기 시작했다. 나와 흡사한 나이들이었다.

"자식들, 문학 좋아하시네."

"순전히 구라들만 피우고 있구만."

"요즘 애들은 버르장머리가 도통 없단 말씀야."

"문학을 해서 그런 모양이지."

말꼬리마다 물고 늘어지면서 모욕적인 말 한 마디씩 던져 왔다. 조금씩 이홍모가 흥분의 빛을 띠고 있었다. 이병욱도 심상치 않은 눈치였다. 나는 가만히 있었다.

"저 사람들 건달이래요. 건드리지 마세요."

여자가 낮은 목소리로 속삭였다.

"흥!"

그제서야 나는 코웃음을 뱉았다.

"새끼들아 문학이 밥멕여 주냐."

"집구석에 들어가서 발 닦고 자빠져 잠이나 자라."

이제 야지는 완전히 우리를 향해 노골화되어 있었다.

"아무리 나이가 나보다 많아도 저런 사람들은 사회적인 선배 대우

를 해줄 수가 없어."

이병욱과 이홍모가 동시에 웃통을 벗고 있었다.

"남자답게 우리 밖에 나가 한판 붙읍시다."

이병욱의 말.

"건달이면 모가지가 두 개냐."

이홍모의 말.

"참으세요."

여자가 걱정스러운 목소리로 말리고 있었다.

나는 이제 내가 나서야 할 때라는 생각을 했다. 그들이 건달이라고는 하지만 나도 그 바닥에 대해서는 어느 정도 알 만큼 알고 있는 터수였다. 나는 조용히 일어섰다. 그리고 씹어 뱉듯이 말했다.

"늬들 하루만 살고 말 거냐?"

그때 그들 중의 하나가 흠칫 몸을 사리는 듯했다. 내 손에는 이미 젓가락 두 개가 들리어져 있었는데, 그는 혹시 순간적으로 그것을 칼로 오인하고 있었던 것은 아닐까.

"당신들 이 형을 몰라서 겁 없이 까부는 모양인데, 오늘같이 좋은 날 괜히 눈알이라도 한 개 빠지지 말고 나가쇼."

이병욱이 위압적인 목소리로 말했다.

이어 다시 나는 경고해 두었다.

"빨리 계산을 끝내고 나가 주라. 난 전혀 살고 싶지 않은 놈이야. 늬들 둘이서 같이 죽어 준다면 저승길이 심심치는 않을 거지만."

순간적으로 젓가락 한 개가 반짝 빛살을 튕기며 주방 베니어판에 날카로운 소리로 날아가 꽂혔다. 지금 생각하면 부끄럽지만 그건 치기무쌍하던 때의 내 장기였다.

"자, 우리 조용히 앉아서 술이나 마시자."

우리는 조용히 앉아 다시 아까처럼 술을 마시기 시작했다. 그리고 잠시 후에 그들은 그 술집 안에서 소리도 없이 사라져 버렸다.

우리는 그들이 나가고 난 후 한 되 정도를 더 마셨다. 우리는 그래도 술이 부족한 것 같았다. 이병욱이 매우 난감하다는 듯한 표정을 짓기 시작했다.

이제 가지고 있는 돈만큼의 술을 다 마셔 버렸다는 것쯤은 나도 짐작으로 대번에 눈치챌 수가 있었다. 서운했다. 아직도 날이 더 새려면 멀었는데, 모처럼 푸근한 분위기 속에서 술을 마시게 되었는데, 건달들도 물러갔는데, 밖에는 아직도 한정 없이 함박눈이 내리고 있는데, 오늘은 통행 금지도 없는 날인데, 이 젊은 나이에 크리스마스 이브를 춥고 을씨년스러운 이병욱의 골방에서 보내야 한다니, 모두들 안타깝다는 듯한 표정이었다.

그러나 어쩔 수가 없는 일이었다. 우리에게는 그 염병할 놈의 돈이라는 게 다 떨어져 버렸던 것이다.

"날이 새려면 아직도 멀었는데 벌써 가시려고요. 몇 시간만 더 마시다 가세요. 모처럼 만난 말동무들인데 이대로 헤어지면 섭섭해요. 혹시 누구와 만날 약속이라도 있어요?"

여자가 사정도 모르고 우리의 팔소매를 부여잡고 있었다.

"사실은 돈이 다 떨어졌어요."

자정까지 기다려서야 우리가 외출하게 된 경위를 이병욱이 간단하게 여자에게 설명했다. 그러자 여자의 표정이 활짝 개면서 안심했다는 듯한 빛을 띠었다.

"그런 거라면 걱정 말아요, 내가 사면 되니까. 이래봬도 난 돈이 많은 여자예요. 잠깐만 기다리세요!"

여자는 방으로 들어가더니 지폐를 아무렇게나 한 움큼 집어가지고 나와서는 이병욱의 바바리 코트 주머니에다 듬뿍 넣어 주었다.

"이러시면 곤란합니다."

"괜찮다니까요. 내가 사는 거니까요."

"그래도."

"아무 부담도 느끼실 필요가 없어요. 내가 좋아서 이러는 거니까요."

몇 분 동안을 옥신각신하던 끝에 하는 수 없이 우리는 다시 주저앉고 말았다.

"돈이 많으니까 이번엔 비싼 안주를 시키세요."

여자가 말했다.

우리는 비싼 안주를 시켰다. 웃고 이야기하고 떠들고 노래 부르면서 우리는 술을 마셨다. 손님은 우리밖에 없었다. 주인 여자는 방안에 들어가 잠을 자고 있었다.

새벽 네시쯤이 되자 다시 그 돈이 다 떨어져 버렸다. 주인 여자가 잠들어 있었기 때문에 우리는 우리가 먹고 마신 안주값과 술값을 계산해 손수 돈 통 안에다 넣어 주었던 것이다.

"돈은 얼마든지 있다니까요."

다시 여자는 방안으로 들어가 한 움큼의 돈을 움켜쥐고 나왔다. 그리고 아까와 마찬가지로 그것을 이병욱의 호주머니에다 듬뿍 찔러넣었다.

그리하여 우리는 날이 훤하게 샐 때까지 술을 마셨고, 그 돈마저도 다 떨어졌다.

"정말로 이제는 가야겠어요."

우리는 일어섰다. 밖으로 나오니 아직도 눈은 그치지 않고 있었다.

"바래다 드리겠어요."

여자가 따라 나오고 있었다.

밤 사이 내린 눈이 정강이까지 푹푹 빠져들고 있었다.

여자는 제과점 앞에서 걸음을 멈추더니 볼일이 있으니 잠깐 기다려 달라고 우리에게 말했다. 그리고 잠시 후 제과점에서 커다란 점보빵 한두 덩어리를 안고 나왔다.

"틀림없이 굶고들 있을 거예요, 연탄도 없을 테고. 이것으로 식사를 대신하세요."

아, 이 빌어먹을 세상에서 어찌 이런 일이 일어날 수가 있단 말인가. 우리는 말문이 막혀서 그저 입만 다물고 있었다.

"이제 난 들어갈래요. 내일이 내 생일인데 다시 만나 주시겠어요."

여자가 말했다.

우리는 밤 사이 신세를 졌으므로 무엇으로든 보답할 기회를 만들려고 쾌히 다시 만날 것을 약속했다.

그런데 이홍모는 도중에서 집으로 돌아가고, 나는 이병욱을 따라갔었는데 부끄럽지만 빵 덩어리를 보면서 '아껴먹으면 닷새는 먹겠구나' 하는 생각을 했었다. 왜냐하면 이홍모와 이병욱은 그래도 기본적인 의식주를 해결할 방법이 있었으므로 그 빵 덩어리 전부를 나한테 주겠노라고 말했었던 것이다.

그날 이병욱과 나는 하루 종일 그림도구를 구하러 뛰어다녔다. 아무리 생각해 보아도 가난해 빠진 우리로서는 그녀에게 줄 만한 마땅한 선물을 구할 수가 없었다. 그래서 내가 그림을 한 점 그려 주기로 마음을 먹게 되었던 것이다.

그리고 그날 나는 온 정성을 다해 밤을 새워 그림을 그렸다. 일찍이 나는 그토록 어떤 일에 정성을 다 바쳐 본 일이 없었다.

다음날 낮에야 그 그림은 완성되어졌는데 무엇보다도 그림을 끼울 액자가 문제였다. 돈이 1백 원밖에 없었던 것이다. 그러나 그 돈은 커피값으로 준비되어진 돈이었기 때문에 액자를 살 수가 없었다.

우리는 하는 수 없이 이병욱의 가족 사진을 넣어두었던 액자를 쓰기로 마음먹게 되었다. 사진을 빼고 그림을 넣었더니 천만다행으로 꼭 맞았다.

그런데 액자가 너무 오래 되어서 파리똥이 가득히 끼어 있었다. 우리는 또 그것을 온갖 정성을 다해 비눗물로 닦아내었다. 그래도 새것 같지는 않았다. 몹시 마음이 언짢았지만 더 이상은 불가항력이었다.

이윽고 우리가 그것을 들고 약속한 다방으로 갔을 때는 약속 시간 오분 전이 되어 있었다.

그러나 돈이 1백 원밖에 없었으므로 나는 다방 밖에서 기다리기로 작전을 세웠다. 당시 커피값은 50원이었고, 나까지 들어가면 50원이 모자라기 때문이었다. 혹시 여자와 마주치게 될 것을 꺼려 하여 나는 멀찍이서 그 여자가 오는 것을 지켜만 보기로 되어 있었다.
그러나 이병욱이 그림을 들고 다방으로 들어간 지 거의 한 시간이 지났는데도 그 여자는 나타나지 않았다.
"어떻게 된 노릇일까?"
수시로 이병욱은 밖으로 나와 초조한 표정을 내게 보였다.
"그 술집으로 한번 가보기로 하자."
우리는 그렇게 결론을 짓고 다시 그 술집으로 가보았다. 그 술집은 낯설었다. 그 여자의 모습이 보이지 않았기 때문이었다.
"아, 그 여자 말이죠. 떠났어요. 사흘 전에 우리집에 와서 일 좀 하게 해 달라고 사정하기에 허락해 주었는데 아주 썩 손님들을 잘 다룹디다. 어디로 갔는지는 몰라요. 내 경험으로 봐서 틀림없이 술집 여자는 아니야요. 가만 있자, 얼핏 들으니까 어디 대학원을 다닌다든가."
그뿐이었다.
우리는 다시 무엇엔가 홀려 버린 듯한 느낌을 받았다.
그리고 몇 년의 세월이 흐른 뒤에도 그 일은 자주 내 뇌리 속에 선명하게 되살아난다.
나는 이제 이렇게 말하려 한다. 그 여자는 분명히 천사였었노라고.
어디선가 읽은 이야긴데, 어느 무신론자 하나가 목사님에게 당신은 하나님을 보았느냐고 따져 물은 적이 있다고 한다. 그때 그 목사님은 하나님을 보여 주겠노라면서 어둡고 찌든 빈민가로 그를 데리고 갔던 모양이었다.
"보시오, 저들이 다 하나님의 모습이오."
목사님은 가난한 사람들의 모습을 가리키며 그렇게 말했다는 거였다.
얼마나 명쾌한 가르침인가.
천사 또한 그와 마찬가지다. 우리가 마음의 눈이 트이면 그 어디에서든 하나님의 모습을 발견할 수 있듯이, 천사들의 모습 또한 그 어디에서고 발견할 수가 있을 것이다.

그대의 마음가짐에 따라 스스로가 천사를 그대 가슴 안에 간직할 수도 있고, 그대 자신 또한 천사가 될 수도 있을 것이다. 아무리 하찮아 보이는 사람일지라도 하찮게 보지 말라. 그가 바로 하나님의 명령을 받들고 사람의 세상에 내려온 사자, 곧 천사인 줄 누가 알랴. 우리들의 일상 속에서 몇백 번이고 천사를 만났으면서도 우리가 마음의 눈이 멀고 귀가 멀어 그를 알아보지 못했는지 누가 알랴. 요즘은 세상사 모든 일이 다 심상치가 않거니, 저 높은 곳에서 필시 하나님이 내려다보시고 계시다가 그대가 마음으로 뿌린 씨앗은 그대 마음의 양식이 되게 하시리라. 비록 말세가 가까워졌다고는 하지만 너무 각박하게 살 필요야 있겠는가.

다만 한 마디 덧붙이고 싶은 것은 내가 살아온 나날들이 마냥 남의 신세만 지고 누덕누덕 기워서 만들어 놓은 것들뿐인 것 같아 면구스럽기 짝이 없다.

그러나 내게 그 일상들의 부분부분을 기울 수 있는 바늘과 실 들을 빌려 준 그분들을 위해서라도, 그리고 그녀가 베풀어 준 술과 안주와 노래와 두 덩어리의 점보빵에 보답키 위해서라도 나는 목숨이 다하는 날까지 감사하며 열심히 글을 쓰고 볼일이다.

13. 한 다발의 시린 사랑얘기

춘천시 효자동 언덕배기에 월세 1천 원짜리의 방 같지도 않은 방 하나를 얻어 놓고 자취생활을 할 때였다. 살림도구라곤 냄비 한 개와 젓가락 한 개 뿐인 부엌. 연탄이라곤 하얗게 사위어 버린 잿덩어리 여섯 개만 나뒹굴고 있었다. 방안에 들어서면 담요 한 장과 몇 권의 책, 그리고 파리들만 가득했었다.

나는 내가 살아 있는 것이라고는 생각지 않고 있었다. 다만 못 죽고 있는 상태라고만 생각했었다. 요행히 《강원일보》에 나가 삽화 나부랭이를 끄적거리며 가까스로 외상술을 마실 만한 여유를 가지고 있긴 하였다.

날마다 술을 마셨다. 밤 늦게 자취방으로 돌아오면 비참한 생각뿐이었다. 여자가 하나 있었으면 좋겠다는 생각만 간절했다.

봄이었다. 왜 그리 날마다 햇빛이 눈물겹게 아름답기만 했었는지. 차라리 막돼먹은 술집 여자라도 하나 꼬셔 가지고 들놀이를 간다 해도 남부끄럽지 않을 것 같은 기분이 들었다.

외로움도 지나치면 사람을 완전히 실성케 만드는 법이어서, 그즈음 나는 아무 일도 못하고 그저 미친놈 흉내나 내며 살았다. 더러는 다리 밑에서 거지들하고 소주를 까며 밤을 새우기도 했고, 또 더러는 파출소 보호실에서 숙취의 새우잠을 자기도 했었다.

미치도록 사람이 그리워서 하루에도 몇십 통씩 편지를 쓰기도 했었다. 친구들에게, 또는 통속잡지 펜팔란에서 고른 그렇고 그런 여자들에게. 그러나 모든 것은 부질없었다. 친구들은 저마다 젊음을 죽이고 생활의 멍에 속에 갇혀 있었고, 그렇고 그런 여자들은 그렇고 그런 여자들대로 한 장에 몇십 자씩이나 맞춤법이 틀리는 답장들을 보내와서 나를 실망하게 만들어 주곤 했었다.

그러한 생활의 모든 것들이 내게 있어서는 남모르는 눈물로 가슴속에 괴어서 하루라도 술을 마시지 않고는 그 눈물의 무게를 혼자서는 지탱할 수 없을 것 같았다.

솔직하게 말해서 그즈음 아무 여자라도 나를 이해해 주는 여자가 있어 함께 살자고 말해 왔다면, 나는 비록 그 여자가 저 노틀담의 곱추인 콰지모도처럼 생겼다고 해도 쾌히 동거를 허락했을 것이다. 그러나 다행스럽게도 내게는 그러한 여자조차도 나타나 주지 않았었다. 나는 우연히 구한 외국잡지에서 이쁘게 생긴 한 여자의 사진을 오려 벽에 붙여 놓고 날마다 그것이나 바라보며 살았었다.

그러면서도 언젠가는 폼나는 작품을 하나 써야지. 꿈 속에서도 문학을 고향처럼 마음 안에 두고 있었다.

하지만 그러한 생활 속에서는 아무것도 손에 잡히지 않았다. 나는 철저하게 신으로부터 버림받고 있다고 생각했었다.

그리하여 나도 하나님을 조금씩 미워하기 시작했었다. 교회를 나가고 싶었다. 하나님을 만나보기 위해서가 아니라 이쁘게 생긴 하나님의 어린 양이라도 한 마리 훔쳐오고 싶어서였다.

그러던 중 마침내 나는 한 여자를 만났다.

춘천시 명동 전원 다실에서였다. 그 다실은 특별히 주인이 내 의자 하나를 어둡고 구석진 자리에 따로 만들어 주었을 정도로 나와는 인연이 깊은 다실이었다. 그 의자에서 나는 잠을 자기도 하고, 편지를 쓰기도 하고, 담배를 구걸하기도 했었다. 그 의자는 바로 내 침실이며 응접실이며 서재이며 사부실이었다.

그날도 나는 그 의자에서 개떡 같은 내 청춘, 개떡 같은 나의 장래를 생각하고 있었다. 아무리 생각해도 개떡은 영원한 개떡이었다. 나는 어디 가서 술건이나 잡아서 다시 취하는 수밖에 없다는 생각을 했었다. 맨정신으로 어떻게 살으리. 여자도 없이 맨정신으로 어떻게 그 아름다운 햇빛 속을 걸어다닐 수 있으리. 나는 어디 가서 또 곧 갚겠다는 거짓말을 하고 한잔 꺾자고 결심했다.

그때였다. 나는 갑자기 다실 안이 확 밝아져 있는 듯한 느낌을 받았다. 지금 막 문을 통과해서 계단을 내려서고 있는 여자 하나를 발견했기 때문이었다. 한 마디로 기막힌 미인이었다. 첫눈에 황홀함을 느낄 지경이었다. 다실 안의 모든 남자들이 그녀 쪽으로 시선을 던지고 있었다.

나는 의심하려 했었다. 대개 여자들이란 다실의 침침한 조명 아래서는 본래의 얼굴보다 한결 아름다워 보이기 마련이니까. 그리고 먼데서 보면 주근깨나 여드름 따위도 보이지 않기 마련이니까.

'아닐 것이다. 저 여자는 가까이 가서 보면 형편없는 얼굴일 것이다. 거리와 조명 탓일 것이다' 라고 나는 생각했었다.

그러나 아니었다. 그녀가 내 전용 의자 가까이에 자리를 잡고 앉았을 때 나는 유심히 그녀를 관찰해 보았다. 지적이고 기품 있고 늘씬하고 뭐 하여간 끝내 주게 미인인 여자였다. 애인이 있을까. 춘천 사는 여자일까. 몇 살이나 되었을까. 의문들이 꼬리를 물고 머릿속을 스쳐갔다.

나는 순간적으로 어떤 운명을 예감했다. 그리하여 가슴은 두근거리기 시작했다. 그러나 소크라테슨가 말크라테슨가 하는 어느 공처가 철학자의 '네 꼬라지를 알라' 는 충언이 생각났다. 나는 내 꼬라지를 한 번 찬찬히 훑어보았다. 더 이상 설명을 덧붙일 필요도 없는 거지 꼬라지였다.

그러나 한 가지 분명한 것은 나도 남자라는 점이었다. 나는 일어섰다. 그리고 천천히 그녀 앞으로 다가섰다. 그 다음 허락도 없이 그녀의 의자 팔걸이에 걸터앉았다. 그리고 이렇게 말했다.

"아가씨, 참 이쁜데요. 아니 아름다운데요. 앞으로 이 다방에 자주 좀 나와 주쇼. 내가 한번 아가씨를 꼬셔 볼 작정이니까."

그러나 그녀는 나를 전혀 아랑곳하지 않고 도도한 표정으로 곧게 앉아 있을 뿐이었다. 그렇거나말거나 나는 건방지게 그녀의 어깨까지 두어 번 가볍게 두드려 주고는 '그럼 또 봅시다'라는 인사말을 남기고 그 다실을 나와 버렸다. 한잔 꺾기 위해서였다. 다실을 나오니 비로소 세상이 온통 밝아 보였다. 왠지 무슨 일인가가 앞으로 일어나 주고야 말 것 같은 기분이었다.

봄이 가고 있었다. 좀처럼 그녀는 나타나 주지 않았다. 나는 마치 한 줌의 아름다운 연기를 잡았다가 놓치고 만 듯한 기분이었다. 그러던 어느 날 나는 다시금 그 다실에서 그녀를 만날 수가 있게 되었다. 신문사에 나가 삽화를 그려 주고 다실로 오니, 거짓말처럼 그녀가 여전히 오만하고 아름다운 자세로 의자 하나를 차지하고 혼자 앉아 있었던 것이다.

물론 나는 감격해서 숨이 딱 멎어 버리는 듯한 느낌이었다. 나는 조금도 망설이지 않고 그녀에게로 곧장 다가섰다. 그리고 침착하고 느린 음성으로 이렇게 말했다.

"아가씨, 예언컨대 분명히 아가씨는 나를 좋아하지 않고는 못 배기게 될 겁니다. 이왕 좋아할 거면 미리 좀 좋아해 주쇼."

그러나 여전히 그녀는 뒷집 개가 짖느냐는 식이었다. 하지만 두고 보라지. 나는 마음속으로 빙글거리며 내 전용 의자에 몸을 묻었다. 그녀는 다시 앉아 있다가 나를 거들떠도 보지 않고 곧장 퇴장해 버리고 말았다.

며칠이 지났다. 나는 《강원일보》에 중편소설 하나를 연재해 달라는 청탁을 받고 나의 서재, 나의 응접실, 나의 사무실, 나의 침대, 나의 집필실인 의자에 죽치고 앉아 되지도 않는 소설을 비비느라고 한참을 비지땀을 흘리고 있는 중이었다. 그런데 누군가가 내게로 말을 던졌다. 여자 목소리였다.

"이거 보세요."

보시라는 데를 보니까 어이없게도 그녀가 친구와 함께 내 가까이에 앉아 있었다.

그러나 적어도 글을 쓸 때만은 마치 무슨 종교 의식을 행할 때처럼

엄숙 경건한 태도를 취하는 것이 당시의 내 뚝멋이었다. 이번에는 내 쪽에서 그녀를 거들떠도 보지 않았다. 이때 여자의 심정이 어떠했을까? 그녀는 즉시 약이 올라 버린 모양이었다.

"괜히 예술가인 척하지 말아요. 혐오감을 주니까. 이봐요, 그만 이 다방을 나가 주실 수 없으세요?"

깔보고 있는 듯한 말투였다.

나는 괘씸했다. 그러나 애써 신경을 쓰지 않으려고 노력했다. 하루치 연재소설의 분량은 2백자 원고지로 8매였다. '다 쓰거든 두고 보자' 하고 벼르면서 나는 골똘히 원고지에 낱말들을 박아넣고 있었다.

"이봐요. 엉터리 소설가님. 배고픈데 저녁 좀 사실래요."

다 쓰고 나자 그녀가 다시 내게로 말을 던졌다. 놀리는 듯한 어투였다. 그 꼴에 네까짓 게 저녁을 살 수 있겠느냐는 듯한 조롱까지 섞여 있는 것 같았다. 그녀의 친구는 어디로 갔는지 보이지 않았다. 그러나 몰랐지. 내가 외상의 천재라는 것은 전혀 몰랐지.

나는 일부러 난처한 듯한 표정을 지어 보였다. 그녀는 그러면 그렇지 하는 표정으로 계속해서 저녁을 사 달라고 채근해 왔다. 남자가 뭐 그리 시시하냐는 거였다.

"정말 사드려요?"

나는 자신 없는 듯한 어투로 다시 한 걸음을 물러서 보았다.

"사 달라니까요."

그녀는 결코 내가 저녁을 살 수 없으리라고 확신을 하고 있는 것 같았다.

"사드리면 먹을 자신 있어요?"

"있지요."

"따라오쇼."

그리하여 우리는 함께 다실을 나섰다.

나는 단골 분식집으로 그녀를 데리고 갔다. 그리고 가락국수 한 그릇을 시켜 주었다. 정말 배가 고팠던 것일까. 아니면 나의 가난에 어떤 감동이라도 받은 것일까. 그녀는 묵묵히 가락국수 한 그릇을 모두 건져먹었다. 나는 기분 좋게 분식집 주인 아줌마를 향해 소리를 질렀다.
"아줌마 외상!"
그리하여 우리는 서로 통성명을 하게 되었다. 이 녀석은 재미있는 놈이다. 그녀는 그저 그 정도로 나를 평가하고 있는 듯한 눈치였다. 당시 그녀는 약간 권태롭고 짜증스러운 생활을 하고 있는 듯한 인상이었다. 나중에 알고 보니 그녀는 간호원이었고, 그 동안의 병원 근무를 집어치운 채 일본을 갈까 독일을 갈까 망설이고 있는 중이었다.
가끔 그녀는 전원 다실에 나타나서 영화구경 좀 시켜 주실래요. 짜장면 좀 사주실래요. 불쑥불쑥 내 텅 빈 호주머니를 넘보곤 했다. 하지만 나는 충성을 다 바치려고 노력했다. 그때까지도 나는 한갓 그녀의 심심풀이에 불과한 것 같았다.
어느 날 그녀에게서 신문사로 전화가 왔다. 마침 집에서 모를 심는데 모밥을 먹으러 오라는 거였다. 기분 삼삼한 일이 아닐 수가 없었다. 나는 즉시 가겠노라고 이야기했고, 그녀는 그녀의 마을 버스 정류장에서 나를 기다리고 있겠노라고 약속했다.
그런데 뜻하지 않게도 그 전화가 끝나자마자 급한 일거리들이 밀어 닥치기 시작했다. 부랴부랴 나는 그 일거리들을 해넘겼지만 이미 한 시간이나 지나 있었다. 나는 그만 모밥을 포기하고 말았다. 홧김에 외상술을 마셨다. 그리고 약간 취했다. 취해서 생각하니 밑지는 셈치고 한번 가보는 것도 그리 나쁠 것 같지는 않다는 생각이 들었다.
버스를 탔다. 이미 두 시간 반이나 지나 있었다. 나는 그때까지 그녀가 나를 기다리고 있으리라고는 전혀 예상치 않았었다. 그러나 감격스러워라. 내가 약속한 버스 정류장에 내렸을 때, 그녀는 어느 건물 담벼락에 웅크리고 앉아 풀죽은 모습으로 그때까지 뙤약볕 밑에서 나를 기다리고 있었다. 그 모습은 지금까지 내가 보아 온 그녀의 모습 중에서 가장 아름다운 모습이 아닐 수가 없었다.
나는 처음으로 그녀에게 말을 더듬거리며 늦어 버린 이유를 장황하게 늘어 놓기 시작했다. 한참 동안 그녀는 더위에 지친 모습으로 묵묵히 내 변명을 듣고 있었다. 그러다가 불시에 반짝 희게 웃으며 '괜찮아요'라고 간단하게 말해 버렸다.

나는 그녀의 집으로 안내되었다. 시골집이었다. 집 안은 무슨 까닭인지 텅 비어 있었다. 그녀는 사랑방에다 나를 앉혀 놓고 새로 밥을 짓기 시작하는 것 같았다. 한참 후 그녀가 다시 내게로 왔다.

그리고 불쑥 내게 말했다.

"옷을 벗으세요."

나는 깜짝 놀라지 않을 수가 없었다. 옷을 벗으라니, 옷을 벗으라니, 도대체 이 여자의 정체가 무엇이냐. 순간적으로 나는 몇 가지의 해괴한 생각들을 떠올렸다. 그러나 그 무슨 부끄러운 추측이냐.

"지금부터 내가 시키는 대로 하셔야 해요. 이거 내 동생 옷인데 지금 즉시 갈아입으세요."

그녀는 뒤로 감추었던 남자 옷 한 뭉치를 내게 건넸다. 그리고 방문을 닫고 나가 버렸다. 나는 도무지 영문을 몰라 어리둥절해 있다가 아무래도 시키는 대로 하는 것이 그녀에게 점수를 1점이라도 더 딸 수 있을 것 같다는 생각에서 옷을 갈아입기로 마음먹었다.

"다 갈아입으셨죠?"

잠시 후 다시 그녀가 방문을 열었다.

"이리 나오세요. 그리고 여기 비누와 수건이 있어요. 저기 보이는 길로 곧장 나가면 강이 있어요. 시원하게 목욕하고 오세요."

그녀는 억지로 내 등을 떠다밀었다.

나는 죽어도 목욕하기가 싫었지만 이번에도 1점이나마 더 추가하려는 욕심에서 마지못해 어슬렁어슬렁 강을 향해 설음을 옮겨 놓았다. 이상하게도 어떤 행복감이 강물 위를 지나가는 바람의 잘디잔 비늘처럼 내 가슴 밑바닥에 반짝이며 쓸려오고 있었다.

솔직히 말하지만 나는 그때 꼭 3년 만에 목욕이라는 걸 해보았다. 나는 그 맑고 잔잔한 교외의 강물 속에 몸을 담그고 그 동안 개떡 같

은 내 청춘의 때를 벗겼다. 내 절망의 때를 벗기고, 내 외로움의 때를 벗기고, 내 빈곤의 때를 벗겼다. 벗어지는 때의 밑바닥에는 지금까지 내가 방치해 온 내 자학의 살과 뼈가 드러나고 있었다. 그것들은 비로소 신선하게 다시 눈뜨고 있었다. 그때 내 나이 서른한 살. 열한 해를 객지에서 보낸 설움의 끝. 다시 살아나는 내 살과 뼈 속으로 강 건너 포플러 숲에서 들리는 매미 소리가 금빛으로 금빛으로 박혀오고 있었다. 아, 그리고 잠시 나는 비로소 고향으로 다시 돌아와 눈시울을 적시는 탕자의 새로됨을 절감하고 있었다.

돌아오는 길에는 모든 것이 새롭고 신선해 보였다. 살아 있는 사람들이여. 사랑이라는 낱말이 아직도 국어사전에 남아 있음을 찬양하라. 아직도 미처 사랑하지 않은 사람들이여. 절망하지 말라. 사랑은 모르는 사이 느닷없는 목욕과 함께 오는 것이리니. 시방 나는 설레이는 한 다발의 음악이 되어 한 여자의 곁으로 가고 있다.

나는 단숨에 달려가고 싶었다. 그러나 좋은 것일수록 더욱 아껴야 한다는 것을 알고 있었기 때문에 태연히 한눈을 팔며 짐짓 더욱 느린 걸음으로 가고 있었다.

맑은 햇빛, 그리고 조금의 바람. 하늘을 보면 희고 깨끗한 목화구름이 피어 오르고, 여린 비행기의 엔진 소리도 들리고 있었다. 멀리 논바닥에서 모를 심는 사람들의 구성진 노래 소리도 들리고 있었다.

나는 이제 아무래도 좋다는 생각을 했다. 비록 결혼이라고 하는 것이 모든 사람의 인생에서 결코 돌이킬 수 없는 실수가 된다 할지라도, 가능하면 그 실수를 향해 차근차근 어떤 작전들을 짜보는 방향으로 나가 볼 결심도 세웠다. 만약 한 여자만 내 곁에 있어 준다면, 나는 정말로 기똥찬 작품을 하나 쓸 수 있으리라는 생각도 했다. 그러나 나는 문득 불안해지기 시작했다. 어쩌면 나는 지금 동정받고 있는지도 모른다는 느낌이 들었다. 한 장의 비누와 한 장의 수건과 한 그릇의 밥이 단순히 그녀의 장난기 섞인 각본에 의한 것일는지도 모른다는 느낌도 들었다. 만약 그렇다면 이 무슨 꼴 같지 않은 목욕인가.

그녀의 가슴속에 그 어떤 자비로움이 있어 돈도 없고 빽도 없고 가문도 별볼일 없는, 그리고 인물도 만고강산인 나를 애인으로 삼을 것인가. 나는 문득 이대로 어디론가 도망쳐 버리고 싶다는 생각을 했다. 그러나 몸에 맞지도 않는 이 헐렁한 옷을 입고 도망칠 수는 없는 노릇이었다. 나는 에라 될 대로 되라는 심정으로 이제는 바삐 걸음을 옮겨 놓았다.

내가 막 그녀의 집 대문으로 들어섰을 때였다. 나는 순간적으로 그만 숨이 콱 막혀 드는 것 같은 감동에 사로잡히면서 다시 한번 눈시울이 뜨거워짐을 의식했다. 바로 내 눈 높이의 허공에 가로놓여 있는 빨래 중에는 그토록 거지 발싸개같이 때묻고 남루하던 내 티셔츠며 바지 들이 아주 깨끗하게 세탁되어져 햇빛 속에 눈부시게 널려 있었다. 만약 당신이라면 이러한 여자와 결혼하지 않고 도대체 어떤 여자와 결혼했을 것인가.

나는 그 순간 영원히 빨래가 되어 평생을 그 여자에게 세탁되어지기로 결심했던 것이다.

지금 그녀는 내 곁에 있다. 아내에서 여편네로 전락했지만 우리도 꽃피는 시절은 있었다.

몇 년 동안 소설이 많은 돈과 맞바꾸어지지 않는다는 이유에서 항상 시큰둥한 얼굴이더니, 자기 이야기를 쓴다고 하니까 지금까지 내 곁에 붙어앉아 잘 좀 봐달라고 갖은 아부를 다 떨다가 두 꼬마와 함께 잠이 들었다. 그 모습을 보니까 문득 다시 한번 강에 나가 목욕이나 하고 싶어지는 심정이다. 지금 밖에는 눈이 내리고 있다. 이 세상에서 모든 글쓰는 이들의 아내들에게 나는 저 눈이 축복의 눈이 되어 주기를 빌고 있다.

14. 신혼 여행을 세계 도처에

나는 신혼 여행을 어린이대공원으로 갔었다. 무슨 특별한 이유가 있어서는 아니었다. 단지 돈이 없어서였다.

겨울이었다. 날씨가 지독하게 추웠다. 우리는 수천 마리의 비둘기떼가 박수를 치면서 날아 오르는 것을 보았다. 그리고 우리의 머리 위를 한 바퀴 선회하면서 우리를 축복하고 환영해 주는 것을 보았다.

지독하게 추웠으므로 어린이대공원에는 거의 사람들의 발자취가 끊어져 있었다. 우리는 세계 도처에서 원정 온 사자며 호랑이며 원숭이들에게도 우리가 가난 따위는 신경 하나 안 쓰고 함께 결혼했음을 알려 주었다.

바람도 심하게 불고 있었다. 잘 사세요. 행복하게 사세요. 잎 다 진 나무들이 낮게 속삭이는 소리들이 바람결에 실려오고 있었다. 그러나 나는 아내에게 미안했다. 아내의 얼굴은 추위에 새파랗게 얼어 있었다. 안쓰러웠다. 가난하다는 것은 죄가 되지는 않더라도 죄스러움을 자주 느끼게 만든다는 생각이 들었다.

"여기는 한대 지방이로군. 우리 열대 지방으로 갑시다."

나는 아내를 데리고 열대 식물원으로 갔다. 지금 생각해도 내가 열대 식물원을 생각해 낸 것은 정말 기발한 일이 아닐 수가 없었다.

거기는 굉장했다. 더워서 상의까지 벗어야 할 지경이었다.

하지만 그보다 더 굉장한 것은 화려한 꽃들과 나무들의 싱싱하고 푸르른 축복이었다. 아내는 자꾸만 야자 열매를 따 달라고 졸랐는데 차마 나는 그렇게 할 수가 없었다. 생각 같아서는 식물원 전체를 사 주고 싶었지만 그렇게는 할 수가 없었다.

그러나 어린이대공원으로의 신혼 여행에 대해 처음에는 시큰둥한 표정이던 아내도 이제는 제법 행복한 표정이었다.
 첫날밤을 거기서 보낼 수는 없었으므로 우리는 시내로 나왔다. 그리고 서울 사는 친구들을 만났다. 여관을 정해 놓고 친구들과 그때 왕창 마신 술이 몇 병이었던가. 그날 밤 나는 첫날밤을 치렀던가 못 치렀던가 아직도 술이 덜 깨서 기억이 아리송한 느낌이다.

15. 그 겨울 우리 마누라가 먹은 세 개의 참외

나는 마누라가 임신만 하면 입덧을 같이하는 버릇이 있었다. 더러 그런 수가 있다고는 들었지만 그건 정말로 남자로서는 견디기 힘든 고역이라 아니할 수 없었다. 헛구역질도 그렇고 입맛이 떨어지는 것도 그렇고, 심지어는 개살구 따위를 한번 실컷 먹어 보고 싶다는 충동 때문에 거의 환장할 지경에 이르는 것까지 마누라와 흡사했었다. 그야말로 웃기지도 않는 일이었다.

특히 큰애를 임신했을 때는 더욱 심했다.

몇 개월째였더라, 겨울인데 마누라가 갑자기 참외가 먹고 싶다고 말했었다. 그러자 나도 참외를 먹고 싶어 견딜 수가 없었다. 왜 하필이면 참외란 말인가. 고드름이라면 얼마든지 구할 수가 있는데.

방세는 석 달치나 밀려 있고, 연탄은 두 장밖에 안 남았다는 사실을 나도 모르는 바는 아니었다. 며칠 전에 마누라가 친정에 가서 몰래 퍼 온 몇 됫박의 쌀도 이제는 거의 다 떨어져 간다는 사실까지 역시 나는 잘 알고 있었다.

하지만 속수무책이었다. 취직자리도 생기지 않았고, 글도 제대로 써지지 않았다.

마누라는 신경이 날카로워질 대로 날카로워져 있었다. 아주 작은 일에도 민감한 반응을 나타내며 표독스러운 목소리로 나를 몰아붙이곤 했었다.

하지만 나는 나대로 역시 입덧중에 있었으며, 사사건건 일이 뒤틀리기만 했었으므로 자주 마누라와 극렬한 부부 싸움을 일삼지 않을 수가 없었다.

그러던 어느 날 거리에서 아는 사람 하나를 만났다. 나는 취직하면 갚을 셈치고 모든 자존심을 버린 채로 거의 애원하다시피 하여 얼마간의 돈을 꾸었다. 툭하면 굶던 시절이었으므로 수중에 몇 푼의 돈만 있어도 천만금을 얻은 듯이 마음이 든든했었다.

나는 마누라가 참외를 먹고 싶다고 말했던 일을 생각해 내고는 혹시나 해서 춘천 시내의 모든 시장을 샅샅이 뒤지기 시작했다.

그러나 사과나 배 따위는 흔해 빠졌는데 참외는 좀처럼 발견되어지지 않았다. 멀리서 노란색만 눈에 띄어도 가슴이 두근거릴 지경이었다.

당시 나는 너무도 무능한 남편이었으므로 내가 그 어떤 장래에 대한 희망을 설계해 주어도, 마누라는 절대 믿으려 들지 않았다. 그래서 마누라가 나를 보고 웃는 모습을 보기가 여간 힘이 들지 않았다. 한 마디로 우리는 너무 오랫동안 냉전상태에 놓여 있었다.

참외를 구하면……

참외를 구하면 마누라는 최소한 손톱만큼이라도 내 진심을 알아 주리라는 생각이었다. 나는 거의 아침 나절부터 해질녘까지 여러 지역의 시장바닥을 헤매었다. 그러다가 마침내 네 개의 참외를 진열해 놓은 가게 하나를 찾아내었다. 처음에 나는 내 눈을 의심했었다.

"서울에서는 구하기가 수월하죠. 요즘 돈 가지고 안 되는 게 어디 있나요. 하지만 여기만 해도 촌 아닙니까. 하도 비싸서 사갈 사람이 있나요. 가게를 차린 지 얼마 안 되기 때문에 구색을 갖추느라고 몇 개 갖다 놓았지만 찾는 사람이 전혀 없었어요. 아마 다른 가게에는 갖다 놓지도 않았을 겁니다."

주인 남자의 말이었다.

참외들은 모두 주먹만한 크기였는데 무슨 품종인지 표면에 전혀 굴곡이 없었으며, 유난히 동그랗고 매끈매끈했다. 냄새를 맡아보니 참외는 참외였다.

가격을 물으니까 참외 한 개의 값이 거의 연탄 스무 장 값과 맞먹는 액수였다.

하지만 나는 냉방에서 자는 한이 있더라도 마누라에게 참외만은 사다 주고 싶었다.
"봉투에 넣어서 깨끗한 종이에 포장해 주십시오."
나는 세 개를 샀다. 돈이 모자라서였다.
그것을 사들고 샘밭에 있는 월 3천 원짜리 어두운 셋방으로 돌아가면서 나는 왠지 자꾸만 눈물이 날 것 같았다.
아, 참으로 개떡 같은 인생이로구나.
참외는 샀으나 쌀과 연탄이 다시 크나큰 걱정거리로 내 가슴을 짓눌러 왔다.
집으로 들어서니 예상대로 마누라의 표정은 예전과 다름없이 암울해 보였다.
나는 그즈음 공처가에서 마악 공포처가로 변해 가는 중이었으므로 아주 조심스럽게 사온 참외를 꺼내 놓았다. 혹시 쌀이나 연탄을 사지 않고 참외를 사왔다고 역정을 낼는지도 모른다는 생각까지 들었다.
그러나 마누라는 역정을 내지는 않았다. 오히려 고마운 표정으로 웃어 보였다.
"당신도 좀 드세요."
마누라는 내가 자기와 마찬가지로 입덧이 심하다는 사실을 알고 있었으므로 내게도 한 개를 권했다.
그러나 나는 딱 한 조각만 입에 넣고 더 이상은 사양했다. 솔직히 말해서 한 개 정도는 나도 먹고 싶었으나 차마 그럴 수가 없었다. 오죽 못난 남편이면 그토록 먹고 싶어했던 참외를 겨우 세 개밖에 못 사왔으랴. 나는 가게에다 남겨 두고 온 한 개의 참외가 눈에 선했다.
참외를 먹은 이후로도 우리는 자주 부부 싸움을 했고, 이유는 역시 가난 때문이었다.
"자기 아내가 임신을 했으면 궁금해서 병원에라도 한번 가봐야 할 거 아녜요."
백번 지당하신 말씀이었다.

하지만 나는 그럴 수가 없었다. 그래서 말도 안 되는 허세로 곧잘 마누라를 공박했다.

"예수님도 마구간에서 태어나셨어요. 여긴 마구간이 아니라 엄연히 방이란 말요. 그러니 한결 좋은 환경이 아니고 뭐요. 우리네 옛날 사람들은 병원 한 번 안 가보고도 애들만 무사고로 척척 잘 낳지 않았는가 말요."

"첨이니까 무서워지는 걸 어떻게 해요."

"무섭긴, 당연한 걸 가지고 무섭긴. 임신했으면 애 낳는다는 건 여자가 남자보다 더 잘 알지."

"그래요. 당신 소원이라면 나도 남의 집 마구간에서 낳겠어요."

"이 동네엔 마구간은 없어요. 그러니까 적당한 외양간을 찾아봐요."

티격태격하던 끝에 으레 마누라는 훌쩍훌쩍 눈물을 흘리기 일쑤였었다. 그러다가 어느새 오월이 왔다.

오늘 아니면 내일 애가 태어날지도 모르는 판국인데 아무런 준비도 없었다. 준비라고는 그저 '하나님 부디 저를 좀 도와 주소서'라는 기도뿐이었다. 기저귓감도 없었고, 배냇저고리도 없었고, 쌀도 미역도 없었다.

나는 마누라의 진통이 심해질 때마다 정말로 콱 죽어 버리고 싶은 심정이었다.

오월 구일.

드디어 역사적인 날이 닥쳤다. 아무래도 마누라의 진통이 심상치가 않다. 고통도 극도에 달한 모양이었다.

"나가 계셔요. 혼자 낳겠어요."

마누라는 무엇인가 굳은 결심을 한 것 같았다.

하지만 차마 나는 나갈 수가 없었다.

"나가시라니까요!"

마누라는 다시 소리쳤다.

나는 부끄러워서 그러는 모양이라고 생각했다. 돌아보니 마누라는 어느 정도 자신 있다는 듯한 표정을 보이고 있었다. 하나님 제발 무사하게 해주옵소서. 나는 속으로 몇 번이나 되뇌이면서 마당으로 나왔다.

그러나 도무지 제대로 마음을 가눌 수가 없었다.

나는 안절부절 못하고 마당만 바삐 서성거리고 있었다. 그때 마누라가 다시 방안에서 나를 다급하게 부르는 소리가 들려왔다.

아무래도 혼자서는 곤란하다는 판단이 선 모양이었다.

나는 황급히 방안으로 뛰어들었다. 그리고 마누라로 하여금 내 허리를 끌어안게 하고, 나는 두 손으로 문고리를 힘주어 부여잡았다. 두 시간 동안 우리는 거의 사경을 헤매었다. 마누라는 고통을 참느라고 어찌나 세게 입술을 깨물었는지 피까지 배어 나오고 있었다. 나는 내 팔뚝이라도 대신 물려 주고 싶은 심정이었다. 문고리가 두 번이나 빠져서 바깥 문고리에다 허리띠를 매고 다시 마누라를 격려했던 기억까지는 나는데, 그 다음은 어찌나 혼이 났던지 전혀 기억에 없을 지경이었다. 남들은 그러한 우리의 모습에 대해 어떠한 생각을 가질지 모르겠으나, 적어도 우리에게는 그때가 가장 엄숙하고 경건했었다. 비록 고통스럽기는 했지만 우리에게는 일생일대의 중대사였다.

애를 받아 놓고 정신을 차려 보니, 어느새 장모님이 오셔서 일을 거들고 계셨다. 죄스럽기 짝이 없었다.

"사냅세. 앞으로 이 애를 위해서라도 부디 열심히 살아야 허네."

그 한 마디를 듣고 밖으로 나왔다.

햇빛이 눈부시고 사방은 고요했다. 왠지 눈물이 고여왔다. '하나님 잘 키우겠습니다.'

어떻게 해서든 나처럼 살게는 하지 않겠다고 결심하면서 그 길로 나는 시내로 나와 월부책장수가 되었다.

아는 사람들에게, 또는 사람들에게 카드를 꺼내 놓으면서 차마 나는 아무말도 할 수가 없었다. 그런데 신이라도 도우신 것일까. 이상하게도 모두들 부담 없이 서명을 해주곤 했다. 그 동안 무슨 일을 해도 제대로 되지 않더니 그날만은 한꺼번에 만사가 다 형통할 것처럼 모든 일이 잘 풀려 나갔다.

 나는 그날 놀랍게도 10만 원이라는 거액을 벌었다. 사람들이 카드만 꺼내 놓으면 무엇에라도 홀린 것처럼 별로 망설이는 기색도 없이 나를 도와 주곤 했던 것이다.

 나는 날이 어두워서야 일을 중단했다.

 그리고 미역을 사서 옆구리에 낀 채 의기양양한 모습으로 정육점에 도착했다.

 "사람들이 산모한테는 양지머리가 좋다던데 그걸로 두 근만 주십시오. 사실 저는 세상에 태어나서 처음으로 소고기를 사보는 겁니다. 우리 마누라가 아들 낳았거든요."

 나는 흥분된 목소리로 말했다.

 그러나 정육점 주인은 그저 나를 한번 흘깃 쳐다보고는 지극히 사무적인 태도로 썩둑썩둑 칼질을 시작했다.

 저울에 다는 걸 보니까 고기가 전체적으로 허연 빛을 띠고 있었다. 나는 정말로 세상에 태어나서 처음으로 내 손으로 소고기라는 걸 사보는 터였으므로 '양지머리라는 것은 으레 허연 빛을 띠는가 보다'라고 생각했었다.

 미역과 소고기(특히 양지머리)를 사들고 집으로 돌아가면서 나는 얼마나 자랑스러웠는지 절로 휘파람이 새어 나올 것 같았다. 더구나 나는 이제 한 아이의 아버지가 되어 있었던 것이다.

 그러나 막상 집에 돌아와 보니 장모님도 마누라도 별로 나를 탐탁하게 여기지 않는 듯한 눈치였다.

 "오늘 같은 날 하루 종일 어딜 그리 쏘다니다 이제야 나타나누. 자네도 참 한심하네."

 나는 아무 말도 할 수가 없었다.

 그런데 양지머리라는 걸 펼쳐 보신 장모님께서 하시는 말씀은 나를 한심한 정도가 아니라 아예 천치로 취급하시는 듯한 느낌까지 주고 있었다.

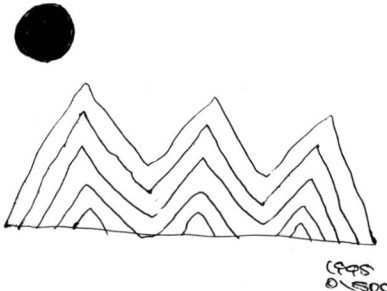

"이서방, 자네 몰라도 어찌 그리 모르는가. 이게 양지머리라니, 어디 가서 비계 덩어리만 얻어왔구만. 주는 사람도 그렇지. 아무리 거저 주는 것이라고는 해도 살점이 한 사람 한끼 반찬거리는 되어야 할 게 아닌가."

장모님께 허연 것은 전부 비계고 뻘건 것만 살코기라는 말을 듣자, 나는 당장 정육점 주인에게로 달려가 놈의 모가지를 시궁창에다 쑤셔 박아 버리고 싶은 심정이었다. 잡놈들의 세상. 다시 나는 굴뚝 뒤로 돌아가 벽에 머리를 기대고 혼자 울었다.

놈은 나를 정말 천치처럼 생각했으리라. 남루한 행색에다 시종일관 벙긋벙긋 웃음을 흘리는 모습, 게다가 세상에 태어나서 처음으로 소고기를 사본다는 등 헤프게 떠드는 소리······.

놈은 그야말로 얼씨구 호구 하나 만났구나 싶었을 것이다.

나는 처음으로 타인에 대한 살의로 몸이 부들부들 떨려왔다. 하지만 참는 수밖에 없었다. 칼을 사용하는 자와 펜을 사용하는 자의 마음이 어떻게 같을 수가 있겠느냐고, 내게는 이제 아들이 하나 있지 않느냐고, 더욱 깨끗하게 살면 되지 않겠느냐고, 참으면서 그 일을 마음속에서 지워 버리기로 작정했다.

이제 세월이 제법 흘러서 큰애의 나이가 일곱 살이 되었다.

추석을 앞두고 즈이 엄마가 떡을 빚으면서 묻는다.

"한얼아. 아빠는 추석날 태어나셨단다. 그러니까 아빠의 생일은 추석이지. 한얼이는 아빠 생일 선물 뭘로 해드릴래?"

그러니까 녀석은 추호의 망설임도 없이 이렇게 대답한다.

"양말하고 옷 사드릴 거예요."

논이 어디 있어서 지가 그런 엄청난 선물을 사 주랴만 나는 주책없게도 공연히 기분이 좋아지는 걸 숨길 수가 없어 절로 입가에 비죽이 웃음이 새어 나온다.

"짜아식, 너 돈 있니? 양말하고 옷은 아주 비싸단 말야."

만약 내가 그렇게 물으면 녀석은 틀림없이 이렇게 대답할 것이다.

"아빠가 벌어다 줄 거잖아요."
그렇거나말거나 기분은 역시 마찬가지다.
문득 녀석이 뱃속에 들어 있을 때의 일들이 떠오른다.
석 달치나 밀린 방세, 구멍 가게의 외상값 독촉, 구해지지 않는 취직자리, 주위 사람들의 비웃음, 막막한 장래, 잦은 부부 싸움, 끝없는 방황, 겹치는 액운, 어제도 가난했었으며 오늘도 가난하며 영원히 가난하리라는 생각, 모든 치욕과 외로움을 참으려 글을 쓰던 일, 한 편도 완성해 보지 못하고 좌절만 거듭했던 나날, 그리고 입덧을 하던 일도 생각난다. 세 개의 참외도 생각난다.
누가 말했던가. 가난은 죄가 아니라고.
그럴는지도 모른다. 사랑이 없는 것은 죄일는지 모르지만, 돈이 없는 것은 결코 죄가 될 수 없을는지도 모른다.
내가 입덧을 했던 일, 세 개의 참외를 내 마누라에게 사 주었던 일, 그런 일들은 극도로 가난했던 당시의 나로서는 달리 표현할 수 없는 또 하나의 사랑법이었을는지도 모른다. 내 마누라와 뱃속에 든 아기에 대한 사랑의 발로에서 행하여졌던 일일는지도 모른다.
세상 사람들이여. 가난하기 때문에 사랑할 수 없다는 말은 있을 수 없다.
보라. 그 겨울에 우리 마누라가 먹은 세 개의 샛노란 참외는 추석이 가까워 오는 오늘 내 가정의 일곱 살 먹은 달이 되어 저리 환하게 밝아 있다.
비록 가난과 어둠 속에서 태어났으되 착하고 튼튼하게 자라고 있다.

16. 소묘 한 묶음

소묘 1

안개의 도시 춘천에서는 그 어떤 사물 앞에도 안개라는 단어를 관형어로 놓을 수 있다.

안개 극장 아래 있는 안개 다실에는 안개 커피와 안개 음악이 있다.

지금은 오후 두 시. 손님은 서너 사람.

기억상실증에 걸려 있다.

첼로 한 타래가 축축하게 젖은 채 실내를 굽이쳐 다니는데, 안경잽이 김형이 담배를 피우다 말고 침묵 속에서 가만히 고개를 쳐든다.

연애하고 싶다……

라고 안경알에 씌어져 있다.

소묘 2

안개 다실을 나선다.

우라지게 화창한 햇빛이 거리에 박살나 있다.

서너 걸음 번화가 쪽으로 내려가면 전자 오락실. 프로그램이 너무 구식이어서 국민학교 애들도 거들떠보지 않는다.

그런데 유독 사십대의 사내 하나가 열심히 벽돌을 깨고 있다. 한참 동안 눈여겨 보니 언제나 오십 점을 넘지 못한다. 벌써 수십 개의 동전이 들어갔다.

사내는 상당히 약이 올라 있는 것 같다.

하지만 기계는 위로의 말 같은 건 뱉아내지 않는다. 창구 쪽에서 거스름 돈을 취급하는 계집애 하나가 새들새들 웃으면서 그 광경을 바

라보고 있다.

　사내가 이윽고 시뻘개진 얼굴로 일어서서 허겁지겁 호주머니를 뒤져 본다. 아무것도 나오지 않는다. 협잡을 당했다는 듯한 표정이다. 서비스로 한 번만 더 하자고 계집애에게 말하자, 계집애는 새침한 목소리로 일언지하에 거절해 버린다. 계집애는 사내의 곤혹스러운 표정을 즐기고 있는 얼굴이다.

　체념을 하고 밖으로 나와 사내는 몇 걸음 걸어간다. 이때 신경질적으로 치솟아 오르는 민방위 경계 경보. 당황한 표정으로 사방을 두리번거리는데 누군가 사내의 팔소매를 잡아 끌고 가까운 가게 안으로 들어선다. 이어 들려오는 격한 말소리. 도대체 그 돈 꿔 간 지가 언제 난 말요.

　대답은 없었지만 오늘 저 전자 오락실엔 사십대의 강도가 들었는지도 모른다.

　소묘 3

　당구장.

　이백오십짜리 후배 녀석이 백오십을 놓고 공무원처럼 보이는 사내 하나와 당구를 치고 있다. 사내의 이마에서는 자꾸만 비지땀이 흐르고 있다.

　몇 분 지나지 않아서 승부는 쉽게 끝나 버린다. 이상하게 오늘은 당구가 잘 맞는 날인데요. 후배 녀석의 능청이다.

　사내는 아무 대꾸도 하지 않고 계속해서 이마에 식은땀을 흘리고 있다. 이상하게 오늘은 식은땀이 잘 나와 주는 날인 모양이다.

　소묘 4

　번화가에서 여자 하나를 만난다.

　이 여자는 언제나 잘난 체하지만 모르는 게 너무 많은 여자다. 자신이 모르고 있다는 사실조차도 모르고 있다.

그런데도 그녀가 아직까지 모른다는 단어를 단 한번도 입 밖에 꺼내 본 적이 없는 것은, 그녀의 미모와 학벌 때문에 생겨난 자존심 탓일 것이다.

섹시한 자태에 이끌려 데이트를 하자고 정중하게 말했더니 선약이 있다는 이유로 거절했다.

누구와의 선약일까. 짚이는 데가 있어 물어보았더니 아니나다를까 내가 아는 어느 외과의의 이름을 댔다.

나는 그가 조금 전에 경찰에 붙잡혀 가는 광경을 목격했었다.

내용을 알고 보니 이러했다.

한 달 전 그에게 맹장 수술을 받은 시골의 어느 환자가 있었는데, 수술 후에도 줄곧 경과가 좋지 않아 신음하던 중 상태가 너무 악화되어 다른 병원으로 가보았더니 뱃속에다 가위를 넣어둔 채 꿰맸다는 사실이 판명되어졌다.

그러나 시일이 너무 경과된 상태였으므로 재수술을 하던 중 환자는 절명해 버렸다.

여자에게 그 사실을 말해 주었더니 대번에 낯빛이 파래져 버렸다. 오늘 새벽까지 그 외과의와 같이 있었는데 언제 붙잡혀 갔느냐는 거였다. 그리고 시골에서 재수술을 받기 위해 올라온 아버지가 돌아가셨다는 것도 금시초문이라는 거였다.

난 몰라……

실성한 듯 그녀는 옆으로 기울어졌다. 나는 황급히 그녀를 부축해 주었다.

난 몰라……

처음으로 그녀의 입안에서 모른다는 말이 나온 셈이지만 이런 운명은 또 뭐란 말인가.

소묘 5

술집.

외상을 좀 달라고 하니까 주지 않는다. 이럴 때 술장수가 가장 위대해 보이면서 자신이 가장 초라해 보인다. 외상값이 밀렸을 때 술장수도 똑같은 심정이 될 것인지.

만약 그렇게 된다면 나도 언젠가 한 번은 해보고 싶다.

소묘 6

밤이다.

될 수 있는 대로 인간이라는 것에서 빨리 탈피하고 싶어진다. 거울을 들여다본다. 우울한 이마에 '연애하고 싶다'라고 씌어져 있다.

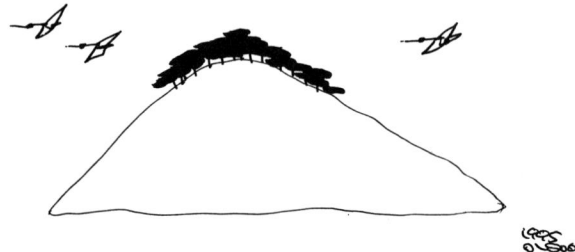

17. 여행 일지

서울역
매표소 앞. 표를 끊으려고 기다리는데 신사복 차림의 이십대 청년이 내게로 다가와서 하는 말. 형씨 술 한잔 마시고 싶으니 1천 원만 적선하쇼. 나는 어제 준 돈 벌써 다 썼느냐고 인상을 팍 쓰면서 녀석을 노려보았다. 슬금슬금 후퇴. 원 별놈 다 보겠네.

밤열차
특급이라고는 하지만 냉동열차. 식인종이 보면 달리는 특빙고. 낭만 없음. 오직 떨림.
잡스럽고 야비한 어투의 말다툼, 경상도 사투리의 고조, 삶에 퇴색한 얼굴들. 두 명의 애독자라는 남자들이 내게로 다가와서 술 냄새를 풍기며 횡설수설. 그후 되지 못한 녀석 하나가 나타나서는 자기가 합기도를 했다는 사실을 몇 번이나 강조. 씨가 먹히지 않는 것 같으니까 나중에는 나한테 아부하는 목소리로 격려하는 말. 형씨도 무주 구천동엘 한번 가보슈. 거기서 한 달 정도만 생활하면 당신도 나훈아의 잡초라는 노래 가사처럼 감동적인 글을 한번 쓸 수가 있을 거요. 운운.

부산
일출. 기념 사진. 바다 냄새.
태종대의 걸레 같은 방어회. 불친절. 얼라가 자고 있는 미지근한 방에서의 식사. 바가지를 썼다는 느낌. 다방이나 음식점 들이 모두 강원도에 비해 기온의 변화와는 무관. 난도들의 우유부단성. 드라이브. 시내 구경. 잘못 걸린 전화번호를 녹음으로 알려 주는 목소리조차 사투리였다는 점. 방금 거신 저나는예 잘못 걸린 저남니더 하는 식으로.
　남포동에서 내장이 터져 나올 지경으로 퍼마신 술. 갑자기 메말라 버린 주머니 사정.

을숙도 부근
　강나루라는 주막의 주인 아저씨. 호밀밭의 파수꾼에 대한 실감. 1백 5년 묵었다는 피아노. 그 피아노에서 울려 나오리라고 그가 기대하는 영혼의 소리. 먼지 앉은 문학 서적들. 아침부터 마신 열두 병의 맥주와 장작 난로. 갈대로 엮어 놓은 벽. 연인들의 방문.
　철새떼. 갈대밭. 신들린 바람. 머리카락을 산발한 채 모래를 뿌리며, 미친 바람 미친 바람 미친 바람 미친 바람 짐승처럼 떼를 지어 몰려 다니고.
　무슨 굉장한 한 같은 것이 땅 속 깊은 곳에도 허공 위에도 주택가에도 벌판에도 하다못해 지푸라기나 먼지 한 점에까지도 서려 있는 것 같았다.

경주
　추위는 여전. 그런데도 모든 난로는 역시 미지근.
　터미널 안내소의 신혼 부부와 그들의 영악스러운 호텔비 깎기. 안 깎이려는 안내원의 교묘한 말재주들. 언제나 상대편의 말도 맞지만 자기 말도 맞다는 논리.
　모든 건물들은 기와가 올려져 있으나 어디까지나 전시용 같은 분위기.
　안압지. 비싼 입장료에 대한 황당함. 대체로 썰렁한 분위기. 한 바퀴 돌면서 사차원으로의 통로가 어딘가에 있다는 느낌을 받음.

불국사

여러 가지로 아름다운 부분들이 많았다는 생각. 돈을 던지는 탑에만 안내원이 있는 것은 무슨 이유에서였을까. 그날만의 일이었겠지.

어느 대형 범종에 양각되어진 박정희 대통령 만수무강이라는 축원이 주는 감회.

기념품 가게들에 진열되어져 있는 기념품들의 조악한 디자인. 터무니없이 비싼 가격.

화장실은 정말 최고로 좋아서 부산에서 뒤가 마려우면 경주까지 참고 와서 누는 사람까지 있을 것 같다는 생각.

시내에서 탁구를 한 게임 치고 서점을 한바퀴 돎. 별다른 점 없었음. 사람들은 대체로 친절. 내년에 또 오라는 뜻으로 알고 돈을 비축해 놓을 결심을 함.

술을 못 마신 것이 한이 되나 회는 먹었음.

박물관.

오, 위대한 신라!

18. 해바라기의 鄕愁

그의 작품 앞에서 나는 가끔 미치고 싶을 때가 있다.
몽마르뜨의 울타리, 허물어진 과수원에 사과꽃이 피고 바람과 햇빛이 움직이며 지나가는 소리……
그는 나무의 뒤틀린 표정과 약동하는 자연을 즐겨 화폭에 담았었다.
파리는 그의 고향이 아니었다.
그러나 그는 낯선 땅에서 늘 고향을 생각하고 있었고, 그것은 숨김없이 작품에 노출되어 화면 가득히 고향 내음이 풍기는 것이다.
변태.
확실히 변태적으로 구성된 인간이었다. 열두 살 먹은 누이동생을 사랑했고, 이십 리 먼길을 하루도 빠지지 않고 달려가 만나보아야 속이 시원했던 그를 변태라고 이름해 주고 싶다.
심지어는 자기 손으로 자기의 귀를 잘라 버리기까지 했으니까.
그의 작품을 보면 안타까운 무엇이 있다. 그것도 일종의 변태에서 오는 불완전의 완전성일는지는 몰라도 아무튼 신경질적으로 움직여 나간 그의 터치를 가만히 살펴보고 있으면 내 신경이, 그리고 근육이 모조리 그림처럼 회전하고 또는 굽이치는 것 같다.
나는 반 고흐의 변태를 마치 최면술에 끌린 사람처럼 좋아한다.
그의 엉뚱하고 싱거운 첫사랑도 나는 멋지다고 생각한다. 그리고 〈밀밭과 상나무〉라는 작품을 좋아한다. 아마도 반 고흐는 그것을 그리면서 어렸던 날을 생각했을 것이다. 상나무가 있고 밀이 익어가는 풍경. 하늘에는 그가 특유한 기법으로 발라 놓은 구름이 뜨고 바람이 불면 밀 익는 냄새가 와락 전신에 안겨 올 것 같은, 이 그림 앞에서 나는 고향을 생각하지 않을 수 없게 된다.

어릴 적에 쬐끄만 가시내와 사금파리를 거적에 널어 놓고 살림을 놀던 나무. 고흐의 상나무에서 나는, 나는 왜 그런지 나의 고향을 읽는다.

파리에서 작품생활로 고달픈 나날을 보내면서도 언제나 고흐는 고향을 잊지 못해했을 것이다.

그래서 광적으로 일렁이는 그의 환멸은 못 견디게 그리운 고향을 그리고 싶어했을 것이다.

나는 파리의 복잡한 시가지나 딱딱한 건물을 그의 그림에서 아직 한번도 본 일이 없다.

많은 세월이 흐른 후 무수한 화가들의 무수한 작품들이 나온다 해도, 반 고흐의 작품처럼 개성적이고 절실한 느낌의 것은 나오지 않을 거라고 생각한다.

고흐는 불쌍하도록 가난했다. 그래서 그는 감자를 먹는다든가 씨를 뿌리는 마디 굵은 농촌 사람을 즐겨 그렸는데, 이상한 것은 색감이 어둡고 우울하지 않다는 얘기다.

고흐가 두고 온 고향엔 그의 동생이 있었는데 그토록 신경질적이고 변태적인 그였지만, 형제간의 우애는 주위의 모든 사람이 부러워하지 않는 사람이 없었다고 한다.

두고 온 고향.

그리운 고향 사람들⋯⋯.

그것들은 변태화가의 가슴속에서, 고흐의 화면처럼 그렇게 뒤틀리고 몸부림쳤을까?

보고 싶은 고향의 모습을 파리의 교외에서 찾으려고 애썼던 외로운 화가 반 고흐.

마음 사람들에게 미쳤다고 추방을 당했던 그를 나는 미쳤다고 생각하지 않는다. 미친 것은 그가 아니고 그의 그림이었던 것이다.

〈밀밭과 상나무〉를 보며

19. 만나고 싶은 그 女子

 내가 이 어둡고 암울한 일상을 떠나 여행길에 올랐을 때, 내 옆자리에 마누라가 아닌 다른 여자가 앉아 있으리라는 생각은 은근히 나를 기분 좋게 만든다. 솔직하게 말해 버리자. 마누라가 또 어떻게 트집을 잡을는지는 모르지만, 그래도 솔직하게 말해 버리자. 나는 내 옆자리에 최소한 마누라가 아닌 다른 여자가 앉아 주기를 바라는 것은 물론, 어린애와 할머니에 대해서도 썩 즐거운 느낌을 가질 자신이 없다. 가능하다면, 정말 가능하다면, 비 갠 아침 한 다발 화초처럼 싱싱하고 아름다운 여자였으면 좋겠다.
 말을 걸면 코웃음을 치며 시선을 다른 곳으로 옮기는 여자, 머릿속은 텅텅 비어 있는데 창자 속만 가득 차 있을 것 같은 여자는 싫다. 될 수 있으면 많이 읽은 여자, 그리고 그 감동이 아직도 가슴에 젖어 있는 여자가 좋다.
 여행은 무엇 때문에 떠나는 것인가. 말라붙은 가슴에 무엇인가를 적시기 위해서 떠나는 것이다. 따라서 젖을 만한 가슴이 없는 여자도 싫다.
 이 각박 살벌하고 메마른 시대. 우리가 매표원의 무심한 손짓 한번에 의해서 아주 가까운 자리에 함께 앉게 되고, 그래서 잠시 사랑을 느꼈다고 해서 또 그것이 무슨 날벼락이라도 맞을 만한 죄가 되랴. 목적지에 닿으면 우리는 헤어지고 마는 것을. 그 한 순간의 잔물결같이 여리디여린 사랑도 이내 잊혀지고야 마는 것을. 비록 남남이라고는 하지만 우리는 다 같은 단군의 자손. 그 한 순간만이라도 사랑을 느끼는 일은 소중하다.
 그러나 나는 이 여름이 다 가도록 여행 한번 못하고, 혹 시내버스 옆자리에 앉아 줄 여자라도 기대해 보았지만 번번이 할머니들께 자리를 양보하는 일들만 일어나곤 했었다. 얼마나 외로운 여름이었는지!

20. 연못가에서

우리집에는 작은 연못이 하나 있다. 사는 게 너무 각박하다는 생각이 들어 여유를 좀 가져 보려고 내가 설계해서 만든 연못이다. 며칠 동안 낚시질을 다니며 물고기는 물론 새우며, 징거미며, 다슬기며, 조개 따위도 잡아다 넣었다. 수초도 몇 종류 갖다 심었다. 햇빛이 발광을 해서 견딜 수 없는 날은 한얼이, 진얼이가 풀장으로 사용한다.

연못 속에는 치어들까지 포함하면 식구들이 약 1백여 마리 정도나 된다. 나는 그 식솔들을 다스리는 가장이다.

여간 신경이 쓰이는 게 아니다. 수온도 맞추어 줘야 하고, 먹이도 넣어 줘야 하고, 질병도 예방해 줘야 한다. 그래도 하루에 세 마리 정도는 항시 죽어서 떠오른다. 되도록이면 비늘이 상하지 않게 하려고 노력에 노력을 거듭해서 가져온 것들이지만 거의가 몇 점씩 비늘이 떨어져 버린다.

물고기는 비늘이 없으면 문자 그대로 시체가 된다. 물고기에게 있어서 비늘만큼 중요한 것은 없다. 그것은 수온을 재기도 하고, 수압을 재기도 하며, 보호색을 만들어 몸을 보호하기도 한다. 그러나 비늘이 떨어지면 거기에 수서균들이 기생해서 그러한 기능들을 퇴화시키고, 마침내는 활동조차 둔화시켜서 물 위로 떠오르게 만들어 버리는 것이다.

아침에 일어나 연못으로 나가 보면 허옇게 부패된 채로 떠 있는 물고기가 내 가슴을 아프게 한다. '차라리 모두 방생이나 해 버릴까' 하는 생각도 든다. 하지만 때는 늦었다. 여기서 죽는 물고기는 방생을 해도 죽게 된다. 나는 생명력이 강한 놈들만 살아남을 때까지 좋은 환경이나 만들어 주면서 기다리는 수밖에 없다는 생각을 했다.

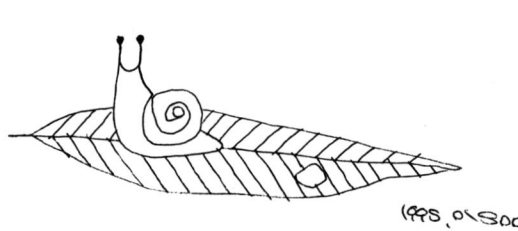

고기들의 기분이야 별로 안 좋겠지만 나는 그래도 연못을 들여다보면 더러 우울이 개는 수가 있다. 요즘은 틈만 있으면 연못을 들여다보는 것이 유일한 낙이다.

연못은 하나의 사회이면서 우주다. 나는 연못 밖에서 신적 존재가 되어, 그 세계를 내려다본다.

우선 연못 속에서 가장 많은 수를 가진 물고기가 붕어다. 월척에서부터 고춧잎만한 치어에 이르기까지 크기가 다양하다.

그 다음이 잉어인데 별로 크지는 않다. 그밖에 피라미가 열 마리 정도, 이스라엘 잉어가 네 마리, 금붕어가 여섯 마리, 송사리와 동자개와 모래무지와 메기새끼가 각각 한 마리, 왜버들치 두 마리, 돌고기 두 마리, 미꾸라지 스무 마리 정도인데, 천적 관계를 고려하여 크기와 수를 맞추어 넣은 것이다.

그 다음 조개가 가장 많고, 다슬기도 그 수가 조개만큼은 된다.

그밖에 새우는 다섯 마리, 녹색거북새끼는 두 마리, 징거미는 네 마리, 소금장수 한 마리(이놈은 어느 날 제가 스스로 하늘을 날아 어딘가에서 귀순해 왔다). 기타 숫자 불명의 플랑크톤이 살고 있다. 그리고 그것들이 이 글을 쓰고 있는 현재까지 내 연못 속에 있는 생존자 명단의 전부라고 할 수 있다.

그런데 나는 최근에 이르러 그들을 내려다보는 신적 존재로서 징거미와 녹색거북의 만행에 대해 어떤 벌을 내릴 것인가 생각중에 있다.

우선 녹색거북의 죄상부터 살펴보기로 하자. 놈들은 세계 각지에서 애완용으로 귀여움을 받고 있는데, 특히 우리 연못에 있는 것은 콜롬비아 붉은귀거북으로서 양쪽 볼에 빨간 점이 한 개씩 찍혀 있다. 이쁘다. 성장하면 귀갑의 길이가 한 자 정도 되고, 귀갑의 빛깔도 녹색에서 흑갈색으로 변해 버려서 전혀 아름답지 못한 몰골을 가지게 되는 모양이지만 지금은 마누라나 아이들에게도 단연 인기가 있다.

그러나 내가 보기에는 어려서부터 너무 음흉하다. 생긴 것과는 판이하게 다른 것이다.

놈들은 낮에 햇빛이 좋으면 연못가 돌 위로 올라와서 지긋이 두 눈을 감고 꼼짝도 하지 않은 채 낮잠을 오래도록 즐긴다. 그러다가 밤이면 슬그머니 물 속으로 기어 들어가 그 느리고 서툰 유영법으로 거의 수면에 가깝게 헤엄쳐 다닌다. 그러다가 수면 위에 고요히 떠서 잠을 자고 있는 붕어의 치어들을 발견하면 아주 느리고 은밀하게 다가간다. 이런 경우 거북이가 느리다는 것은 장점이다. 느리기 때문에 치어들은 적이 가까이 접근하는 것을 눈치챌 수가 없는 것이다.

놈들은 그렇게 치어에게 가까이 다가가서는 우선 가만히 꼬리지느러미부터 몰래 조금씩 끊어먹는다. 그렇게 하고 나면 전혀 서두를 필요가 없다. 꼬리 지느러미가 없는 치어는 갑자기 추진력을 상실한 채 뒤뚱거리게 되는 것이다.

가슴지느러미와 배지느러미까지 모두 잘라먹고 나면 제법 여유가 만만하다. 동체는 먹고 싶으면 먹고 먹기 싫으면 내버려뒀다가 배고플 때 다시 와서 먹으면 되는 것이다.

그런데 징거미는 또 어떤가.

인간 사회에서도 도둑질한 물건을 다시 도둑질하는 놈이 있듯이, 이 징거미라는 놈도 녹색거북이 포획해 놓은 치어를 슬그머니 물고 바위 틈으로 들어가 버린다. 거북의 동작으로는 도저히 징거미를 따라갈 수가 없다. 징거미란 놈은 순발력이 굉장히 뛰어나서 마치 물 속의 메뚜기처럼 톡 하는 순간에 어디론가 사라져 버린다.

생태도 거의 도둑과 흡사하다. 항시 바위 틈이나 수초 속에 숨어 있다가 밤이 되어서야 기어 나온다. 야행성인 것이다.

생긴 모양은 민물새우 같은데 민물새우보다는 몸집이 크고, 자기 몸체의 전장보다 세 배 이상이나 기다란 촉수 모양의 앞발 한 쌍을 가지고 있다. 놈은 그것으로 물고기를 감지하여 몸에 상처를 입히기도 한다. 수초 뒤에 숨어 그것을 드리워 놓으면 마치 노쇠한 수초 줄기같이 보이기도 한다. 그러나 어쩌다 병이 들어서 기동이 불편한 물고기가 놈에게 한번 붙잡히면 끝장이다.

내장을 쏙쏙 빼먹어 버린다. 놈은 그 재미 때문인지 밤만 되면 아주 음흉한 모습으로 연못 속을 끊임없이 배회한다. 때문에 붕어의 치어들이 현저하게 줄어들었다.

놈들은 다른 고기로부터 격리시켜 버리는 방법과 앞다리를 떼어 버리는 방법과 사형시켜 버리는 방법이 있지만, 나는 아직 아무것도 실천에 옮겨 놓지 못하고 있다.

비록 내가 그들에게는 신적 존재로 군림하면서 한눈에 그들의 행동을 모두 내려다볼 수 있다 하더라도, 다시 내 위에서 또 어떤 신적 존재가 가소롭다는 듯이 나를 내려다보면서 나와 흡사한 생각을 하고 있을지 누가 알랴.

나는 그저 모든 것을 외면하고 수초같이 살아야겠다는 생각을 하게 된다. 수초는 가만히 한자리에서 물의 흐름에 몸을 맡기고 부드럽게 하늘거리면서 그 어떤 물고기든지 받아들이고, 한편으로는 플랑크톤이나 산소를 만들어 다른 생물들에게 아낌없이 나누어 준다. 혹 나도 그러한 능력이 있어 반드시 세상에 필요한 것을 만들어 내고, 그것을 아낌없이 나누어 줄 수 있다면 얼마나 좋으랴.

그러나 나 역시 한갓 미물에 불과하다. 차라리 평생을 사는 동안 녹색거북이나 징거미 같은 행동을 단 한번도 흉내내지 않고 사는 것만으로도 얼마나 다행스러운 일이겠는가.

그런데 아차, 이미 나는 그보다 더한 죄를 범하고야 말았다. 물고기들의 입장에서 보면 단순한 내 개인적 욕심 때문에 연못을 파고, 거기다 고기를 잡아넣은 사실부터가 극악무도한 행동이 아니고 무엇이랴.

도대체 부처처럼 살려고 마음먹으면 만사에 거치적거려서 불편하기 짝이 없으니, 에라 모르겠다. 나는 다시 쏙 나처럼 살아 버리기로 마음먹는다.

21. 꽃가꾸기

　흔히 많은 여자들 사이에 앉아 있는 남자를 보면, '저 사람 꽃밭에 앉았네'라는 농담을 던진다.
　직장 여성을 직장의 꽃이라고 말하고, 밤거리의 여성을 밤의 꽃이라고 말한다.
　이렇듯 여자를 꽃에다 비유하는 것은 아무래도 여자가 지닌 아름다움 때문이라고밖에는 생각할 수가 없다.
　그런데 최근에 이르러 꽃도 플라스틱으로 많이 만들어져 나와서 어떤 것은 거의 생화와 구분하기조차 힘든 것까지 있다. 물론 코를 갖다 대고 냄새를 맡아보면 금방 알 수가 있겠지만 육안으로는 식별이 그리 용이하지가 않다는 얘기다.
　그와 마찬가지로 요즘의 여자들 또한 정말로 아름다운 여자가 있고 가짜로 아름다운 여자가 있는데, 그것은 꽃에서의 경우보다 더욱 식별이 곤란하다.
　어떤 남자가 말했다던가.
　여자를 앞에서 볼 때는 위에서부터 아래로 보고, 뒤에서 볼 때는 아래서부터 위로 보게 되는 것이 정상이라고.
　하지만 그건 자기와 아무 상관이 없는 여자, 이를테면 그저 길에서 흔히 마주치는 여자를 보게 될 경우의 얘기일 것이다. 막상 자기의 아내될 여자를 그런 선별법에 의해서 고르는 남자는 아마 이 세상에 단 한 사람도 없을 것이다.
　요즈음의 여자들을 보라.
　남편에게 폭행을 당했다고 고소를 하기도 하고, 팁을 적게 준다고 손님에게 맥주병을 던지기도 하고, 보험금을 타먹기 위해 남편을 독살하기도 한다.

물론 다들 저마다의 사정이라는 것이 있으므로 옳고 그르다는 얘기는 하지 않겠다.

하지만 우리나라 여성들이 옛날보다 한결 강해졌다는 생각만은 떨쳐 버릴 수가 없다. 겉으로 보기에는 모두가 한결같이 아름답고 연약해 보이는데, 속이 어떠한지는 도무지 알 수가 없다. 괴테가 말하기를 전인류를 구원할 수 있는 것은 궁극적으로 여성적인 것뿐이라고 했다는데, 이제는 도대체 여성적인 게 어떤 것인지조차 모호해져 가는 듯한 느낌이다.

식물에게 있어서의 꽃을 보라. 그것을 열매를 맺기 이전에 가지는 최상의 화려한 축제 단계다. 아름다운 자태는 물론이려니와 달디단 꿀과 황홀한 향기까지 가지고 있다. 거기에 도취되어져 벌과 나비가 찾아온다.

여자에게 있어서의 꽃을 보라. 역시 식물의 경우와 별로 다를 게 없다. 여자에게도 달디단 꿀이 있으며, 황홀한 향기와 아름다운 자태가 있다. 거기에 도취되어져 벌과 나비가 찾아온다.

그런데 요즘은 그렇지 않은 여자도 많이 있는 것 같다. 여자에게 있어서의 향기라는 것은 무엇보다도 마음에다 비유하는 것이 제격이겠는데, 플라스틱 가화와 마찬가지로 향기가 나지 않는 여자도 상당히 많은 듯하다. 내면의 아름다움은 등한시하고 겉치레에 너무 신경을 쓰는 경향이 있다.

영원한 안식보다는 순간의 쾌락에 더 많이 치중하고, 마음의 풍요보다는 물질의 풍요에 너 많이 치중하는 것이나.

그러나 기억하라.

꽃이란 언젠가는 지고 만다.

식물에게 있어서는 꽃이 지게 되면 그 향기까지 사라져 버리지만, 여자에게 있어서는 약간 다르다. 비록 꽃이 졌다고는 하지만 그 향기

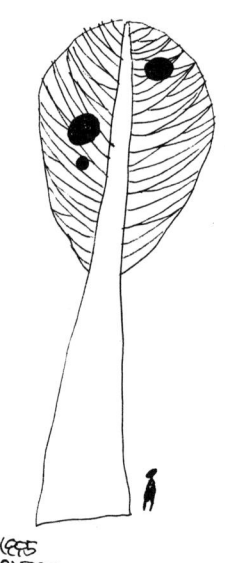

는 남아 있을 수가 있는 것이다. 기실 여자의 진정한 아름다움이란 삼단 같은 머리카락, 샛별 같은 두 눈동자, 반달 같은 눈썹에 앵두 같은 입술에서만 느껴지는 것은 아니다. 아무리 미모가 뛰어난 여자라 하더라도 마음속에 들어 있는 것이 없으면 은연중에 그 미모가 천박해 보이게 되는 것이다. 그러나 비록 박색이라고는 하더라도 마음속에 선성(善性)이 갖추어진 여자라면, 그 박색의 외모 속에서도 어떤 매력 같은 것을 느끼도록 만들어 주게 되는 것이다.

그런데도 오늘날 수많은 여자들이 가정을 등한시하고 철야 고스톱에 열을 올린다든가, 남자 몰래 춤이나 추러다닌다는 것은 얼마나 한심스럽고 슬픈 일인가.

그러한 여자들은 청춘을 되찾기 위한 방편이라고 변명하지만, 엄밀한 의미에서 자신을 더욱 추악한 몰골로 늙어가도록 만들고 있다는 사실을 알아야 한다.

우리가 공원에서 백발이 성성한 나이의 노부부가 서로 손을 꼬옥 잡고 산책하는 것을 볼 때, 왠지 가슴이 뭉클해지고 말이라도 한번 걸어보고 싶은 충동을 느끼는 것은 무엇 때문인가.

우리는 그들에게서 새로이 피어나는 꽃송이들을 발견할 수가 있기 때문이다.

그리고 그 꽃송이들은 이미 우리가 미처 볼 수 없는 영혼의 화원에서 피어나는 것들로서, 아무리 비바람이 몰아쳐도 시들지 않고 그 향기를 대대손손 물려 줄 수가 있는 것이기 때문이다.

시련의 겨울이 지나고 나면 다시금 새로운 꽃을 피우듯이 사람도 모든 고통을 극복한 뒤에는 언제나 새로운 꽃을 피우게 되는 법인데, 그 꽃은 물론 마음 안에서 피는 것이므로 먼 곳까지 향기가 버져 나간다. 그리고 그 꽃은 반드시 일생이라는 거름을 그 자양분으로 한다.

여자여, 그대를 아름답게 만드는 것은 값비싼 외제 화장품과 미용 체조 따위가 아니다. 진정으로 그대를 아름답게 만드는 것은, 그대의 아름다움에 대한 기준을 그대 스스로 어디에다 두는가에 달려 있으며 어떻게 가꾸는가에 달려 있다. 거기에 따라 그대는 그대 자체를 향기 그윽한 꽃으로 만들 수도 있고, 속물 근성만 가득한 여자로 만들 수도 있다.

22. 맞기만 하는 권투선수

왜 그는 링 위에 오르기만 하면 샌드백으로 변해 버리는 것일까. 왜 그는 상대편처럼 날렵한 몸놀림으로 펀치를 날릴 수가 없는 것일까.
왜 그는 텔레비전까지 나와서 범국민적으로 욕을 얻어먹어야만 하는 것일까.
"저 새끼 저걸 권투라고 하나."
"아니, 그럼 저게 권투였단 말인가? 난 지금까지 발레를 보고 있는 줄 알았는데."
그런 소리를 들어가면서까지 권투를 해야만 하는 이유는 무엇일까.
차라리 권투를 집어치우고 하교 시간의 국민학교 정문 앞에서 양팔 벌리기를 하고 애들한테 한 대씩 얻어맞을 때마다 1백 원씩만 받아도 지금보다는 낫지 않을까.
하지만 웃기지 마시라.
그를 욕하는 당신의 모든 입장을 그와 똑같이 만들어 놓으면 당신도 틀림없이 그렇게 두들겨맞지 않고는 못 배길 것이다.
대개의 사람들은 모든 일을 언제나 자신의 입장에서만 생각하려고 드는 악습이 있다. 그런데도 때로는 별로 깊이 생각해 보지도 않고 곧잘 다수의 의견에 쉽게 표를 던져 버리는 악습도 있다.
만약 남을 욕할 일이 생겼을 경우에는 우선 입장부터 바꾸어 놓고 생각해 볼일이다. 한참 동안 욕을 하면서, 그건 바로 그런 경우에 처해 있는 자신을 욕하고 있음을 문득 깨달을 수 있어야 한다.
인생이란 예측을 불허하는 것이어서 살다 보면 당신도 어느 때 어떤 상황에 처하게 될는지 도무지 알 수가 없는 법이다. 당신 자신이 그런 경우를 당하지는 않는다고 하더라도, 혹시 당신의 아들이나 친척 중의 누군가가 그런 경우를 당하게 될는지도 모른다.

특히 프로 권투 세계 타이틀 매치를 가지게 되면 사람들은 지대한 관심을 가지고 텔레비전을 시청하는데, 만약 우리나라 선수가 두들겨 맞기만 하다가 지는 경우에는 거액을 놓고 도박을 걸지 않은 사람들까지 온통 흥분을 해서 병신 같은 자식이니 멍청한 자식이니 하는 욕설들을 퍼붓는다.

나는 그런 소리를 들을 때마다 약간은 귀에 거슬린다는 느낌을 받는다. 되도록이면 한번쯤 입장을 바꾸어 놓고 생각해 볼 필요가 있다는 생각 때문이다.

그러나 내가 아무리 입장을 바꾸어 놓고 생각을 해도 도무지 이해할 수 없는 사람들이 있다. 그것은 바로 그 어떤 경우에도 전혀 입장을 바꾸어 놓아 본 적이 없는 사람들이다.

23. 공상에의 권유

그대여, 공상하라.
공상은 참으로 오묘하다.
혹자는 공상이 비현실적이고 비생산적이며 지극히 허무맹랑한 유희에 불과하다는 이유에서, 의식적으로 그것에 천착하는 것을 회피해 버릴는지도 모른다. 또 혹자는 복잡다단한 생활의 틈바구니에서 허겁지겁 쫓겨다니느라 미처 공상 따위에 시간을 할애할 만한 마음의 여유조차 없는지도 모른다.
하지만 공상이란 결코 허무맹랑하거나 비생산적이거나 비현실적인 것이 아니다. 인간이 공상할 수 있는 것은 모두 실현할 수가 있다는 것이 나의 신념이다. 극단적으로 말해서 공상이야말로 창조의 어머니며 발전의 실마리다. 공상이 없다면 아무것도 창조되어지지 않으며 아무것도 발전되어지지 않는다.
현대인치고 정신적으로 피로해 있지 않는 사람이 없다는 어느 정신과 의사의 말은, 바로 현대인치고 정상적인 정신을 가진 사람이 없다는 말의 조심스러운 표현이겠는데, 그 말을 직설적으로 표현하자면 모든 현대인은 누구나 정신병을 앓고 있다는 말이 아닐는지.
그러나 정신적으로 피곤하면 피곤할수록 공상을 한번 해보시라.
세상이 아니꼽고 메스껍고 치사하고 더럽다는 생각이 들면 들수록 공상을 한번 해보시라.
공상은 그대 머릿속에 설치되어져 있는 완벽한 천국이다. 무엇이든 가능하다. 단 몇 분간의 공상으로도 그대는 쉽게 세상에 대한 원한을 풀 수가 있다.

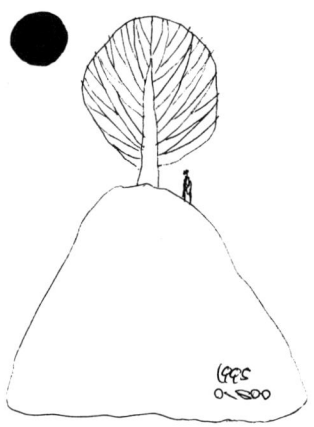

가령 어느 회사의 말단 사원이 이 세상에 존대말이 없어진다면, 하는 공상을 하기 시작했다고 치자. 어떤 현상들이 일어날 것인가.
그 말단 사원은 사장에게 이런 투로 말하게 될 것이다.
"사장, 이제 출근하냐?"
"월급 좀 올려 주라."
"결재 서류를 가지고 오란 말이지. 그래 알았어."
"사장, 퇴근 안하냐?"
어느 정도의 스트레스는 해소가 될 것이다.
그러나 만약 그대의 아랫사람이 그대에게 그런 식으로 말한다면 그건 좀 기분이 나쁠 것이다. 그렇지만 공상이란 마음대로 시간과 공간을 초월할 수 있으므로, 자기에게 불리한 공상이 시작되어질 낌새가 보이면 재빨리 다른 공상으로 옮겨 버리면 된다.
그대의 공상을 알고 있는 사람은 아무도 없으므로 그대는 죄책감 따위 조금도 느낄 필요가 없다. 공상 속에서는 아무런 절차도 없이 자유자재로 신분과 지위와 명예와 재산과 명성과 존망 따위를 획득할 수가 있다. 심지어는 신까지도 되어 볼 수가 있다. 내가 만약 신이 된다면, 하고 생각하는 순간부터 그대는 신이 될 수가 있는 것이다.
그러나 공상을 하는 데도 자기 분수가 있는 법. 만약 그대가 자질을 제대로 갖추지 못한 사람이라면 신이 된다고 하더라도 조잡한 짓밖에는 못할 것이다. 공상을 하더라도 되도록이면 자기 분수에 맞게 하는 것이 좋을 터이다. 그리고 또 되도록이면 좀 고상한 공상을 하는 것이 좋을 터이다.
겨우 권총을 들고 은행을 털어서 흥청망청 돈을 쓰거나, 남의 집 담을 넘어 들어가 처녀들이나 겁탈하는 따위의 공상을 한다면 그내는 참으로 멍청한 인간이다. 공상 속에서는 얼마든지 거부가 될 수도 있으며, 삼천 궁녀를 거느릴 수도 있는데, 하필이면 그런 공상 따위로 자신의 품위를 떨어뜨릴 필요가 있겠는가. 그리고 반드시 이 비좁은 지구의 삼차원 속에서만 꾸물거릴 필요가 있겠는가.

몇억 광년 거리의 별에도 좀 갔다오고, 보잘것없는 빈대 따위로 환생도 좀 해보는 게 어떻겠는가. 더러는 모든 인간들의 가슴에 충만한 빛과 사랑도 넣어 주고, 또 더러는 노래와 춤만 가득한 나날들을 만들어 보는 것은 어떻겠는가.

그 무한한 능력을 가진 공상의 세계에서도 겨우 개인적인 이익에만 급급해야 하는 사람이 있다면 그건 정말로 불쌍하기 짝이 없다. 좋은 공상을 하는 사람은 평소에도 반드시 좋은 일을 할 수가 있는 사람이다. 그러므로 우선은 자신의 가슴을 항시 맑게 다스리며 살아가고 볼 일이다. 사실 모든 것의 근본은 마음 안에 있는 것이어서 그대의 공상은 곧 그대의 마음이라고 말할 수 있다.

그러나 무엇보다 괴롭고 부끄러운 사실은 우리가 공상 속에서 내가 만약 신이라면, 하고 생각하는 순간에도 엄연히 우리가 인간으로서 현실에 존재해 있다는 사실이다. 그리고 그것이 바로 속수무책인 우리들 범인으로서의 비극이자 희극인 것이다.

따라서 공상 끝에는 언제나 허무와 절망이 도래하는 것이 정석이다.

하지만 허무와 절망을 느끼기 위해서라도 우리는 공상을 할 필요가 있다. 공상이야말로 자신의 존재를 비극적으로든 희극적으로든 거듭 확인시켜 주는 것이기 때문이다.

24. 눈 오는 날에

국어사전을 찾아보면, 눈은 기온이 영하일 때 대기의 상층권에서 수증기가 응결하여 내리는 흰 결정체라고 풀이되어져 있다.

그러나 과학에 관계되어진 참고서를 뒤적거려 보면 나름대로 약간 더 상세한 풀이를 얻어낼 수 있는데, 이를테면 눈은 공기 중의 수증기가 불순 물질에 승화하여 붙은 얼음의 결정이며, 처음에는 작은 결정이었다가 점점 수증기를 부착시켜 성장한 다음 기온과 습도에 따라 각기 다른 모양을 이룬다는 등의 풀이가 그것이다.

눈에는 싸락눈과 함박눈 따위가 있는데, 싸락눈을 핵으로 하여 그 주위에 얼음층이 싸여진 상태를 우박이라고 한다.

그러나 이러한 풀이로는 도저히 눈이라는 것에 대해 어떤 감정을 느낄 수가 없다. 따라서 이러한 풀이에 대입하여 인간이라는 것을 풀이하려고 든다면 그 또한 그야말로 삭막하기 짝이 없을 것이다.

인간이면 다 인간이냐 인간다운 인간이어야 인간일 거라는 말도 있지만, 사실 우리가 인간다운 인간이 되기란 그리 쉬운 노릇이 아니다.

인류는 어떤 의미에서 보면 오직 인간다운 인간을 만든다는 목적 하나로 교육기관을 설치하고, 끊임없이 노력하고 끊임없이 스스로를 개선하면서 그 명맥을 유지해 왔는지도 모른다.

그러나 오늘날 인류를 보라. 정말로 인간다운 인간으로 발전하고 성장해 왔다는 생각이 드는가. 혹시 더 비인간적인 인간으로 퇴보하고 몰락해 간다는 생각은 들지 않는가.

아직도 전쟁이라는 단어는 그대로 남아 있고, 아직도 죄악이라는 단어는 그대로 남아 있고, 아직도 증오라는 단어는 그대로 남아 있다.

물이 오염되고, 땅이 오염되고, 하늘이 오염되고, 인간의 가슴까지 오염되어 있다.

인간은 전쟁의 불안을 막기 위해서 핵폭탄을 만든 대신 전쟁의 불안에다 핵폭탄에 대한 불안을 결과적으로 하나 더 추가시켜 놓았고, 생활의 편리를 도모하기 위해 각종 화합 물질과 교통 장비들을 만들어 놓고 육신과 정신이 함께 병들어 버리는 바보짓을 저질러 놓았다.

누구의 잘못인가.

그러나 그런 것을 따질 필요는 없다. 다만 지금부터라도 우리는 다시 시작하지 않으면 안 된다는 각성부터 서둘러야 할 것이다.

나는 오늘날 우리나라 일부 고등학생들을 보면 애처로움부터 앞선다. 도대체 그 무슨 엄청난 꿈이 있어 저토록 무거운 가방을 들고 학교를 다니는 것일까. 밤 늦게까지 입술이 허옇게 부르트도록 공부를 해서 좋은 대학을 가고, 그 다음 좋은 직장에 취직한다는 것이 공부하는 목적의 전부는 아닐 것이다. 그런데도 마치 그것이 공부하는 목적의 전부인 것처럼 착각되어질 때가 한두 번이 아니다.

이제 우리는 좀더 정서적인 측면으로 시선을 돌려야 할 때가 왔다.

눈이 내리는 것을 바라보면서 기온이 영하일 때 대기권 상층에서 어쩌고저쩌고하는 식의 무감동한 풀이 따위를 떠올리는 컴퓨터형 인간이 아직까지는 없을 것이지만, 언젠가는 반드시 그러한 인간이 나타나게 될지도 모른다. 인간은 과학이 발달했다는 자만과 긍지를 느끼기 이전에 정서가 메말라 가고 있다는 사실에 우려부터 느끼지 않으면 아니 되는 것이다.

이제는 겨울.

우리는 눈이 내리면 우선 가슴부터 열어 놓고 볼일이다. 그리고 그 가슴 가득히에 순백의 눈을 받아 놓고 볼일이다. 그 다음에는 그 눈 위에다 스스로의 아픔을 고백하고, 스스로의 어둠을 고백하고, 스스로의 그리움을 고백하고, 스스로의 눈물을 고백하고 볼일이다. 더러는 그것을 종이에다 옮겨도 볼일이며, 옮긴 다음에는 멀리서 또 가까이

서 사랑으로 움트는 어느 그리운 이름들에게도 보내어 볼일이다. 그러나 무엇보다도 우리는 우선 그 순백의 눈처럼 순결하고 아름다운 몸과 마음부터 가지고 볼일이다.

겨울에는 비발디를 사랑하는 귀를 틔우고, 클림트를 사랑하는 눈을 적시고, 모든 시(詩)를 사랑하는 가슴을 밝힐 일이다. 진실로 인간다운 인간이 되기 위해 우선은 모든 사물과 함께 인간과 인간끼리 마음부터 통해야 하는 것이니, 그 마음이 메마르지 않으려고 노력하고 볼일이다.

끝으로 덧붙이는 말 한 마디는, 눈이 내리는 날은 절대로 돈에 대한 생각같은 것도 하지 않고 볼일이다.

25. 방 생

전날 《낚시춘추》로부터 전화를 받고 나는 적이 흥분했었다. 혹시 낚시라도 할 수 있는 기회를 주려는 것이나 아닐까 하는 기대감에서였다.

그러나 아니었다. 내게 주어진 임무는 소양호를 다니며 그 풍경을 글로 묘사하는 일이었다. 《낚시춘추》에서는 이미 내 낚시 실력이 형편없다는 사실을 알고 있었던 모양이었다.

경력이라야 3년 정도. 조사 소리를 들으려면 한참 공부를 더 해야 되는 솜씨였다. 낚시를 배우려면 무엇부터 해야 하느냐고 동석한 낚시광들께 여쭈어 보면, 당신은 우선 밥하는 것부터 배우시오, 라고 말할 정도니 기초가 전혀 안 되어 있다는 뜻이리라.

낚싯대를 한 번 휘두르면 아직도 뒤에 있는 나무를 낚거나, 떡밥이 채 목표 지점에 가기도 전에 떨어져 버리거나, 바짓가랑이를 꿰어 나 자신을 낚기 일쑤이니 도대체 어느 세월에 고기를 낚겠는가.

하지만 나도 낚시를 좋아해서 틈만 나면 기를 쓰고 낚시를 떠나곤 한다.

내가 사는 춘천은 앉으면 조사의 자리, 일어서면 월척이라는 말도 있다.

특히 그 중에서도 소양호는 유명하다.

요즘은 향어가 그 우람한 모습으로 수면을 뒤채면서 자주 끌려 나와 주는 바람에 꾼들 사이에는 쉬쉬하면서도 벌써 소문이 다 나버렸고, 소양호를 찾는 사람들이 더욱 많아졌다.

나는 약간 서운하지만 《낚시춘추》의 주문대로 낚시도구 대신 필기도구를 지참하고 배를 탔다.

화창한 날씨였다. 하늘에는 청량한 햇빛에 잘 세척되어진 구름들이 눈부시게 빛나고 있었다. 바람도 불지 않았다. 그러나 덥지도 않았다. 사방이 온통 산과 물뿐이니 더울 턱이 없었다. 공기가 하도 맑아서 숨을 한 번씩 들이쉴 때마다 혈관 속이 다 투명해지는 듯한 느낌이었다.

배가 선착장을 떠난 지 채 5분도 되지 않았는데 벌써 문명의 흔적은 아무데서도 찾아볼 수가 없게 되었다. 삼림이 울창하게 우거져 있는 산들이 호수 속에 허리를 담근 채 여기저기 솟아 있었다.

마치 원시시대로 되돌아와 있는 듯한 느낌이었다.

나는 갑자기 부끄러움을 느꼈다. 도시에서 내가 먹고 살기 위해 발버둥치면서 살아온 일들이 모두 부끄럽고 치사하게 생각되어졌던 것이다. 배를 타고 한참을 가다 보니까 조사 한 분이 낚싯대를 펴놓고 앉아 있는 것이 보였다.

저건 외지 사람이다, 라고 나는 판단했다. 모두 넉 대의 낚싯대를 펴놓았는데 우산살형으로 펴놓았던 것이다.

춘천 사람이라면 그렇게 펴놓지는 않는다. 거의가 다 젓가락형으로 나란히 펴놓는다.

"우산살처럼 펴놓으면 찌가 지그재그로 위치하게 되지요. 그래서 잘못하면 두 칸 대 찌에 입질이 왔는데 두 칸 반대를 잡아채는 수가 있습니다."

젓가락형으로 나란히 펴놓으면 대수에 따라 차례로 찌가 위치하기 때문에 그런 실수는 범하지 않는다는 것이다.

낚시란 참으로 오묘하다. 물 속에 물고기가 지천으로 헤엄쳐 다니는데도 조건이 조금만 맞지 않으면 절대로 물려 주지 않는다. 어느 과학자가 연구한 바에 의하면 물고기의 지능지수는 0.4이고, 기억력은 3초밖에 안 된다고 한다. 그런데도 지능지수 100이 넘고 기억력이 몇십 년으로 계산되어지는 인간이 번번이 당하는 것을 보면 지능지수나 기억력만으로는 안 되는 모양이다.

"어떤 사람들은 떡밥이나 원자탄을 돌덩이처럼 딱딱하게 만들어서

매답니다. 초보자죠. 사람도 돌을 먹으라고 해보세요. 먹겠습니까?"
안 먹는다. 돌을 먹어서 무슨 보람이 있으랴.
"물고기도 마찬가집니다. 그런데도 돌덩어리처럼 딱딱하게 매답니다. 건져 보면 그대로 매달려 있을 때도 있습니다. 혹시 떨어져 버리고 안 보이면 고기가 따먹었다고 말합니다. 그러면서도 입질이 없으면 고기만 욕합니다. 남의 살을 상하게 하려면 자기 살이 그만큼 상해야 합니다. 즉, 그만큼 피땀을 흘려야 한다는 얘기죠. 질퍽질퍽하게 반죽을 해서 낚시 바늘에 매달고 사뿐히 목표 지점에 던지는 거 하루이틀에 되는 게 아닙니다."
내가 아는 어느 조사님의 얘기다.
나는 잠시 후 호림수산이라는 향어 양식장 부근에다 배를 댔다. 두 명의 조사님들이 낚시질을 하고 있는 모습을 보았던 것이다.
내려서 보니 장애물이 심한데 포인트를 잡은 걸 보니 보통 낚시 공부를 많이 하신 분들이 아니라는 생각이 들었다. 어망을 들여다보았다. 아니나다를까, 자태도 늠름해 보이는 향어들이 어망 속에서 푸드득거리고 있었다.
어린애 팔뚝만한 누치도 몇 마리 보였다. 이 일대는 모두가 포인트인 모양이었다. 맞은편 섬에도 좌우측 섬에도 받침대를 놓았던 흔적들이 역력해 보였다. 평일이니까 한가해 보이지 휴일이었다면 아마 앉을 데가 마땅치 않을 정도로 어지간한 자리는 다 차지했을 거라는 게 호림수산에서 일하는 사람들의 얘기였다.
그런 낚싯대 전시장 같은 데서 무슨 낚시가 될까. 그래서 춘천 사람들은 이렇게 말한다.
"밑밥은 토요일·일요일에 서울 양반들이 나 뿌려 주고, 나음날 물고기는 우리가 잡지요."
굳이 남이 앉은 자리 근처에 앉고 싶은 것은 거기가 포인트인지도 모른다는 생각 때문이겠는데 그건 소양호를 모르는 사람들의 얘기다. 아직도 미개척지는 얼마든지 남아 있다. 동양 최대의 로크필드식 다

목적댐에 의해서 생겨난 인공호이므로 그 면적이 엄청난 것도 동양 최대일 수밖에 없는 것이다.
지도를 펴놓고 들여다보시라. 봉의산이 바라다보이는 춘성군에서 내설악이 바라다보이는 인제군에 이르기까지 소양호의 물길이 이어져 있다.
아무리 극성스러운 낚시꾼이 많이 모인다 해도 그 방대한 지역에 일일이 다 낚싯대를 드리워 보았다고는 말할 수 없다.
하지만 물고기를 잡기 위한 목적으로만 낚시를 하는 것은 아니다. 만약 물고기를 잡는 것만을 목적으로 해서 낚시질을 한다고 치자. 잘 잡혀 주면 다행스럽겠지만 하루 종일 피라미 한 마리조차도 들지 않을 때는 어떤 현상이 일어나겠는가. 신경질만 나고 부아만 치밀어 오를 것이다. 더욱 스트레스만 쌓일 것이다.
특히 소양호 부근에는 정확한 학명은 모르지만 흔히 배불뚝이라고 부르는 물고기가 있는데, 이놈은 피라미보다도 한결 작은 놈으로서 입질이 간사하기 짝이 없다. 때로는 붕어처럼 노숙하게 찌를 밀어 올리기도 하고, 또 때로는 피라미처럼 오도방정을 떨기도 하고, 하여튼 온갖 물고기들의 흉내를 다 내어서 입질을 하는데 배를 꿰어 나오는 수는 있어도 입을 꿰어 나오는 수는 드물 정도로 사람을 우롱하는 데 천재적인 물고기다.
춘천에서 오래 낚시를 공부한 분들은 이놈이 물려 나오면 자리를 옮긴다.
세력권을 형성하는 물고기로서 이놈들이 떼거리로 몰려 있는 곳에는 다른 어종들이 거의 얼씬도 안하는 것이다. 입질은 오는데 갖은 기교를 다 동원해 보아도 물리지 않으면 절로 낚시꾼의 인격이 드러나게 마련이다. 그래서 낚시꾼은 물고기로부터 매운탕거리를 제공받는 것이 아니라 인격도야의 기회를 제공받는 것인지도 모른다.
더러 낚시터에 가면 배가 터져 죽은 치어들을 볼 수 있는데, 아마도 치어들일수록 낚시꾼들한테 헛손질을 자주 하도록 만든 관계로 어쩌다 걸려 나오면 그 원한을 갚아 버린 흔적이리라.

하지만 그건 낚시를 도라고 생각하는 조사가 할 짓이 아니다.

본디 인간은 자연에서 그 육신을 부여받았다.

그리고 자연에서 살아가는 것들을 먹고 그 육신을 성숙시켜 왔다. 그래서 인간은 죽고 나면 다시 자연에서 살아가는 것들에게 그 육신을 되돌려 준다.

땅에 묻혀 거름이 되기도 하고, 곤충이나 물고기 들의 밥이 되기도 한다.

그러나 우리의 정신과 영혼은 신으로부터 부여받은 것이다. 따라서 우리의 정신과 영혼은 선할 수밖에 없다. 다만 그것을 망각한 사람들에 의해서 생겨난 여러 가지 환경과 조건에 의하여 우리는 변모되어졌을 뿐이다.

낚시는 우리에게 우리가 자연으로부터 왔음을 알게 해준다. 우리가 자연 속에 몸을 담기만 하면 마음이 유쾌해지는 이유는 무엇인가. 자연이 한없이 그리워지는 이유는 무엇인가. 우리가 자연으로부터 왔기 때문이다.

우리는 그 자연 속에 앉아서 우리의 정신과 영혼을 되찾아야 한다. 따라서 낚싯대를 드리운 바로 그 자리가 도(道)를 보는 자리가 된다.

도를 볼 수는 없다고 하더라도 도에 가까이 접근하려는 자리 정도는 되어야 한다.

굳이 물고기를 잡는 것을 목적으로 삼는다면 차라리 원양어선을 타는 것이 좋으리라.

소양호는 산 뒤에 물이 있고, 물 뒤에 산이 있다. 산 속에 물이 있고, 물 속에 산이 있다.

그 속에 앉으면 어찌 물고기 몇 마리에 연연해하랴. 보이는 모든 것을 낚으면 그만이다. 그리하여 돌아가는 길에는 세파에 찌든 자기 자신을 자연 속에 방생한 모습을 보면 그만이다.

나는 질마재라는 이름의 만에다 배를 정박시켰다. 산 중턱에 조그만

움막이 보였다. 마치 중국 무술영화에서 주인공이 사부님을 만나 권법을 익히는 장소처럼 보이는 곳이었다.

그러나 거기에는 이소룡도 없고 성룡도 없었다. 다만 후덕하고 소박한 내외와 할머니 한 분이 살고 있었다. 나는 거기서 점심을 먹었다. 마침 향어가 한 마리 생포되어 있길래 그걸로 회와 매운탕을 해서 맛있게 먹었다.

돌아오는 길에 배 위에서 잠깐 잠이 들었다. 소롯이 오는 낮잠, 행복하고 편안한 낮잠이었다. 잠을 깨니 역시 사방이 높고높은 산이요, 깊고깊은 물뿐이었다.

나무들이 짙푸르게 우거져 있고, 그 속에 움막이라도 지어 놓고 살면 종신토록 사람들에게 발견되어지지 않을 것 같았다. 물길도 마찬가지였다. 골짜기마다 물이 차 있었기 때문에 모두가 물길이었다. 익숙한 사람이 아니면 이쯤에서 배 한 척을 준다 해도 도저히 나갈 수가 없을 것 같았다.

그런데도 곳곳에 받침대를 설치했던 흔적이 눈에 띄었다. 더러 낚싯대를 드리우고 무(無)와 공(空)의 자리에 앉아 있는 듯이 보이는 조사님들도 눈에 띄었다. 이따금 끌어내는 낚싯대 끝에서 성성한 은비늘이 번쩍거리고 있는 광경도 눈에 띄었다. 몇 마리의 백로들이 한가롭게 날아다니고 있었다. 두보(杜甫)가 말했던가. 강물이 푸르니 새 더욱 희어 보인다고. 과연 그렇게 보였다. 백로는 암록색 호수 위에서 눈이 부실 정도로 희어 보였다.

오항리라는 곳에 이르러 배를 정박하고 산사람 하나를 우연히 만났다. 연전에 사냥에 관한 글을 기고하기도 한 《낚시춘추》의 독자인데 산중에다 토목 초가삼간을 지어 놓고 살고 있었다. 얼마 전에 직장을 때려치워 버리고 산과 물이 좋아 오항리로 들어왔단다. 역시 후덕하고 소박해 보이는 분이었다. 나는 거기서 커피 한 잔을 얻어 마셨다. 그는 되도록이면 오항리만은 낚시꾼들이 몰려오지 않기를 바란다고 말했는데, 아마도 도를 모르는 낚시꾼들이 자연의 아름다움에 떡밥칠을 하는 것이 싫다는 뜻이리라.

나는 또 한번 낚시를 하는 것이 고기를 잡는 것만은 아니라는 생각을 하면서 배에 올랐다.

이제부터는 돌아가는 길이었다. 흑염소 몇 마리가 한가롭게 풀을 뜯고 있는 다람쥐섬을 지나 추곡에서 잠시 정박하고 소주 한잔을 마셨다. 물빛이 더욱 맑아 보였다.

소양호. 아직도 회를 먹을 수 있는 단 하나의 인공호. 나는 소주 한 잔을 걸치고는 문득 돌아가고 싶지 않다는 생각을 했다. 저 문명의 악다구니로부터 방생당하고 싶다는 생각을 했다.

어쩌면 나같이 도가 부족한 사람은 매사 무엇을 낚는답시고 낚싯대를 드리워 보지만, 항시 낚이는 쪽이라는 생각을 했다.

그러나 나 자신이 나를 방생할 수 있을 때까지 나는 낚시를 그만둘 수 없으리라는 생각도 했다.

26. 구조오작위

신선놀음에 도끼자루 썩는 줄도 모른다는 말이 있다. 얼마나 집안 살림을 돌보지 않고 취미생활에만 열중해 있었으면 도끼자루가 다 썩었으랴. 분명히 마누라쟁이들이 장작 한번 패 줄 생각도 않고 장군명군 따위에 열중해 있는 남편들을 원망하며 만들어 낸 말일 것이다.

하지만 도끼자루가 썩었다면 그 마누라쟁이한테도 분명히 문제가 있다. 남편이 장작을 패지 않으면 자기라도 패야지 도끼자루가 썩는 걸 그래 보고만 있었단 말인가. 어떻게 되는 집안인지 가히 짐작할 만하다.

《낚시춘추》김기자는 나한테 잡지의 성격을 살려서 비린내가 좀 풍기는 글을 써 달라고 했지만, 낚시에 대해서라면 나는 비린내 중에서도 젖비린내밖에는 풍기지 않는 초보자인즉 우선 장기에 대한 얘기부터 시작해 보고 싶다.

장기는 지금으로부터 약 4천여 년 전에 인도에서 만들어졌다고 하는 설도 있고, 태국이나 중국에서 만들어졌다고 하는 설도 있다. 우리나라에 들어온 것은 고려 때라고 하던가. 하지만 장기의 역사나 전래에 대해서 나는 별로 관심이 없다. 다만 나는 신선놀음에 도끼자루 썩는 줄도 모른다는 말이 낚시꾼들에게는 아주 적합하게 쓰여질 수 있으며, 장기에 졸(卒)·사(士)·마(馬)·상(象)·포(包)·차(車)·궁(宮)이 낚시꾼들에게도 아주 잘 어울리는 말임을 강조하고 싶을 따름이다.

낚시에는 구조오작위(九釣五作尉)의 등급이 있다. 조졸(釣卒)·조사(釣肆)·조마(釣瘝)·조상(釣孀)·조포(釣怖)·조차(釣且)·조궁(釣窮)

을 거쳐 남작(籃作)·자작(慈作)·백작(百作)·후작(厚作)·공작(空作), 그리고 조성(釣聖)과 조선(釣仙)에 이르는 것이 이른바 구조오작위이다.

조졸은 나 같은 상태의 초보자를 일컫는 말로서 한 마디로 마음가짐이나 행동거지가 아직 치졸함을 벗어나지 못한 단계다. 기술적인 면에서도 빵점이다. 낚싯대를 들고 고기만 잡으면 무조건 낚시꾼인 줄 아는 것도 바로 이 부류에 속한다. 고기를 잡을 수만 있다면 다른 사람에게 방해가 되건말건 수단과 방법을 가리지 않는다. 한 마리도 잡히지 않으면 신경질이 나서 낚시질을 때려치우고 술부터 찾는다. 그리고 취하면 그제서야 분이 풀려서 고성방가를 시작한다. 술을 못 마시면 집에 가서까지도 그 분이 풀리지 않을 정도다. 이 단계에서 가장 낚싯줄이 많이 엉키거나 비늘이 옷에 걸리거나 초리대 끝이 망가져 버리는 수가 많은데, 마음가짐에 따라 낚싯대나 낚싯줄이 움직이게 되는 것이지 동작 여하에 따라 움직이는 것이 아니라는 사실을 아직 모르기 때문이다. 마음이 흐트러지면 반드시 낚싯대나 낚싯줄도 제멋대로 움직이기 마련이다.

그러나 몇 번 낚시질을 다니고, 그러다가 재미가 붙기 시작해서 몇 번 좋은 수확을 거두거나 대어라도 두어 마리 낚게 되면 사람이 차츰 달라지기 시작한다. 장비도 제대로 갖추게 되고, 기술적인 면에 대해서도 제법 신경을 쓰게 될 뿐만 아니라 공연히 목에 힘이 들어가기 시작한다. 그리고 자신을 대단히 고상하고 낭만적인 존재로 착각하기 시작한다.

이때가 되면 방자할 사(肆)자가 붙어서 조사(釣士)가 아닌 조사(釣肆)로 한 등급이 올라가는데, 낚시에 대해시라면 모르는 것이 없다는 듯 어디서든 낚시 얘기만 나오면 열을 올리기 시작한다. '입질이 온다'라고 말해도 될 것을 반드시 '어신이 온다'라고 말하고, '고기가 제대로 잡히지 않는다'라고 말해도 될 것을 반드시 '조황이 별로 좋지 않다'라고 말하는 단계도 바로 이 단계이며, 능수능란하게 거짓말

을 하기 시작하는 것도 바로 이 단계이다. 하지만 옆에 앉은 사람이 자기가 잡은 것보다 큰 놈을 올리거나 수확이 잦을 경우는 대번에 의기소침해져 버리는 것도 바로 이 단계다. 그리고 이 단계만 거치게 되면 비로소 낚시에 미쳤다는 소리를 듣기 시작한다. 그래서 조마(釣痲)·조상(釣孀) 등의 단계로 이어져 가기 시작하는데 열거하자면 다음과 같다.

조마(釣痲). 홍역할 마(痲). 눈을 떠도 눈을 감아도 어디서든 찌가 보여서 일이 제대로 손에 잡히지 않는다. 일주일에 한 번 정도라는 낚시질을 가지 않으면 몸살이 날 지경이다. 토요일이나 일요일이나 연휴 때에 친구가 결혼을 하면 정강이라도 한 대 걷어차 버리고 싶을 정도다. 물론 적당한 구실을 붙여 되도록이면 식장에 참석하지 않고 낚시질을 간다. 더러는 결근도 불사한다.

조상(釣孀). 과부 상(孀). 마누라쟁이를 일요 과부로 만드는 것은 약과다. 격일 과부로 만드는 사람들도 얼마든지 있는 것이다. 사업조차 낚시 때문에 시들해져 버리고, 급기야는 잦은 부부 싸움 끝에 이혼하는 사례까지도 있다.

조포(釣怖). 낚시에 대해 공포감을 느끼는 단계. 이쯤에 이르러서는 갑자기 절제를 시작한다. 취미를 다른 것으로 바꾸어 보려고도 노력한다. 낚시 때문에 인생 전체를 망쳐 버릴 듯한 생각까지 드는 것이다.

조차(釣且). 또 차(且). 다시 낚시를 시작하는 단계. 행동도 마음가짐도 무르익어 있다. 고기가 잡히건 잡히지 않건 상관하지 않는다. 낚싯대를 드리워 놓기만 하면 고기보다 세월이 먼저 와서 낚시 바늘에 닿아 있다. 그러나 아직 낚을 수는 없는 단계. 고기는 방생해 줄 수 있지만 자신은 방생해 주지 못하는 난세.

조궁(釣窮). 다할 궁(窮). 이제부터는 낚시를 통해서 도를 닦기 시작하는 단계.

남작(籃作). 마음 안에 큰 바구니를 만들고,

자작(慈作). 마음 안에 자비를 만들고,

백작(百作). 마음 안에 백 사람의 어른을 만들고,
후작(厚作). 마음 안에 후함을 만들고,
공작(空作). 나중에는 모든 것을 다 비운다.
그러면 비로소 조성(釣聖)이나 조선(釣仙)이 되는 바, 달리 말하자면 도인(道人)이나 신선이 되는 것이다.
그런데 아직까지 나는 조졸이니 어찌 그런 경지를 바라볼 수 있을 것인가. 하여튼 틈만 나면 기를 쓰고 낚시질을 떠나보지만, 내게 술 대신 낚시에 취미를 붙이라고 낚싯대까지 마련해 준 내 아내는 벌써부터 도끼자루가 썩을까 봐 약간 맛이 가는 듯한 표정이다. 고기라도 좀 많이 잡아온다면 또 모르겠는데 조졸이 무슨 실력이 있어서 고기를 많이 잡아온단 말인가. 얼마 전에 월척을 한 마리 올리기는 했지만, 아마도 붕어가 미쳤거나 술에 취해 있었을 것이다.
나는 생각던 중에 스승을 한 분 모시기로 작정했는데, 그가 바로 춘천호 인람에서 만난 목영균 선생님이시다.
그분은 붕어를 따라 집을 이사하면서까지 낚시를 즐기실 정도로 광이시지만, 기후 조건이나 수심의 변동 등에 따라 고기가 활동하지 않는 날은 같이 활동하지 않고, 고기가 활동하는 날만 같이 활동하는 베테랑이시다. 이른바 외대에 외바늘의 전통파. 지금 이사해 있는 집 바로 앞에다 전용 좌대 하나를 만들어 놓고 하루에 평균 한 마리꼴로 월척을 올리신다. 얼마나 황홀한 일인가. 나는 귀찮을 정도로 쫓아다니며 비법을 물어보았다.
"부디 통촉하옵소서."
"하도 열심이니까 내 한 가지만 가르쳐 주지. 여자 스타킹이나 모기장에다 삶은 닭발이나 원자탄 따위를 돌과 함께 싸서 던져 놓아 보게. 일단 모인 고기는 상당히 오래 거기에 머물러 있지. 냄새는 나는데 먹지는 못하거든. 그때 낚시를 던지면 비교적 잘 물리게 되어 있어."
간신히 알아낸 비법 중의 하나다. 실제로 해보니까 확실히 다른 날보다는 수확이 좋았다.

  하지만 또 다른 비법이 상당히 많이 비장되어져 있을 것 같은데 좀처럼 털어 놓으려 들지 않는 듯한 기색을 보이신다. 고생을 좀더 한 다음에 배우는 게 좋다는 말씀이시다. 그러니 《낚시춘추》의 김기자의 주문대로 비린내가 나는 글을 쓰는 것은 당분간 보류해 두는 수밖에 없는 일이다.

  하지만 언젠가는 그분의 얘기를 한번 써서, 책장을 넘길 때마다 고기 비늘이 번쩍거리고 비린내가 훅훅 끼쳐 오는 글을 한번 써볼 수 있는 기회가 오리라 믿는다.

  그러나 무엇보다도 내게 있어서 시급한 일은 우선 조졸부터 면하는 일이다. 도끼자루야 썩건말건 그게 무슨 상관이람!

27. 달라지는 소시장

　인류가 개를 기르기 시작한 것은 지금으로부터 약 2만 년 전이었다고 한다. 양을 기르기 시작한 것은 7천 년 내지 8천 년, 염소를 기르기 시작한 것은 5천 년, 고양이를 기르기 시작한 것은 4천 년. 그러니까 인류가 가축을 기르기 시작한 것은 석기시대 때부터인 셈이다.
　물론 그 장구한 세월이 흐르는 동안 가축도 여러 가지 변천을 겪어 왔을 것이다. 수렵생활에서 유목생활로, 유목생활에서 농경생활로, 인류가 형태를 바꿀 때마다 가축은 인류에게 그 어떤 것보다도 유용하게 쓰여져 왔을 것이다.
　당연히 인류가 개를 길렀던 애초의 목적은 결코 보신탕이 아니었을 것이다. 개는 수렵생활에서 당당한 몫을 차지했음은 물론, 유목생활에서도 당당한 몫을 차지했을 것임은 두말할 나위가 없을 것이다.
　그런데 요즈음은 어떠한가. 그 용도가 다양하고 종류도 각양각색이다. 기본적으로 집을 지키는 외에도 인명을 구조한다든가, 경찰을 돕는다든가, 조사에 이용된다든가, 장난감이 된다든가, 심지어는 옷까지 입고 시장을 보러다니는 개 같지도 않은 개까지 생겨났다.
　그러면 소는 어떠한가.
　인류가 소를 기르기 시작한 것은 약 6천 년 전부터였다고 한다. 짐작컨대 농경생활을 할 때였을 것이다.
　소라고 하면 좁은 의미로는 가축으로 기르는 소를 비롯하여, 소목 소과 가운데 소 아과 소족의 동물 5속 13~14종을 가리킨다. 원래 가축으로 기르는 소의 조상은 멸종된 오오록스라는 동물이다. 스페인의 알타미라 동굴 벽화에 그려진 소가 바로 그것이다. 오늘날 가축으로 기르는 일소 · 젖소, 또는 고기로 쓰는 소 등은 두말할 나위도 없이 개량되어진 소다.

그 중에서 특히 한국 소는 일소의 대표적인 존재인데, 농기계의 발달과 더불어 오늘날은 그 용도가 확연하게 달라져 있다. 이름 있는 우시장엘 나가 보면 대번에 그것을 알 수 있다.

우시장 중에서는 옥천시장이 전국적으로 유명하지만 강원도 춘천시에 있는 남춘천시장도 그 규모나 시설이 대단하다. 특히 공정거래에 있어서는 모범시장으로 정평이 나 있다. 장날은 2일과 7일, 통상대로 5일 간격이다.

개장 시간이 5시 30분이라는 소문을 듣고, 그 시각에 남춘천시장으로 나가 보니 입구에 벌써부터 트럭들이 밀어닥치고 있다. 의암댐 · 춘천댐 · 소양댐 등의 거대한 댐을 세 개나 가지고 있는 춘천은, 온통 안개투성이어서 새벽장의 독특한 분위기를 맛보는 데는 다른 장의 경우에 비길 바가 못 된다.

그러나 어린 시절에 보았던 우시장과는 전혀 그 느낌이 다르다. 마치 우시장을 다른 짐승의 시장으로 빼앗겨 버린 기분까지 들 정도이다.

어릴 때 보았던 우시장은 도시 가운데 있는 것이라 하더라도 농촌 냄새가 물씬 풍겨 왔었는데, 입구의 트럭에서부터 장마당의 모든 시설에 이르기까지 한 마디로 문명의 냄새가 너무 짙다. 소를 팔러 오는 사람들도 마찬가지다. 한복 차림에 회초리를 들고 고삐를 잡은 모습으로 오는 것이 아니다. 대개가 양복 차림에 자동차를 타고 온다. 팔러 오는 사람은 트럭을 타고 오고, 사러 오는 사람은 택시를 타고 온다.

시장 상황판을 살펴보니 전일 장의 최고가격이 1백78만 5천 원, 최저가격이 1백22만 원으로 밝혀져 있다. 평균을 보니 1백35만 원이나. 그리고 시장의 3대 목표는 아름다운 시장, 공정거래 시장, 고운 말 쓰는 시장으로 적혀 있다.

시장에 끌려온 소는 우선 연령별로 접수되어 경매 사무실에서 체중을 달아야 한다. 체중을 다는 모습으로 말하자면 주인이든 소든 심각하기 이를 데 없다. 마치 타이틀 매치를 앞둔 권투선수가 계체량을 측정하는 순간만큼이나 그 순간이 중요하기 때문이다. 소를 사는 사람들은 무게에 따라 그 값을 매기게 되는 것이다. 이것도 역시 옛날과는 다르다. 옛날에는 얼마나 일을 잘할 수 있는 소이냐가 문제였지만, 오늘날은 얼마나 고기가 많이 나오는 소이냐가 문제이기 때문이다.

　소를 팔러 온 사람은 경매 사무실에서 매매신청서에다 매도인의 주소 성명과 소의 특징 따위를 기입하여 사무원에게 제출한다. 소의 특징은 수가마의 위치나 모양, 또는 뿔의 형태를 말한다. 이를테면 뿔의 경우 위로 굽은 것은 천양각, 옆으로 뻗은 것은 계각, 아래로 휜 것은 유각 등으로 나눈다.

　체중이 측정된 소는 번호표를 받게 된다. 그 번호표에는 체중이 기입되어 있다.

　일단 번호표를 받은 소는 경매장으로 옮겨지게 된다. 제1경매장은 3세 이상, 제2경매장은 1세 이상에서 3세 미만, 제3경매장은 1세 미만, 경매장 안은 온통 소들의 울음소리로 가득 차 있다. 4백60여 마리의 소들이 간헐적으로 울어 대는데 자세히 보니 눈물까지 하염없이 흘리고 있다. 눈물을 흘리는 소는 한두 마리가 아니다. 거의 반 정도가 그렇다.

　경매장의 풍경은 한 마디로 흥청거림 바로 그것이다. 제1경매장에서부터 제3경매장까지 십자형 통로가 여러 갈래로 뻗어 있고, 사람들은 그 통로를 쉴새없이 왕래하고 있다. 더러는 어느 소 옆에 와글와글 모여서 떠들고 있기도 하고, 또 더러는 삼삼오오 짝을 지어 분주하게 소들과 소 사이를 빠져다니기도 한다. 어떤 사람은 소의 아가리를 벌려 보기도 하고, 또 어떤 사람들은 소의 등짝을 후려쳐 보기도 한다.

　"이 사람 미친 사람 아냐."

　"어허, 소장사 이십 년에 소값 제대로 모를까 봐서."

　송아지들이 매여 있는 제3매장은 우시장 제일 끝부분이다. 울음소리는 그쪽에서 제일 많이 들리고 있다. 벌써 흥정을 모두 끝내고 장바닥에 그대로 웅크리고 앉아서 마흔일곱, 마흔여덟, 마흔아홉, 손가락에 침을 퇴퇴 뱉아 가며 돈뭉치를 세는 사람도 있다.

안개는 여전히 걷히지 않고 있다. 그래서 소와 사람들이 멀리서는 잘 보이지 않는다. 마치 꿈 속의 우시장 같다. 사람들은 그래서인지 크게 소리치지 않는다. 그저 평범하게 얘기들을 나눈다.

그러나 각 경매장을 상상할 때, 우리는 소를 매어 두는 나무 말뚝과 지저분한 쇠똥과 순박한 농부들과 텁텁하면서도 강인해 보이는 소장사들을 연상해서는 안 된다. 적어도 오늘날의 우시장은 완전히 변모되어 있다.

나무 말뚝 대신에 굵은 쇠파이프들로 간막이를 만들어 놓았다. 쇠똥은 구경하기조차 힘들다. 똥오줌이나 싸는 소 따위는 잘 팔리지 않는다. 무게를 올리기 위해 여물을 많이 먹여 가지고 나온 소이기 때문이다. 무게는 소를 사는 사람이나 파는 사람에게 최대의 관심사가 아닐 수 없다. 소를 트럭에다 싣고 오는 이유도 무게 때문이다. 소를 걸리면 무게가 빠진다는 것이다. 소를 트럭에 태워서 소비한 기름값과 소를 걸려서 빠진 무게의 값을 따지면 차라리 트럭에 싣고 오는 편이 이익이라는 것이다. 그래서 경매장에 매여 있는 소들을 보면 한결같이 기름이 자르르 흐르고 비대하게 살만 쪄 있다. 쟁기를 매어 본 흔적이라곤 전혀 없다. 일을 시키면 무게가 떨어지니까 마구간에다 공손히 매어 놓고 그저 열심히 먹이기만 한 기색이 역력하다. 이른바 비우들이다.

우시장에 모여드는 사람들의 연령은 일정하지 않다. 이십대의 청년에서부터 백발이 성성한 노인네, 그리고 삼사십대의 여인들도 보인다. 대개 잠바나 콤비 차림이지만 신사복에 넥타이를 맨 사람들도 한두 명이 아니다.

신발 가게에 가면 샌들에서부터 운동화·고무신·장화 등 각종 신발이 모두 모여 있다. 옷 가게에 가면 잠옷·원피스·바바리·홈드레스 등 각종 옷들이 모두 모여 있다.

그러나 우시장이라고 해서 각종 소들이 다 모여 있다고 생각하면 그건 오해다. 모양이나 크기만 다를 뿐 종류는 모두 같다고 해도 과언이 아니다. 어딘지 모르게 한국 소에서 좀 변종된 듯한 모습의 소들이 연령별로 각 경매장 안에 묶여 있는데, 99퍼센트가 비우에 해당한다고 해도 과언이 아니다.

한국 소에 대해서는 우리는 각별한 애정을 쏟아 왔었다. 같은 나라 안에 산다고 일부러 두둔해서 애정을 쏟았던 것이 아니라, 다른 종의 소에 비해서 월등히 하는 일도 많고 성품도 온화하며 지혜롭기 때문이다.

그런데 지금의 우시장에 나와 있는 소들을 보면 어딘지 모르게 낯이 선 이유는 무엇일까. 한꺼번에 너무 많은 소들을 보게 되어서일까. 아무래도 그렇지는 않은 것 같다. 달라져도 한두 군데가 달라진 것이 아닌 것 같다.

오전 8시쯤이 되니까 안개가 비로소 걷히면서 햇빛이 드러나기 시작했다. 그리고 흥정도 활발해지기 시작했다.

"홍천 소만 사면 밑지는 법이 없어요."

"가평 소는 못 씁니다."

낭설들도 심심찮게 퍼진다. 소값을 올리거나 떨어뜨리기 위한 작전이다. 하지만 그런 낭설에 속은 사람은 우시장에 대해서 전혀 상식이 없는 사람이다.

"어떤 소가 좋은지 알기 위해서는 어디어디를 살펴보아야 합니까?"

김씨라고 불리는 오십대의 소장사에게 물어보았다.

"척 보면 알지."

4백60여 마리의 소들 중에서 유난히 특징이 다른 것은 홀스타인 한 마리와 일본 흑소 한 마리뿐이다.

그런데 그것들은 아무도 거들떠보지 않는 것 같다. 그리고 또 한 마리 괄시받는 소가 있는데, 그 소는 다른 소에 비해서 배가 몹시 뚱뚱해져 있다. 마치 항문에다 파이프를 꽂고 펌프질을 해서 바람을 넣은 것으로 착각할 정도이다. 새끼를 뱄느냐고 물으니까 아니란다. 너무 늙어서 그렇게 된 것이란다. 그러고 보니 배가 똥똥하기만 한 것이 아니라 밑으로 몹시 처져 있는 것 같다. 위하수증에 걸린 듯한 모습이다.

　시장의 넓이는 2천5백여 평. 주차장만 해도 1천여 평이다. 흥정이 끝나면 대포라도 한잔 하는가 싶었는데 대포집 같은 건 눈을 씻고 찾아보아도 전혀 보이지 않는다. 다만 그 넓은 시장 안에 양장을 한 삼십 대의 여자 하나가 아이스박스를 놓고 박카스와 요구르트를 팔고 있다. 소장수 이외의 장사꾼은 그 여자 하나뿐이다.

　소들의 울음소리는 요란하기 그지없는데 흥정하는 사람들의 목소리는 조용하기 그지없다. 형님 아우 하다가도 흥정이 틀어지면 금방 소새끼 개새끼로 변해 버리던 시대는 간 모양이다. 서로 멱살을 움켜쥐고 삿대질을 하며 입에 침을 튀기는 광경은 어디에서고 찾아볼 수가 없다. 정말로 아름다운 시장, 공정거래 시장, 고운 말 쓰는 시장인 모양이라는 생각이 든다.

　그러나 어딘지 모르게 은밀한 암투들이 도사리고 있는 듯한 분위기는 감돌고 있다. 내색은 안하지만 서로 날카로운 계산의 숫자 바늘들을 곤두세우고 있는 것임이 분명하다.

　어찌되었건 소는 농촌에서 큰 재산으로 손꼽히고 있다. 잘못 팔았다가는 1천 원 단위로 손해를 보는 것이 아니라 1만 원 단위로 손해를 보는 것이 비일비재하다. 가격이 높은 상품일수록 에누리의 범위도 커지는 것이 상례이기 때문이다.

　소장사라는 것은 대개 혼자 하는 것이 아니다. 팀이 큰 경우는 그 내부 구조가 마치 소규모의 주식회사 같다. 여러 사람이 투자를 해서 그 자금으로 팀을 운영해 나가는 것이다. 물론 자기 돈으로 운영하는 사람도 있기는 하지만 전적으로 돈만 투자하는 사람이 따로 있는 경우가 허다하다. 거기에 소장수라는 일군이 붙는 것이다. 당연히 그 규모에 따라 소장수가 여러 명으로 늘어날 수도 있다. 그리고 그들의 활동범위도 전국적으로 광범위하게 늘어날 수가 있다. 이른바 본격적인

'차떼기'라는 것을 할 수가 있다는 얘기다.

팀에 있어서 가장 중요한 것은 바로 이 소장수라는 이름이 붙은 사람들인데 어느 집 소가 어느 집으로 팔렸으며, 그 소의 장래성은 어떠하며, 소 주인의 몇째 딸이 언제 시집을 가는 것 따위도 훤히 다 알 수 있을 정도로 소에 관한 정보라면 귀신 같다. 뿐만 아니라 규모가 큰 팀의 소장수인 경우는 전국의 시장을 손바닥 들여다보듯이 훤히 들여다보고 있을 정도라고 해도 과언이 아니다.

소를 살 때의 광경을 자세히 파헤쳐 보면 거기에도 절묘한 작전 같은 것이 있다.

우선 어느 농가에서 소를 한 마리 기르고 있다고 하자. 그리고 그 마을에 소장수가 있다고 하자. 물론 유능한 소장수라면 그 소를 팔려고 하는 시기를 잘 알고 있다. 소장수는 그 시기를 포착하기만 하면 자기 팀 중에서 소주인과 전혀 안면이 없는 사람 하나를 그 집으로 보낸다. 그리고 가격을 적당히 떼어 놓는다. 그 다음 다시 주인의 반응에 따라 다른 사람을 몇 번 더 보내어 보기도 한다. 가격을 점차로 떨어뜨려 놓는 것이다. 그랬다가 결정적인 순간에 같은 동네에 있는 사람이 먼젓번 사람보다 약간 웃도는 가격으로 사버리는 것이다. 경매장에서도 이런 식으로 소를 사는 경우가 있다.

그러나 요즈음은 거의 이런 방법은 사용되지 않는다. '속더라도 시장에 가서 속으라'는 속담까지 생겨날 정도여서 이제는 파는 사람들도 용의주도해져 버린 것이다. 소 한 마리를 팔기 위해서 몇 번이나 시장을 드나들며 사전 조사를 해보는 것은 물론 소장수의 행세까지도 해보는 사람이 있는 것이다.

하지만 소장수들은 소장수들대로 어쨌든 소에서 이익을 남겨야 하기 때문에 살 때는 되도록이면 값을 깎는 데 전심전력을 기울이지 않으면 안 되는 입장이다. 따라서 새로운 수법들이 얼마든지 생겨날 가능성이 크다.

소가 잘 안 팔리는 경우는 대개 병들었거나 다쳤거나 불구이거나 늙은 경우이다. 이런 소들은 밑지고 파는 경우가 허다하고, 때로는 마방에서 며칠씩 묵어야 하는 경우도 있다.

마방이라고 하는 것은 우시장 부근에 있는 이른바 소 여인숙 같은 곳으로서, 타지방에서 오는 경우는 대개 하룻밤쯤 묵게 되어 있다. 그런데 정말로 재수가 옴 붙은 소는 마방에서 갑작스런 병으로 급살해 버리는 수도 있다.

오전 열시가 지나니까 경매장은 흥청거리던 분위기가 약간 가라앉는 듯한 느낌이다. 귀동냥으로 들어보니까 전번 장날보다 소값이 떨어졌다는 얘기들이었다. 끌려가는 소들은 한결같이 풀죽은 걸음걸이였는데, 아무래도 그 모습에서 일 잘하고 후덕하며 유순한 한국 소의 재래적인 모습은 전혀 찾아볼 수가 없다. 일을 시키지 않은 탓으로 다리에 힘이 없는데다가 몸집은 몸집대로 비대해져서 걸음이 활발하지 못한 것 같다.

매매가 끝난 소는 다시 경매 사무실에서 매매신청서 하단에 매수인 주소 성명과 판매가격을 기입한 다음 퇴장한다. 퇴장할 때 '움메에' 길게 한 번 우는 소리를 들어보니 왠지 그 음색이 슬픈 듯한 느낌이 든다. 나는 이제 진짜 소가 아니다, 라는 자탄 같은 울음으로 들린다. 다만 고기일 뿐이라고, 그저 상품에 불과하다고, 스스로 슬퍼하는 것은 아닐는지.

우리가 일찍이 한국 소를 사랑했던 이유는 우리를 위해 묵묵히 일해 왔기 때문이며, 그 일하는 모습이 우리의 민족성을 닮았기 때문이며, 마침내는 그 고기와 뼈와 살과 가죽까지를 우리에게 바치고 죽어가는 일생이 숭고하고 고마워서가 아니었던가. 그러나 이제 소는 일하지 않는다. 다만 고기만 바질 뿐이다. 소가 일하고 싶어해도 사람이 일을 시키지 않는 것이다. 조금이라도 더 살을 찌워 고기값을 올리기 위해서.

외형적으로든 성격상으로든 우시장에 나와 있는 소들은 한국 소의 모습을 잃어가고 있다. 힘이 세어 보이지도 않고, 부지런해 보이지도

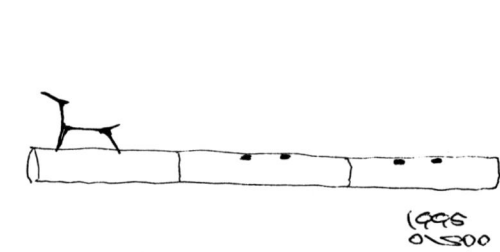

않고, 후덕해 보이지도 않는다. 모양만 달랐지 나머지는 돼지와 다를 바가 별로 없는 것 같다. 농번기가 되면 언제나 흙 냄새 물씬 풍기는 논밭으로 나가 쟁기를 끌거나, 수레 가득 볏단을 실어 나르던 그 모습은 어디로 가고 없는가.

맥없이 경매장 쇠파이프에 매여 체중 기록표를 명찰처럼 매달고 눈물을 흘리고 있는 이유를 알 것 같다. 이제 사람들은 소를 진심으로 사랑할 수가 없게 되었다. 가족처럼 대할 수가 없게 되었다.

한국 소는 그저 하나의 상품에 불과할 뿐, 오직 고기일 뿐, 도살장의 둔중한 해머와 정육점의 번뜩이는 칼날만 기다리고 있을 뿐, 들판과 쟁기 들을 잃어버리고 만 것이다. 그리고 주인으로부터의 진정한 사랑도 상실당해 버리고 만 것이다.

그렇다. 원래 인류가 소를 기르기 시작했던 것은 농경생활을 위해서였다. 인류가 나무 열매나 풀뿌리, 또는 그 씨를 자연 그대로에서 채취해서 먹고 살다가 아무래도 그렇게 해서는 기후나 계절의 변화 등에 의해 식물에서 항시 식량을 공급받을 수 없음을 알고 한자리에 정착하여 재배라는 것을 익히기 시작했다. 유목생활에서는 큰 동물을 기르는 것이 이동에 불편했으나, 그렇게 정착해서 농경생활을 하게 되니까 자연히 큰 동물도 기를 수가 있게 되었다. 그런데 소를 길러 보니 편리한 점이 한두 가지가 아니었다. 무거운 짐을 끌릴 수도 있고, 젖을 짜서 먹을 수도 있으며, 고기도 다량으로 얻을 수가 있었다. 게다가 가죽이나 뼈까지도 생활에 많은 도움을 준다는 사실을 알게 되었다. 그러나 무엇보다도 그때는 힘든 일을 시키기 위해 소들을 길렀었다. 그랬는데 오늘날은 완전히 달라졌다.

대개 닭고기나 돼지고기 따위를 못 먹는 사람늘도 쇠고기는 먹는다. 그 맛이 좋고 영양가가 높은 만큼 비싼 것도 당연하다. 몸에 좋다면 지렁이까지도 토룡탕이라고 점잖은 듯한 이름을 붙여 탕을 해먹는 오늘날의 인간이 이 쇠고기를 절대로 마다할 리가 없다. 남춘천 우시장의 4백60여 마리의 소는 결국 모두 인간의 뱃속으로 들어갈 고기들이다.

이제 소에게 굳이 일을 시킬 필요가 없다. 일을 시켜서 얻는 이익보다는 고기를 팔아서 얻는 이익이 더 크기 때문이다. 이제는 수입 고기라는 것까지 정육점에 나돌 정도로 사람들은 쇠고기를 많이 먹는다. 그만큼 생활이 윤택해졌다는 얘기일까.

1시가 지나니까 경매장은 시들해져 가기 시작한다. 그래도 끈질기게 각 경매장을 돌아다니며 아주 신중한 표정으로 소들을 관찰하는 사람들이 줄어 들지는 않는다. 다만 열기가 식었다는 것뿐이다. 한 마리만 사서 끌고 나가는 사람도 보이고, 여러 마리를 사서 끌고 나가는 사람들도 보인다.

제1경매장 쪽에서 갑자기 여자의 악쓰는 소리가 들리기 시작했다. 삼십대의 여잔데 농사꾼은 아닌 것 같다. 비슷한 나이의 남자가 멱살을 움켜잡힌 채 함께 악을 쓰고 있다.

"안 팔면 안 팔았지 왜 악을 올려?"

남자가 그렇게 악을 쓰니까,

"야, 내 소 내가 안 파는데 무슨 잔소리니!"

여자도 지지 않고 침을 튀긴다. 그러나 구경꾼들은 없다. 단지 그 소의 흥정에 참여했던 사람들이 둘을 뜯어말리고 있을 뿐, 다른 사람들은 각기 자기 계산에만 바쁜 표정들이다. 그 싸움은 곧 시들해져 버린다. 그리고 다시 흥정이 시작된다.

경매 사무실에 들러 박종빈 씨를 만났다. 강원대 축산과를 나와 13년 동안 축산 사무에 종사했다는 그는 첫눈에 후덕하고 순박하며 소처럼 힘이 세어 보인다. 앞으로 남춘천 우시장의 전망을 물으니까, 올해 안으로 경매장의 전천후 시설을 갖추고 주차장도 확장될 예정이란다. 그러니까 우시장은 계속 발전할 것이라는 얘기다. 그는 양축인들의 대우문제가 매우 시급하다는 얘기를 들려 준다. 우선 소장수 하면 사회적으로 그리 좋은 대우를 받고 있는 것이 아님은 자명한 사실이다. 그것만으로도 양축인들의 대우에 대한 문제는 대충 짐작이 간다.

12시가 지나면 많은 소들이 퇴장을 시작한다.

시장 부근에는 음식점도 없고 술집도 없는 것으로 보아 배를 채우는 일이나 목을 축이는 일은 시내 쪽에서 이루어지는 모양이다.

그 대신 우시장 밖으로 나오면 각종 농기구나 소의 사육에 필요한 도구들이 또 하나의 시장을 이루고 널려 있다. 자세히 살펴보니 그것들도 모두 과학화되어 있다.

옥천시장의 경우는 남춘천시장의 경우에 비해 이 점에서는 좀 다르다. 우시장을 중심으로 개시장·닭시장·토끼시장 등으로 볼 수 있는 소규모의 가축시장이 판을 벌이고 있는 것이다.

하여튼 모든 것이 옛날과는 많이 달라졌다. 하지만 불과 몇 년 사이에 소의 본래 기능이 급격히 쇠퇴해 버리고, 우시장의 풍경도 이렇게 달라져 버리리라고는 소장수들조차도 짐작하지 못했을 것이다. 먹는 소만 키워서 팔게 된다는 것은 어딘지 모르게 소에 대한 소중함을 줄이게 되는 것 같은 인상이다.

개는 그래도 고기 이상의 대우를 받고 있다. 죽거나 팔리게 되면 주인이 여간 서운해하는 것이 아닌 것이다. 소의 어디가 개만 못해서 단지 고기만의 취급을 받게 되는 것일까. 인간은 자신들의 영락을 위해서는 다른 동물들에게 얼마든지 비정할 수가 있는 것인지. 소를 팔아넘기는 일은 이제 조금도 서운하지 않다는 듯한 표정들이다.

당연히 팔아먹기 위해서 기른 소인데 뭐가 서운하겠느냐는 듯한 표정들이다. 가족의 일원이었던 시대는 지나갔다는 표정들이다.

하지만 그런 것은 상관이 없다. 어째서 인간이 그렇게 비정하게 되었는지가 문제다. 돈만 알고 소의 마음은 모르게 되었는지가 문제다.

옛날에는 소 한 마리를 팔고 가슴이 아파 며칠씩 드러누워 끙끙 앓았다는 사람들도 허다했다. 소가 병이 나면 자식이 병이 난 듯이 걱정했던 사람들도 허다했었다.

그러나 오늘날은 팔면서도 손익을 따지기에만 급급하고, 앓아누워도 치료하는 데 들어가는 비용 따지기에만 급급한 사람들이 허다하다.

만약 인간이 정말로 만물의 영장이라면, 고작 다른 사물들을 이용하는 데만 영장다운 면모를 보이지 말고 다른 사물들을 사랑하는 데도 영장다운 면모를 보여야만 할 것이다.

  가축들이 오랜 역사를 통해 우리에게 몸과 마음을 아낌없이 헌신해 왔듯이, 우리도 그에 대한 사랑만은 버리지 말아야 할 것이다. 경매장에 끌려와 목에 몸무게가 적힌 푯말을 매달고 하염없이 눈물을 흘리는 소들을 바라보면서, 그 눈물의 뜻이 무엇인가를 한번쯤은 생각해 보아야 할 것이다.

  1시가 되면 우시장은 완전히 파장이다. 시내로 나오니 유난히도 불고기집 간판들만 눈에 띈다.

  소가 우시장에 나와서 눈물을 흘리고 있는 모습을 상상하면 쇠고기 맛이 제대로 나줄 것 같지가 않다.

  기계에 밀려나는 소들처럼 언젠가는 우리도 밀려나, 비정한 문명의 번뜩임만 계속되고 사랑과 온정은 사라져 버린 어느 인간시장에 모여, 소들처럼 그렇게 눈물을 흘리게 되는 날이 올는지도 모른다는 생각을 해본다.

28. 하찮은 것들을 위하여

　최근 서울에 있는 일부 국민학생들의 머리카락 속에 이(蝨)가 기생하기 시작했다는 신문 보도를 읽고, 나는 묘하게도 일말의 반가움 비슷한 감정까지 느꼈었다. 뿐만 아니라 지금 당장에라도 서울로 올라가 그 이라는 놈들을 한번 만나보고 싶다는 충동까지 느꼈었다. 물론 위생관념이 투철하신 분들께서는 나의 그 지극히 비위생적이고 개인주의적인 감정에 대해 극심한 혐오감을 느끼실 터이지만, 솔직히 말해서 나는 그 이라는 놈들에 대해 무조건 적개심을 느끼지는 않고 살아왔었다.
　신문 보도를 읽고 나서 어른들은 약간씩 수치심 같은 것을 느낀다는 듯한 표정들이었다. 어떤 학부모들은 이라는 동물이 이 지구상에서 가장 불결한 벌레이며, 그대로 방치해 두었다가는 곧 자기들의 자녀들이 무슨 괴질에라도 걸려 목숨을 잃게 된다고 생각하는 사람처럼 박멸을 서두르더라는 소문도 있었다.
　어느 순발력 있는 제약회사에서 재빨리 이 약을 만들어 신문에 대문짝만하게 광고를 게재하기도 했으며, 또 어떤 수퍼마켓에서는 친절하게도 '참빗 있습니다'라는 안내문을 써붙이기까지 했다는 소문조차 있다.
　내가 알기로 이라는 동물은 포유류의 몸 겉에 기생하는 곤충류로서, 그 종류가 무려 5백 종 가량이나 된다. 그리고 사람에게 기생하는 것들로는 머릿니·옷엣니·털엣니 등이 있는데 모두 피를 빨아먹고 산다.
　머릿니와 옷엣니는 모양에 의한 구별이 별로 뚜렷하지 않으며, 각기 알을 낳는 장소만은 확실하게 구분되어져 있다. 이름 그대로 머릿니

는 머리카락에다 알을 낳으며, 옷엣니는 옷에다 알을 낳는다. 그리고 털엣니는 겨드랑이털이나 음모에 기생하는데, 특히 성행위시에 옮겨지는 사면발이는 어느 면으로 보든 상당한 골치가 아닐 수 없다.

이에게 물린 자리는 가려우며 긁으면 때로 피부염을 일으키기도 한다.

그리고 발진티푸스·참호열·회귀열 따위의 병원충을 매개하기도 한다.

이의 알은 서캐라고 하며, 시멘트 물질을 배출하여 털이나 옷의 솔기 따위에 단단하게 붙어 있다가 환경이 좋아지면 부화하는데, 성충이 되면 한 마리가 하루에 세 개에서 아홉 개 가량씩 알을 낳아 약 3백 개 정도에 이른다.

그러나 내가 이에 관한 신문 보도를 읽고 일말의 반가움 비슷한 감정을 느끼게 된 것은 이런 따위의 쥐꼬리만한 상식과는 무관하다.

다만 나는 오래 전에 인간들 주변에서 영원히 사라져 버린 줄로만 알았던 그 이라는 놈들이 갑자기 서울에 나타나서 극성을 부린다는 신문 보도를 읽는 순간, 덮어두었던 과거의 기억 속에서 몇 사람의 얼굴과 나 자신의 모습을 선명하게 떠올렸던 것이다. 그리고 문득 일말의 그리움 같은 것을 느끼지 않을 수 없게 되었던 것이다.

내가 체험했던 과거의 몇 가지 이에 결부되어진 단상(單想)들은, 시골에서 유년 시절을 보낸 적이 있는 내 나이 또래의 사람들이라면 별로 생소한 이야기가 아닐지도 모른다. 양지바른 곳에 자리를 잡고 앉아 누나의 머리카락을 뒤적거리시던 할머니의 모습이나, 들일에서 돌아와 고단한 잠 속에서 북북 허리춤을 긁적거리시던 아버지의 모습쯤은 누구나 쉽게 기억해 낼 수 있을지도 모른다. 그리고 이 때문에 비롯되어서는 수치심이나 불쾌감보다는 유년에 대한 향수에 쉽게 젖어 들 수 있을는지도 모른다. 특히 나는 거의 서른이 가까워질 때까지 몸에서 이를 버리지 못하고 살아온 터였으므로 이에 결부되어진 이야기들이 그리 적지는 않은 편이다.

1. 만주 할망구

국민학교 2학년 때였다. 우리 마을에는 지독하게 욕심이 많고 심술 궂게 생긴 할머니 한 분이 살았었다. 그 할머니는 생긴 그대로 욕심이 많고 심술궂었으며 지독한 구두쇠였는데 돈이 굉장히 많다는 소문이 었다. 마을 사람들은 그 할머니를 누구나 만주 할망구라고 불렀으며, 그것은 그 할머니가 만주에서 살다가 왔기 때문에 붙여진 이름이라는 것이다.

그 할머니에게는 아들이 하나 있었는데 한 마디로 형편없는 개망나니였다. 날마다 술을 마시고는 마을 사람들한테 행패를 부리곤 했다.

마을 사람들은 그가 행패를 부릴 때마다 그 책임을 만주 할망구한테 전가시키곤 했다.

큰아들이 전쟁터에서 죽었는데도 곧 돌아올 거라고 생떼를 쓰면서 작은아들한테 돈 한푼 주지 않는다는 거였다. 뿐만 아니라 자기도 끼니때마다 죽만 끓여먹는다는 거였다.

그 할머니는 전혀 남들과는 말 한 마디도 나누려 들지 않았는데, 누구든 집으로 찾아가기만 하면 돈이라도 뺏으러 온 줄 알고 심통 사나운 표정으로 노려보면서 두 손을 절레절레 내젓는 모양이었다.

그런데 어느 겨울엔가 아이들 사이에도 이상한 소문이 나돌기 시작했다.

만주 할망구는 이를 잡으면 피가 아까워서 반드시 이를 깨물어 피를 빨아먹고는 퇴퇴 하고 껍데기를 뱉아낸다는 것이다. 그 소문은 아이들 사이에 대단한 관심거리로 대두되어졌는데, 정작 만주 할망구가 이를 잡는 광경을 확실히 보았다는 아이는 아무도 없었다. 그래서 아이들은 만주 할망구가 이를 잡는 광경을 엿보기 위해 날마다 만주 할망구가 사는 집 앞을 기웃거리곤 했다.

만주 할망구가 사는 집은 다 찌그러져 가는 초가삼간으로 길가에 위치해 있었으며 울타리조차 없었다. 게다가 문에는 바깥을 내다보기 위해 유리조각을 붙여 놓았으므로 아이들이 작고 낮은 마루에 엎드려서 안을 엿보기에는 안성맞춤이었다. 특히 만주 할망구가 화로에 불이라도 담아 가지고 방으로 들어가는 광경이라도 간혹 보게 되면 모두들 숨을 죽인 채 고양이 걸음으로 방문 가까이 다가서곤 했다. 화로 위에다 옷을 벗어서 팽팽하게 씌워 놓으면 솔기 속에 숨어 있던 이들이 뜨거움을 참지 못하고 기어 나오게 되기 때문이다.

그러나 번번이 아이들은 욕지거리를 들으며 쫓겨나기 일쑤였다.

그래도 아이들은 포기하지 않았다. 만주 할망구가 만주에서 살다왔다는 사실과 욕심 많고 심술궂은 듯한 얼굴을 가진 것으로 미루어, 틀림없이 이를 잡으면 깨물어서 피를 빨아먹을 것만 같았기 때문이었다.

하지만 아이들은 영원히 그 소문의 진위를 가릴 수가 없었다. 그해 겨울이 끝날 무렵 만주 할망구의 아들이 술을 마시고 행패를 부리다가 누군가에게 매맞아 죽었다는 소문이 퍼진 뒤로 만주 할망구도 원인 모르게 갑자기 죽어 버렸기 때문이었다.

사람들은 누군가가 만주 할망구의 돈을 탐내어 만주 할망구를 살해했음이 틀림없다고들 추측하고 있었다. 그리고 어느 날 밤엔가는 검은 그림자 둘이서 만주 할망구가 숨겨 놓은 돈을 찾기 위해 만주 할망구네 집 뒤뜰을 파다가 인기척을 듣고는 황급히 도망치더라는 소문도 나돌았다.

그러나 몇십 년이 지난 오늘날까지 내가 자못 궁금해하는 것은, 그 할머니의 재산이 어떻게 되었을까가 아니라 정말로 그 할머니가 이를 잡아서 자기의 피를 도로 빼앗아 먹었을까 하는 점이다.

2. 기브스

고등학교 1학년 때 농구를 하다 팔이 부러진 적이 있었다. 어쩔 수 없이 기브스를 하게 되었다.

그런데 어느 날 친구 녀석 하나가 속이 가렵지 않느냐고 내게 물었다. 나는 아주 가끔 가려울 때가 있노라고 대답해 주었다.

"틀림없이 이가 생겼을 거야."

녀석은 대번에 그런 단언을 내렸다. 자기 형도 팔이 부러져서 기브스를 했었는데 날마다 가려워서 미칠 지경이라고 말했으며, 나중에 기브스를 떼어내어 보니까 팔 전체를 이가 두툼하게 둘러싸고 있더라는 거였다.

"손으로 일일이 잡을 수가 없어서 칼로 벅벅 긁어내었다구."

녀석은 무슨 자랑이라도 되는 것처럼 그렇게 말하는 것이었다. 나는 그 말을 듣고 나서부터 갑자기 기브스를 한 팔이 가려워서 견딜 수가 없었다.

신경을 쓰지 않으려고 해도 자꾸만 근질근질해져 왔다. 그리고 그 근질거림은 날이 갈수록 심해져 갔다.

하지만 도저히 긁을 수가 없었다. 돌덩이같이 딱딱한 기브스가 팔을 둘러싸고 있었기 때문이었다.

나는 당장에라도 기브스를 풀고 싶었지만 그럴 수는 없었다. 정말로 미칠 지경이었다.

이가 기브스 안으로 들어가 엄청나게 불어났음이 틀림없다고 판단되어졌다.

나는 특히 이가 잘 꼬이는 체질이어서, 햇빛이 따스한 날이면 혹시 이가 밖으로 기어 나오지 않을까 늘 마음이 조마조마한 형편이었으며, 때로 이 때문에 망신과 핀잔을 당한 적이 몇 번 있었기 때문에 기브스 안에 이가 들어갔으리라는 추측은 몹시도 나를 괴롭히고 있었다.

수시로 병원에 가서 기브스를 푸는 꿈을 꾸었고, 풀기만 하면 팔 가득히 둘러싸여진 이가 득시글거리는 장면이 나타나곤 했었다.

한 마디로 고민이었다. 가려움도 미치고 환장할 지경으로 견딜 수가 없었지만, 그 근엄하고 고귀해 보이는 의사 선생님과 예쁘게 생긴 간호사 앞에서 이가 득시글거리는 팔을 내보이게 될 생각을 하면 창피해서 콱 죽어 버리고 싶은 심정이었다. 게다가 우리는 남녀공학이었고, 그 소문이 여학생들 귀에라도 들어가게 되면 나는 도저히 고개를 들고 학교에 나갈 수가 없을 것 같은 느낌이었다.

마침내 기브스를 떼는 날.

나는 마음의 무장을 단단히 하고 병원으로 갔다. 그러나 마음의 무장도 헛일이었다. 막상 의사 선생님과 간호사가 기브스를 떼기 시작하자 내 가슴은 노골적으로 쿵쾅쿵쾅 소리를 내며 뛰기 시작했다.

"이 친구 팔이 부러졌을 때는 용히 잘 견디더니, 다 나아서 기브스를 떼는데 왜 이렇게 겁먹은 표정이야."

의사 선생님이 남의 속도 모르고 그렇게 말했다.

나는 그래도 걱정이 안 될 수가 없었다.

기브스를 떼었을 때 득시글거리는 이를 보고 경악을 금치 못할 의사 선생님과 간호사의 얼굴을 상상하면, 당장이라도 밖으로 튕겨져 나가고 싶은 심정이었다.

"이제 나머지는 집에 가서 제가 떼어내었으면 좋겠어요."

나는 의사 선생님을 향해 그렇게 말했다.

사실 별로 어려워 보이지는 않았다. 물에다 응고된 기브스를 적셔서 칼로 홈을 가르고 조금씩 벌려 나가는 작업 광경을 보니, 나 혼자서도 충분히 해낼 수 있으리라는 생각이 들었다.

"다 되었는데 뭣하러 거추장스럽게 이걸 붙이고 다시 집으로 가겠다는 거야?"

의사 선생님이 말했다.

"저도 한번 해보고 싶어서요."

나는 화끈거리는 얼굴로 황급히 그렇게 둘러대었다.

"보기엔 쉬운 것 같지만 그렇지가 않아요. 가는 동안 다시 딱딱하게 굳어져서 결국은 떼어 달라고 도로 가지고 오게 될걸."

간호사의 말이었다.

나는 결국 입을 다물고 식은땀을 흘리며 의사 선생님과 간호사에게 팔을 내맡기는 도리밖에 없었다.

"잡아당겨."

젖은 기브스를 완전히 메스로 가른 다음, 의사 선생님과 간호사가 양쪽에서 잡아당기기 시작하자 나는 눈앞이 캄캄해지는 듯한 느낌이었다.
그러나…….
완전히 기브스가 쩍 벌어지고, 오래도록 햇빛을 받지 못한 채 기브스 속에서 헬쑥해진 팔이 드러났는데도 이는 보이지 않았다. 나는 나도 모르는 사이에 휴우 하고 길게 안도의 숨을 토해 내었다.
"이거 기념으로 제가 가지고 가면 안 되나요?"
나는 떼어낸 기브스를 가리키며 의사 선생님에게 물었다.
아무래도 기브스 어딘가에 이가 숨어 있을 것 같은 느낌이었다. 그리고 숨어 있던 그 이들은 내가 돌아간 다음 다시 꼬물꼬물 기어 나올 것 같은 느낌이었다.
"기념으로 가져가겠다구?"
의사 선생님은 별놈 다 보겠다는 표정을 지으면서도 선뜻 그것을 내게 안겨 주었다.
나는 그것을 안고 황급히 병원을 빠져 나와 단숨에 강가에까지 당도했다.
그리고 아무도 없는 장소에 자리를 잡고 앉아 벌려진 기브스 안을 오랫동안 아주 자세히 들여다보기 시작했다.
있었다.
단 한 마리의 이가 거기 들어 있었다.
쬐끄만 놈이었다.
먹지 못해서인지 환경이 좋지 못해서인지 놈은 아주 하얗고 힘이 없어 보이는 모습이었다.
그 다음엔 아무리 찾아보아도 더 이상의 이는 보이지 않았다. 나는 놈을 기브스 안에다 도로 집어넣었다. 그리고 기브스를 있는 힘을 다해 강물 속으로 집어던졌다.
아, 집으로 돌아오는 길에는 얼마나 상쾌했는지 모든 장래가 다 만사형통할 것 같은 느낌이었다.

3. 불가사의

고등학교 3학년 때는 내 몸에 이가 한 마리도 없었다. 지금 생각해도 그것은 불가사의한 일이었다.

4. 이약과 감자 한 알

대학을 다니면서 다시 내 몸에 이가 기생하기 시작했는데, 몸 어느 부분이 근질거려서 손으로 더듬으면 감촉으로도 손끝에 닿는 것이 이인지 아닌지를 대번에 알아낼 수가 있을 정도였다.

추운 겨울 밖에다 겉옷을 내다 놓으면 하얗게 기어 나와 얼어죽는 이떼들.

몸서리가 다 쳐질 지경이었다.

하지만 나는 갈아입을 옷도 없었고, 이약을 살 만한 돈도 없었다. 게다가 자존심은 강해서 이약을 살 만한 돈이 생긴다 하더라도 도저히 내 발로 약방에 가서 이약을 달라고 말할 만한 용기조차 생겨나 주지 않았다.

이런 말을 들으면 혐오감에 찬 표정으로 고개를 돌리는 사람들이 나는 지금도 얼마나 부러운가.

그들은 내가 사나흘씩 굶주림 속에서 울고 있을 그 당시 따뜻한 방에서 하루 세 끼의 밥 정도는 먹고 살았을 것이다. 만약 돈이 생겼다고 하더라도 나는 약방에 갈 수 있는 용기를 불러일으키기 이전에 감자 한 알이라도 먼저 사먹으려 들었을 것임이 분명하다.

5. 화형에 처함

이를 가진 사람에게서 부끄러움을 없애는 이야기 한 토막.

어느 가난한 남자 대학생이 겨울방학이 되어 고향으로 돌아가기 위해 열차를 타게 되었는데, 운 좋게도 옆자리에 대단히 우아하고 지적인 용모를 가진 여대생 차림의 아가씨가 앉게 되었다.

그 남자 대학생은 어떻게 해서든 말을 좀 걸어보고 싶었지만, 도저히 함부로 말을 걸어볼 수 없는 분위기를 간직하고 있어서 그저 초조한 마음으로 기회만 엿보고 있었다.
　시간이 흐를수록 자신의 초라한 모습이 자꾸만 마음에 걸렸다. 자취생활을 하는 동안 궁상기가 온 몸에 배어들어 있는 듯한 느낌이었다. 이러한 몰골로는 말을 붙여봤자 냉소밖에는 돌아올 것이 없으리라는 판단이 앞섰다.
　공교롭게도 앞자리에는 고급 양복에 고급 넥타이를 착용한 귀공자 타입의 젊은 신사 하나가 앉아 있었는데, 그도 역시 여대생 차림의 아가씨에게 말을 걸어보고 싶었는지 수시로 시선을 그쪽으로 보내곤 하는 거였다.
　그 남자 대학생은 은근히 질투심과 열등감이 치밀어 오름을 어찌할 도리가 없었다. 그랬는데 얼마쯤 시간이 지나자 느닷없이 그 귀공자 타입의 젊은 신사가 이렇게 말을 걸어오는 것이었다.
　"상당히 희귀한 애완용 동물을 몸에 지니고 다니시는군요."
　신사의 시선은 그 가난한 남자 대학생의 어깨 부근에 머물러 있었다.
　가슴이 철렁 내려앉는 듯한 절망감과 함께 자신의 어깨 부근을 살펴보니 아니나다를까 커다란 이 한 마리가 꼬물꼬물 기어다니고 있었다. 수치스럽고 무안하고 혐오스러워서 그만 의자 밑으로 얼굴을 들이밀어 버리고 싶은 심정이었다.
　그러나 그 남자 대학생은 태연히 이를 두 손가락으로 집어들었다. 그리고 준엄한 목소리로 이에게 말하기 시작했다.
　"함부로 남의 몸 안에 들어왔으니 무단침입죄, 가끔 남의 잠을 방해했으니 안면방해죄, 그리고 남의 피를 허락 없이 무진장으로 빨아먹었으니 강도상해죄, 보건위생법 위반, 도로교통법 위반, 명예훼손, 혼인을 빙자한 간음의 무수한 반복, 그리고 그러한 죄목으로 피고를 내 양복 상단의 독방에다 감금시켜 두었으나 피고는 하등의 뉘우침이 없이 다시 탈옥을 자행했도다. 이후 개전의 여지가 전혀 보이지 않으므로 본 판사는 전인류의 재산과 명예와 안녕을 보존키 위해

피고에게 사형을 언도하노라."

그리고 호주머니에서 성냥을 꺼내 그 이를 간단히 화형시켜 버렸다.

그때 여대생 차림의 아가씨가 그 남자 대학생에게로 얼굴을 돌리며 이렇게 말했다.

"어머나 법대생이신 모양이죠?"

선망의 눈초리였다.

법대생이라면 뭐 이가 한 마리쯤 있은들 어떨 것인가. 여자란 판검사라면 대체로 옛날이나 지금이나 뻔할 뻔자인 것을.

6. 위생관념

과부한테는 쌀이 서 말이고, 홀아비한테는 이가 서 말이라는 속담이 있다.

왜 그럴까.

어떤 여자 하나가 잘난 체하고 이렇게 대답했다.

"여자는 언제나 위생관념이 투철하니까 몸에 이 따위는 있을 수가 없는 거 아녜요?"

위생관념보다 정조관념이 더 투철했다면 과부도 홀아비도 다같이 이가 서 말일 거라는 사실은 모르는 여자.

과부가 무슨 재주로 쌀을 서 말씩이나 만들 수가 있겠는가. 남정네들이 수시로 퍼다 주니까 그런 거지.

7. 영양실조

나는 왕년에 고생을 무지무지하게 많이 했다는 사람들을 만나면 우선 몸에나 이를 키워본 적이 있느냐고 물어본다. 있다면 그는 틀림없이 양말 목부분의 이가 어떠한가를 기억할 수 있을 것이다.

양말 목부분의 이는 언제나 영양실조에 걸린 것처럼 맥이 없고 지나치게 하얗다. 햇빛 속에서 들여다보면 해사하다는 느낌까지 들 정도다.

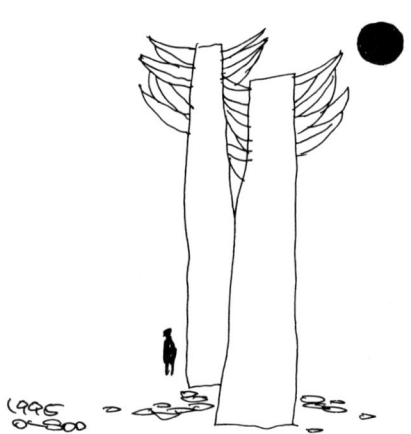

전혀 더러운 느낌이 들지 않는다. 손톱으로 눌러죽여도 피조차 거의 나오지 않는다.

한갓 미물이라고 하더라도 분별없이 주인의 피를 빨아먹지는 않으려는 그 갸륵한 심성.

오늘날 일부 기업체에서는 오히려 주인이 고용인들의 피를 빨아먹는 경우가 더러 있는데 이만도 못한 일이 아니고 무엇인가.

8. 별과 클로버꽃

제대를 한 뒤 복학을 해서 몇 년을 전전긍긍하다가 나는 대학을 때려치워 버렸다.

그후로는 줄곧 몇 년 동안을 공포에 가까운 굶주림과 빈곤 속에서 허덕였다. 도대체 옷을 갈아입는다거나 목욕을 한다거나 머리를 감을 만한 계제가 못 되는 것이 당시의 내 생활이었다.

그때 내 몸에는 참 극성스럽게 이가 많이 서식하고 있었는데 나는 잡을 엄두조차 내지 않았다. 거지의 몸에 이가 있다는 것은 당연하다는 생각 정도로 자조나 해보는 것이 고작이었다.

겨울은 날마다 외롭고 고통스러웠지만 그래도 살아 있는 생물들이 내 몸에 붙어 있으니, 외로움이 극한상황에까지 가지는 않았다고 제법 여유를 가져본 적도 있었다.

봄이 되어 양지바른 곳에 앉아 이를 잡으면서 죽지 않고 겨울을 나와 함께 보낸 이들에게 불현듯 애정 비슷한 감정까지 느낀 적도 있었으며, 차마 죽이지는 못하고 그냥 풀숲에다 놓아둔 적도 없지 않았다. 나중에는 감각이 둔해져 버렸는지 이가 나를 봐주는 것인지 전혀 가려움 같은 것을 느낄 수가 없었다. 그래도 글이나마 쓰면서 살아보려는 안간힘으로 원고지를 앞에 놓고 엎드리면, 때로는 툭 하고 머릿니가 원고지 위에 떨어져 내리는 수도 있었다.

그 즈음에 나는 여자 하나를 만나게 되었는데 그녀는 시를 쓰고 있었다.

마음이 거의 천사같이 아름다워서 수시로 내 머리를 감겨 주었는데, 어느 날 그녀에게서 한 편의 아름다운 시가 나왔다.

맑은 물에 머리를 감으면 때문은 머릿니들이 세수대야에 가득 떨어지고, 그 이들은 맑게 씻겨 밤하늘로 올라가 별이 되어 빛나다가 다시 그 별들은 초여름 강물 위로 흘러가서 초록빛 클로버가 깔린 강변 가득히 하얀 클로버꽃으로 총총히 피어난다는 내용의 시였다.

나는 더러운 내 몸 속의 이에게서 그런 아름다운 시를 뽑아낸 그녀를 생각하며, 그 시절 나 자신의 암울한 현실 때문에 참 많이도 괴로워했었다.

당시 내게는 아무런 보장도 없었다. 나는 법대생도 아니고, 문학도도 아니고, 단지 맞춤법이 별로 틀리지 않게 편지를 쓸 줄 아는 정도의 거지에 불과했었던 것이다.

이가 많았으므로 나를 아는 사람들이라면 아무도 내 곁에 앉아 있기를 원하지 않았었다. 단지 그녀만이 내 곁에 앉아 있기에 불편함이 없어 보였다. 나는 스스로도 소외되어져 있었지만, 이까지도 내가 소외되어지는 것에 많은 도움을 주게 된 셈이었다. 그러나 또 한편으로 생각하면, 당시 나는 소외되어져 있었던 것이 아니라 격리되어져 있었는지도 모를 일이었다. 나는 한 마리 더러운 이였는지도 모른다. 그래서 나는 더욱 이를 내 몸에서 떨쳐 버릴 수 없었는지도 모를 일이었다.

하지만 이제 그 시절도 내게서 사라져 가고, 이들도 내게서 사라져 갔다.

그리고 내 몸의 더러운 이에서 그토록 아름다운 시를 뽑아낼 수 있었던 그녀도 내게서 사라져 갔다. 사라져 간 뒤 그녀 또한 밤하늘의 가득한 별이 되었다.

최근 서울에 있는 일부 국민학생들의 머리카락 속에 들어 있는 이들이 어찌 내게 단순히 불결한 벌레만으로 생각되어질 수가 있을 것인가.

위생관념 하나 때문에 무조건 내게 혐오감을 느끼시는 분에게는 대단히 죄송스러운 바이지만 내일이나 모레, 아니면 그 어느 뜻하지 않는 순간에 그대가 아주 엄숙한 자리에 앉아서 엄숙한 표정으로 엄숙한 말을 하고 있을 때, 그대의 어깨 위에 견장처럼 붙어 있을지도 모르는 이 한 마리를 상상해 보라. 누구에게든 그런 일이란 일어날 수가 있는 법이다.

그래서 끝으로 첨부해 두는 속담 한 마디.

이는 하룻밤에 열두 잔등을 타넘는다.

그러나 이 세상의 어느 누가 이에게서 별이며 클로버꽃을 볼 수가 있을 것인가. 다만 눈살을 찌푸리며 피하거나 수치심을 느끼며 디디티를 사갈 뿐, 하다못해 그 옛날 양지바른 곳에 자리를 잡고 앉아 자녀들의 머리를 무릎에다 얹어 놓고 참빗질을 해주시던 어머니의 따스한 손길조차도 떠올리지 못하는지도 모른다.

나는 서울에 나타났다는 그 이라는 놈들이 아무래도 심상치가 않다. 분명히 우리에게 무슨 말인가를 하고 있는 중인데 우리는 전혀 그 참뜻을 알아듣지 못하고 있는지도 모른다. 언제든 내가 한번 만나게 되면 밤을 새워 함께 이야기를 나누어 보리라.

29. 거 미

  대개의 우리나라 사람들이 거미를 별로 좋아하지 않는 것 같다. 잠자리나 나비나 매미 따위는 좋아하면서도 거미라면 공연히 살의까지 느끼는 사람도 있는 것 같다.
  예로부터 우리나라에서는 아침거미를 보면 길한 일이 생기고, 밤거미를 보면 흉한 일이 생긴다는 미신이 있어 사람 앞에 나타나서 목숨을 부지하려면 반드시 아침을 이용해야 하는 것이 거미의 입장이었다.
  하지만 거미는 반드시 아침에만 활동하는 벌레가 아니므로 밤에도 무심코 거미줄을 드리워 방바닥에 내려앉았다가 파리채에 맞아죽거나, 재떨이에 눌려죽거나, 담뱃불에 타서 죽는 예가 허다했다.
  사람들은 왜 그토록 거미를 싫어하는 것일까.
  우선은 외관상으로 볼 때 그 모양이 별로 예쁘다고 생각되어지지 않기 때문일 것이다. 나비를 보면 마치 천사의 입김으로 만들어 놓은 것 같은데, 거미를 보면 틀림없이 마녀의 입김으로 만들어 놓은 것 같다. 어딘지 모르게 흉측해 보이는 것이다.
  게다가 나비는 꽃과 꽃 사이를 날아다니며 꿀을 빠는데, 거미는 거미줄을 치고 음흉하게 숨어 있다가 다른 벌레들을 잡아먹는다. 거미는 그런 면에서 볼 때 마치 곤충계의 노상강도나 다름이 없다.
  그런 거미를 좋아할 사람이 누가 있겠는가.
  천정이나 가구와 벽 사이에 쳐져 있는 거미줄은 또 어딘지 모르게 그 집 주인이 게으르고 비위생적이며 가난한 것 같은 인상을 준다. 그래서 사람들은 수시로 거미가 열심히 지어 놓은 무허가 건축물을 빗자루 따위로 걷어내 버린다.

대체로 사람들은 당장에 돈이 되거나, 먹을 수 있거나, 기타 현실적인 이익을 가져다 주는 것 외에는 별로 애정을 쏟지 않는다. 먹지도 못하고 돈도 안 되는 것이라면 눈이라도 즐겁게 해주든지 귀라도 즐겁게 해주어야 하는데, 거미는 전혀 그렇지가 못한 벌레인 것이다.

거미 모양의 브로치라든가 거미 무늬의 옷감이라든가 거미 모양의 문장(紋粧) 따위가 전혀 눈에 띄지 않는 것으로 보아, 거미가 얼마나 인간에게 사랑받지 못하는가를 충분히 짐작하고도 남음이 있다. 그러니까 애완용 거미 따위는 생각조차 할 수가 없다.

하지만 거미는 결코 해충이 아니다. 오히려 여러 가지 해충을 제거해주는 익충이다.

한때는 바퀴벌레를 돈벌레라고 좋아했던 적이 우리나라 사람들에게 있었는데, 도대체 그 간사하고 교활하게 생긴 벌레가 어째서 그런 환대를 받게 되었는지 알 수가 없다.

거미는 은자처럼 묵묵히 은둔한 채 인간이 모르는 사이에 인간을 도와 주고 있는데도 집이 헐리고 압살을 당하기 일쑤인 반면, 바퀴벌레는 도둑질과 질병의 원흉인데도 보호하고 있었던 것이 그리 오래 전의 얘기가 아니다.

우리나라 거미의 성품을 보라. 인간에게 얼마나 유순하게 대하는가. 독아(毒牙)를 가지고 있기는 하지만 건드리지만 않으면 절대로 인간을 무는 법이 없다. 또 문다고 하더라도 그 독이 벌이나 풀쐐기 따위에 비한다면 아무것도 아니어서 크게 해로울 것도 없다. 독성이 강해서 사람이 한번 물리면 생명이 위태롭게 되는 남미산 새잡이거미 따위에 비한다면, 우리나라 거미는 차라리 신선에 가깝지 아니한가. 더구나 그 모성애를 보라. 한갓 미물에 지나지 않는다 하더라도 그 모성애는 눈물겹다 못해 숭고하다는 생각까지 들 정도이다.

애어리염낭거미 같은 것은 알이 부화될 때까지 보호하고 있다가, 알이 부화하면 자기 살을 뜯어먹이며 새끼를 성장시키고 죽는다. 그리고 늑대거미류는 항시 새끼거미를 복부 위에다 올려 놓고 보호한다. 또

산유령거미는 알을 거미줄로 싸서 입에 물고 보호한다. 거미에게는 어린이헌장 따위가 없는데도 당연히 그렇게 한다. 오늘날 무책임하게 아기를 낳게 만드는 남자들이나, 그 아기를 아무데나 내버리고 도망치는 여자들은 그런 거미들에게 좀 자세히 가르침을 받을 일이다.

여하튼 거미가 외관상으로 약간 기분 나쁘게 생겼다고 해서 무조건 배척해서는 안 될 일이다.

인도에서는 거미가 짠 피륙에서 섬이 생겨났다는 전설이 있고, 뉴멕시코주 인디언들에게는 인류를 비롯한 모든 생물의 조상이 거미라는 전설까지 있다고 한다. 그 전설에 의하면 불도 거미가 만들었는데, 이리가 그것을 훔쳐내어 사람에게 주었다는 것이다. 그러니까 거미를 창조신, 또는 영웅신으로까지 떠받드는 셈이다.

대개의 사람들은 거미라면 모두 거미줄을 치는 것으로 잘못 알고 있는 것 같은데, 거미 중에는 전혀 거미줄을 치지 않는 종류도 많이 있다. 그런 거미들은 땅 속에다 집을 짓거나 나무 등걸 따위에다 집을 짓는데, 대개 먹이를 잡기 위해서는 굉장한 인내심을 필요로 한다. 먹이가 다니는 길목에서 장시간 잠복근무를 하고 있다가 먹이가 오면 덮치는 것이다. 늑대거미나 닻거미 같은 경우는 위험을 무릅쓰고 수면에까지 나가 먹이를 잡는다. 남편을 출근시킨 아내들은 한번쯤 자기의 남편이 그러한 거미들처럼 가족을 먹여 살리기 위해 굉장한 인내심으로 여러 가지 어려움을 견뎌내고 있음을 상기해 볼일이다. 어디서나 먹고 산다는 문제는 그렇듯 힘겨운 법이어서, 일단 집 밖에 나가면 남편들도 그런 거미들처럼 고독한 모습으로 변해 버리고 만다.

그런데 거미 중에서도 더부살이거미라는 놈이 있는데, 이놈은 아무래도 칠저하게 반성을 시키고 버릇을 고쳐 놓을 필요가 있는 놈이다. 이름 그대로 다른 거미의 거미줄에 붙어서 살아가는 것이다. 자기는 전혀 일을 하지 않고, 그저 남이 벌어들이는 것으로 그 치사한 목숨을 부지하는 모습. 동정심보다는 혐오감이 앞선다.

그러나 거미줄을 치지 않고 살아가는 거미의 종류가 많다고는 하더라도 어쨌든 거미 하면 거미줄부터 생각이 나게 된다.
누가 거미만큼 신비하고 환상적인 건축물을 허공에다 그렇듯 아름답게 신축해 놓을 수가 있을 것인가.
그것은 거미가 보이지 않을 정도로 가늘고 투명한 실로 허공에다 섬세하게 드리워 놓은 한 편의 시이며 노래이다. 거미줄을 보면 비로소 우리는 거미가 귀족적인 동물임을 알 수가 있다. 특히 응달거미나 호랑거미의 거미줄은 다른 거미줄보다 한결 가늘 뿐만 아니라, 그 구조가 아주 정교하고 섬세해서 인간이 그 어떤 재료와 방법을 쓴다고 하더라도 도저히 그것만은 흉내조차 낼 수가 없을 것 같다.
그러나 뭐니뭐니해도 거미 하면 나는 우선 왕거미부터 떠올리게 된다. 나는 유년 시절을 경상남도 함양군 수동면 상백리에서 보냈는데, 세 살 때 돌아가신 생모와 그 충격으로 인해 가출해서 행방불명이 된 아버지 등을 배경으로 상당히 그늘진 생활을 해왔었다.
당시 나는 할머니와 단둘이 다 쓰러져 가는 초가삼간 하나를 구해 생활하고 있었으며, 우리에게 재산이라곤 아무것도 없었다. 겨우 이삭줍기와 동냥으로 근근히 생계를 꾸려가는 형편이었다. 따라서 나는 언제나 동네 애들로부터 따돌림을 받거나 놀림을 받기 일쑤였다.
그런데 그 시절 내 유년의 기억 속에 남아 있는 고향집. 다 쓰러져 가는 그 초가삼간 처마 밑에는 굉장히 큰 왕거미 한 마리가 살고 있었다.
그 왕거미는 다른 애들의 집 처마 밑에 살고 있는 그 어떤 왕거미보다도 큰 것이어서, 내심 나는 혼자 그것에 대한 자랑스러움을 비밀처럼 간직하고 살았었다.
처마 밑에서 고개를 들고 쳐다보면 언제나 하늘을 배경으로 보일 듯 안 보일 듯하면서 거미줄이 미세한 은빛으로 반짝거리고 있었다. 때로 거미는 그 거미줄 한가운데 검은 점으로 박혀 미동도 없이 깊은 상념 속에 빠져 있었다.
나는 할머니가 동냥이나 날품팔이를 나가시고 혼자 집을 지키는 날은 언제나 거미만 쳐다보면서 지리한 시간을 보내었다.

　너무도 오래도록 움직이지 않기 때문에 문득 죽어 버린 것이나 아닐까 하는 생각이 들면, 장대로 거미를 몇 번 건드려서 놈이 기어다니는 모양을 관찰하기도 하고, 요행히 잠자리 한 마리라도 걸리게 되면 배에서 실을 뽑아 능숙하게 그것을 단단히 싸잡아매는 모습을 아주 탄복스러운 눈으로 구경하기도 했었다. 풍뎅이든 나비든 잠자리든 걸리기만 하면 영락없이 포로가 되었다.

　나는 어느새 거미보다 더 초조하게 곤충들이 그 거미줄에 걸려 주기를 기다리게 되었다. 나는 낚시꾼들보다도 더 끈질긴 인내심으로 햇빛 속에 앉아서 거미줄을 쳐다보곤 했었다.

　가문 여름해가 지고 나면 하늘은 주홍빛으로 놀이 번지고, 잠시 후에는 그 놀도 스러지면서 저녁 어스름이 서리곤 했었다. 그러면 거미줄은 지워져 보이지 않고, 거미는 어스름 낀 저녁 하늘을 배경으로 여전히 허공에 찍힌 점 하나로 남아 있었다.

　할머니는 언제나 해가 지면 오늘도 아버지의 소식을 듣지 못했다는 절망감으로 가슴이 텅 비어 나간 듯한 모습으로 동냥한 쌀을 씻어 밥을 짓곤 했는데, 끼니때마다 아버지의 밥 한 그릇도 부뚜막에 뚜껑을 덮어 준비해 놓으셨었다.

　거미는 어쩌면 아버지를 기다리시던 할머니의 마음이 변해서 거기 허공에 검은 점 하나로 찍혀 있었던 것은 아닐까.

　전쟁은 끝난 지 오래이고 마을에는 남정네들이 거의 다 돌아왔는데, 더러는 외팔이가 되고 더러는 절름발이가 되어 왔는데 아버지는 죽었는지 살았는지 소식조차 없었다. 달밤이면 방문을 열어 놓으시고 맞은편 낭산 오솔길을 바라보면서 아버지가 나타나기만을 기다리셨다.

　거미를 쳐다보면 까닭도 없이 슬퍼지고, 허공에 찍혀 있는 그 점 하나가 마치 나 같기도 하고 할머니 같기도 해서 더러 핑그르 눈물도 괴어왔다. 그래서 나는 날마다 그 거미에게 우리아버지가 돌아오시게 해달라고 간절히 빌곤 했는데, 착각인지 사실인지는 모르지만 그럴

때 거미는 가끔 몸을 몇 번 움직여 알았다는 신호를 내게 나타내 보이는 것 같기도 했다.

그러면서 여름이 가고 가을이 왔다. 한 계절 내내 내가 거미한테 한 말을 거미는 잊지 않고 하느님께 전했을까. 내가 깊이 잠들어 있는 밤에 하느님 계시는 데까지 거미줄을 치고 올라가 몇 번이고 몇 번이고 전했을까. 감이 익을 무렵에 아버지는 돌아오셨다. 군복을 입은 채로, 건강한 모습을 하고 성큼성큼 마당으로 걸어 들어오셨다.

그리고 며칠 동안 나는 아버지가 돌아오셨다는 황홀감에 들떠서 거미에 대해서는 까마득히 잊어버리고 동네방네 아이들을 찾아다니며 우리아부지가 돌아왔지러, 자랑하느라 여념이 없었다.

그런데 언제 오마고 약속을 하고 아버지가 귀대하신 다음날 아침, 무심코 거미줄을 쳐다보니 거미가 없었다. 다음날도 그 다음날도 거미는 보이지 않았다. 영영 거미는 보이지 않았다.

그로부터 많은 세월이 흐르고 나도 두 아이의 아버지가 되어 있는 지금, 그때의 일을 생각하면 아무래도 예사롭지만은 않은 것 같다.

신은 어디에나 있는 것이거니, 먼지같이 작은 벌레 한 마리라도 하찮게 보아서는 아니 되는데, 하물며 사람의 생명이야 오죽하랴.

최근에 이르러 세상 사람들이 더러 인명을 경시하는 풍조가 없지 않은데, 이것은 우리가 너무 감정 없는 기계와 돈과 제도 따위에 목을 매고 살아온 탓으로 가슴이 메말라 있기 때문이 아니겠는가.

내가 한얼이 진얼이 두 아이를 아직도 시골에서 키우고 있는 것은 올챙이든 무당벌레든 생명이 있는 것이면 눈여겨보고, 나름대로 몇 마디 말이라도 건네볼 수 있는 기회를 주는 것이니, 시골에서 자연을 배워 커서는 비록 하찮은 것이라 하더라도 하찮게 보는 법이 없도록 하려 함이로다.

30. 미꾸라지

　미꾸라지를 모르는 사람도 있을까. 있을는지도 모른다.
　언젠가 어느 일간지가 서울에서 태어나 서울에서 살고 있는 일부 학생들을 대상으로 농촌에 대한 이해 정도를 테스트해 보았더니 대부분의 학생들이 잠자리의 날개가 한 쌍밖에 없는 줄 알고 있었으며, 토마토나 고구마 따위가 나무에서 열리는 줄 알고 있는 경우도 허다하더라는 얘기였다.
　얼마나 한심한가.
　물론 온실의 화초처럼 부유한 집안에서 애지중지 가꾸어 놓기만 한 일부 학생들에 지나지 않는 얘기일는지도 모르지만, 한심한 것은 어디까지나 한심하다고밖에는 말할 수가 없다.
　그러니, 미꾸라지를 모르는 사람이 없다고 장담할 수 없는 노릇이다. 막상 미꾸라지를 한번 그려보라고 하면, 날개나 발이 달린 미꾸라지를 그릴 정도로 캄캄한 사람들이 있을는지도 모른다.
　미꾸라지는 경골어강의 잉어목에 속하는 민물고기로서 바닥이 진흙인 연못이나 냇가에 산다. 어린 놈도 입 가장자리에 수염이 나 있는데, 그것으로 진흙 속에 파고 들어가 먹이를 찾아낸다. 그늘을 좋아하며 야행성. 겨울에는 진흙 속에 들어가 겨울잠을 자고 봄부터 다시 활동하는데, 아가미호흡 외에도 장호흡을 하므로 곧잘 물 위에 얼굴을 내밀고 공기를 들이마신다. 이때 창자에서 산소를 섭취하고 이산화탄소를 항문으로 내보내는 것이다.
　미꾸라지라는 이름은 비늘이 모두 살갗 밑에 파묻혀 버린데다 몸 전체의 표면이 점액으로 덮여, 잡으면 미끌미끌 손가락 사이로 잘 빠져 나간다는 데서 연유되어진 것 같다.
　나는 유년 시절과 소년 시절의 거의 전부를 농촌에서 보내었는데, 가을만 되면 친구들과 들로 나가 봇도랑을 막고 물을 퍼내어 미꾸라지를 잡던 일들이 생각난다.
　특히 학교에서 돌아오는 길에 억수 같은 소나기를 만나면 가끔 하늘에서 미꾸라지가 떨어져 신작로 바닥에 꾸물꾸물 기어다니는 것을 볼 수가 있었는데, 그것은 지금까지도 정말 불가사의하게만 생각되어지는 일 중의 하나다. 그 당시에도 어른들은 더러 미꾸라지 용 된다는 속담을 쓰곤 했으며, 나는 어린 마음에 그 속담을 곧이곧대로 믿었던 바, 미꾸라지가 용이 되려고 하늘로 올라가다가 그만 잘못되어 다시 미꾸라지로 땅바닥에 떨어지는 것이라고 생각했었다. 그리고 그런 미꾸라지는 필시 이 세상에 있을 때 죄를 많이 지은 미꾸라지일 거라는 생각도 했었다.
　그런데 요즘은 농촌의 그 어느 봇도랑에서도 내가 살던 옛날만큼의 미꾸라지는 살지 않는다. 아마도 농약 때문인 것 같다.
　옛날에는 봇도랑을 막고 물을 퍼내기만 하면 어른들 엄지손가락만 한 굵기의 미꾸라지들이 진흙 속에서 꾸물꾸물 기어다니는 것이 보였는데, 요즘은 겨우 끊어진 고무줄 토막처럼 가늘고 맥없는 것들뿐이다. 그것도 고작 몇 마리 정도, 한 시간이면 한 냄비 이상은 족히 잡아낼 수 있었던 옛날과는 현저한 차이이다.
　문명은, 우리에게 있었던 모든 추억들을, 소독한다는 명목으로 오히려 독살시켜 가고 있었던 것이다. 이 상태로 나가면 추어탕이라는 것도 우리에게서 자취를 감출 날이 멀지 않았다.
　추어탕.
　미꾸라지를 넣고 얼큰하게 끓인 국의 하나. 추어(鰍魚)는 미꾸라지의 한자명이다. 이 국을 끓이는 데는 두 가지 방법이 있다.
　한 가지는 고추장이나 된장을 풀어 장국을 끓이다가 산 미꾸라지와 두부를 통으로 집어넣는 방법이다. 국이 끓으면 미꾸라지가 뜨거움을 견디지 못하고 두부 속으로 파고들게 되는데, 그 두부를 건져내어 온갖 양념을 해서 적당한 크기로 자르고 국물과 함께 상을 차려내는 것이다.

다른 방법으로는 미꾸라지를 으깨어 맹물에 푹 고았다가 껍질과 뼈를 체에 거르고, 이것을 숙주·파·마늘·배추 따위와 함께 된장과 고추장으로 끓이는데 산초 가루를 넣으면 특히 별스러운 맛을 낼 수가 있다.

미꾸라지.

요즘은 정말 보기 드물게 되었다. 그런데 무슨 까닭인지 미꾸라지 흉내를 내는 사람들은 많아져 가기 시작했다.

병역기피자, 위장이민족, 죄를 짓고도 교묘하게 법망을 빠져 나가는 사람, 기회주의자, 도피자, 재산을 해외로 빼돌리는 사람, 오리발 잘 내미는 사람 등등 모두가 미꾸라지의 생태와 흡사하다.

이런 사람들은 끝끝내 미꾸라지로 한평생을 보내게 된다. 언젠가는 용이 한번 되어보겠노라고 자기 딴에는 청운의 푸른 꿈에 젖어 있겠지만 어느 소나기 쏟아지던 나의 유년, 신작로 바닥에 떨어지던 미꾸라지 신세를 면치 못하게 될 것임이 자명하다.

아, 그건 그렇고 오늘은 그런 사람들 욕해 주는 기분으로 추어탕이나 한 그릇 사먹어 볼까. 더욱 맛이 좋을 것이다.

31. 지렁이

솔직히 말해서 그대는 외형적으로 그리 아름다운 자태를 가진 동물이 아니다.

점액으로 번들거리는 적자줏빛 몸뚱아리. 기어다닐 때나 반항할 때나 한결같이 징그러운 몸놀림. 전체적으로 보나 부분적으로 보나 모양도 너무 단조롭다. 생애 또한 간단하다. 알에서 지렁이로 한평생이 끝나 버린다. 구더기만도 못하다. 구더기는 그래도 나중에 날개를 달고 파리가 되어 마음대로 하늘을 날아다닐 수가 있지 않은가.

차라리 털이라도 좀 났으면 덜 징그러웠을 것이며, 피부색이라도 좀 고왔으면 그런대로 봐줄만은 했을 것이다. 그런데 송충이보다도 못하고 회충보다도 못한 자태이니 어찌하랴. 당연히 외형적인 것을 우선적으로 생각하는 대부분의 인간들로부터 괄시를 받을 수밖에 없다.

말이 나왔으니 계속하는 거지만, 동물에게 있어서 털이 난다는 것은 외형적인 면에서 볼 때 신의 은총이라고 보아도 무방할 것이다.

그것은 어딘지 모르게 털이 안 난 동물에 비해서 털난 동물이 한결 우월하고 강인하고 품위 있어 보이기 때문이다. 털이 모조리 뽑혀 버린 닭이나 쥐 따위의 맨들맨들한 몸뚱이를 한번 상상해 보라. 대번에 털의 진가를 알게 될 것이다.

털이 없다면 무늬나 비늘이라도 있는 것이 좋다. 뱀 역시 징그러운 동물로 취급받기는 마찬가지인데도 화가들이나 시인들이 뱀을 작품의 소재로 삼는 경우가 허다하다. 하지만 뱀에게 무늬나 비늘이 없었다면 절대로 그런 영광은 누리기 힘들었을 것이다.

그러나 지렁이여. 그대가 갖추고 있지 못한 것이 어디 털이나 무늬나 비늘뿐이랴.

그대의 결정적인 단점은 우선 머리가 없다는 것이다. 머리가 없으니 뇌도 없고, 뇌가 없으니 사고력도 없는 건 당연하다. 그러니까 고뇌 같은 건 상상할 수조차도 없다.

다만 그대는 신경을 가지고 있다. 그리고 빛을 겨우 감지해 낼 수 있는 약간의 감광세포도 가지고 있다.

그러나 그것들도 다른 동물에 비해서는 그리 발달해 있는 편이 못 된다. 가까스로 목숨을 부지할 수 있을 정도일 뿐이다.

그리고 단순하게 생각하면 그대의 생활은 또 얼마나 한심한가. 더러운 시궁창이나 두엄더미 속에서 언제나 숨어 살아야만 한다. 햇빛이 좋은 날에도 나들이를 할 수가 없다. 약간만 햇빛 속에서 일광욕을 해도 그대는 금방 말라죽고 만다. 특히 그대는 무기라곤 아무것도 없는 것이다. 이빨도 발톱도 독침도 없는데다 남을 공격할 만한 기력조차도 가지고 있지 않은 것이다. 천적은 많지만 자신을 보호할 방법이 전혀 없는 신세. 잠시만 바깥 세상에 나와 있어도 금방 잡혀먹고 마는 것이다. 그래서 그대는 언제나 도피자의 입장이 되어 왔다. 도피자란 얼핏 생각하기에는 비겁자와 조금도 다를 바가 없다.

그러나 지렁이여. 열등감에 사로잡히지 말라.

그대는 자연에 가장 잘 순응하는 동물이다. 변호하건대 두엄더미 속의 비겁한 도피자가 아니라 대자연 속의 거룩한 현자다.

진화론자인 다윈의 연구에 의하면, 그대가 1년 동안 섭취했다가 배설하는 흙이 약 14만 톤에 달한다고 한다. 그리고 그대가 배설해 놓은 흙이야말로 옥토 중의 옥토라고 한다. 땅 속 10센티 정도의 깊이에서 굴을 파고 생활하면서 토양 입자의 산격에다 산소를 공급해 숨은 물론 목초의 뿌리에도 수시로 신선한 산소를 공급해 주기도 한다는데, 그래서 일찍이 아리스토텔레스는 지렁이를 일컬어 대지의 창자(創者)라고 말했다던가.

오늘날 당장의 이익에만 눈이 어두워 무계획적으로 농약과 비료를

땅에다 퍼부어서 삽시간에 옥토를 박토로 만들어 버린 인간들에 비하면, 그대는 얼마나 훌륭한 일을 하고 있는가.

인간은 이제 모든 것의 천적이 되고 말았다. 심지어는 인간이 인간에게까지 천적이 되어 있는 형편이다.

칼을 만들고, 총을 만들고, 원자폭탄을 만들었다. 그것들은 인간이 인간을 죽이기 위해 만든 것이지만 그것으로 인해 지구 전체가 사멸해 버릴 가능성까지 있다.

그러나 그대들은 전혀 투쟁이라는 것을 모른다. 싸움을 하는 지렁이는 도저히 상상조차 할 수가 없다. 비겁해서가 아니다. 자연에 동화될 줄 알기 때문이다.

더구나 그대들은 사랑의 문제에서만은 열정적이다.

한 몸 안에 암수의 생식기를 모두 갖추고 있지만 발정기가 되면 배우자를 찾아 헤맨다. 그러다가 크기가 비슷한 배우자끼리 짝을 지어 서로 반대되는 방향으로 몸을 맞댄 채 무려 사흘 동안이나 열렬한 애무를 하게 된다.

오늘날 인간은 배우자를 고를 때 우습게도 조건을 너무 많이 따지는 경향이 있다고 한다. 가문이 어떠냐, 학벌이 어떠냐, 인물이 어떠냐, 재산이 어떠냐 따위를 중시한다는 얘기다. 지렁이는 지렁이끼리 만나면 그만인데, 인간끼리 만나는 것만으로는 만족할 수가 없는 것이다. 배우자가 인간이라는 것보다는 배우자의 조건이 어떠하냐 하는 것이 중요시되기 시작한 것이다. 그러니까 사랑하기 때문에 결혼하는 것이 아니라 조건이 좋기 때문에 결혼하는 경우가 적지 않게 되었다는 얘기다. 전혀 만물의 영장답지 못한 점이 한두 가지가 아닌 셈이다.

대낮에 칼을 들고 남의 집에 들어가 부녀자와 아이들을 난도질하고 금품을 훔쳐 달아나는 놈이 있는가 하면, 보험금을 타먹기 위해 교통사고로 입원한 남편을 어린 아들에게 교사하여 독살시킨 여자도 있다.

각박 살벌한 세상, 한편생을 지렁이만도 못하게 살아가는 인간이 어디 한두 명이랴. 겉보기엔 지렁이가 좀 징그럽다고 하더라도 그리 끔

찍하게 생각할 일이 아니다.

깊이 생각해 보라. 겉이란 그리 중시할 바가 못 되는 것이다. 마음의 눈을 뜨고 들여다보면 허공에 떠다니는 먼지 한 점도 깊은 뜻이 담겨 있는 말씀으로 다가오거늘, 겉만 번드르하고 속은 비어 있는 이들이여. 너무 그렇게 재지 마시라. 혹은 지렁이가 웃을지도 모르니까.

그리고 다소 병들고 남루해 보이는 듯한 사람이 더러 동전 몇 푼이라도 구걸하거든 대번에 천대해 버리는 일이 없도록 하시라. 그가 혹시 대자연 속에 묻혀 한 점 먼지처럼 초연히 떠다니다가 세상이 얼마나 망가졌는가 한번 둘러보고 가는 현자 중의 하나인지 누가 알랴.

아무리 말세가 가까워져 왔다고는 하지만은 그래도 인간이 살아남을 수 있는 길은 있으리니, 그것은 누구나 지렁이처럼 살아본 다음에야 깨달을 일이다. 어둡고 더러운 시궁창 속에 살면서도 결코 다른 것을 해하지 않고 자연이 시키는 대로만 따르면서 묵묵히 살아본 다음에야 깨달을 일이다.

비록 구더기처럼 날개를 달고 파리가 되어 하늘을 날 수 있다는 보장은 없지만, 또 누에처럼 뽕잎을 먹고 고치를 남겨 비단실을 뽑아낼 수 있다는 보장도 역시 없지만, 뱃속 가득히 흙이 들었다는 사실 하나만으로도 만족하며 살아온 지렁이를 본받은 다음에야 깨달을 일이다.

당신에게 만약 날카로운 이빨이나 발톱이나 또는 독침 따위가 있다면 스스로 그것을 없애 버리고, 더러는 자진해서 남들에게 천대받는 존재도 되어봄 직한 일이다.

그러나 무엇보다도 지금 당장 당신이 서둘러야 할 것은, 오래도록 세상으로부터 최면당해 있는 당신의 의식을 스스로 맑게 깨워 놓고 무엇이든 닥치는 대로 아무 계산 없이 사랑할 준비부터 하는 것이다.

32. 먼 지

나는 헤어졌다.
장마비 내리는 여름 습기 찬 자취방에는 곰팡이가 피어나고, 먹을 거라곤 하나도 없는데, 궁상맞게 이나 잡으면서 문학을 이야기하고 사랑을 이야기하고, 그러나 결국 나는 헤어졌다.
봄에도 헤어지고 여름에도 헤어지고 가을에도 헤어지고 겨울에도 헤어졌다. 쓸쓸히.
그 중에서도 겨울에 헤어지기가 가장 가슴 아프고 어려웠다. 만병의 독주를 마셔도 그리움은 지워지지 않고 카랑카랑한 하늘에 박혀 있는 별들처럼 더욱 선명해져서 으스스 몸서리가 다 쳐질 지경이었다.
무슨 이유로 나는 헤어졌던가. 집도 절도 없는 떠돌이여서 헤어졌던가. 더러운 옷을 입고 있어서 헤어졌던가. 내 이름이 엉성해서 헤어졌던가. 내 나이가 스물 몇 살이어서 헤어졌던가.
아무도 대답해 주지 않았다.
다만 혼자서 잠 못 이루고 몽유병자처럼 텅 빈 밤거리를 방황했다. 방황하다가 통금위반으로 방범대원한테 붙잡혀서 보호실로 끌려가 밤을 새운 뒤 즉결재판을 받곤 했다.
그 다음해에도 헤어지고, 또 그 다음해에도 헤어졌다.
여전히 돈이 생기지 않는 생활 속에서 원고지나 파먹으면서 서로의 미래를 내다보며, 죽음을 이야기하고 청춘을 이야기하다가 나는 헤어졌다.
행복하여라.
비로소 나는 주민등록이 말소되어진 주거 부정의 미아, 단골 다방에

죽치고 앉아 레지들의 눈치를 보며 엽차나 자꾸 주문해서 배를 채우다가, 되지도 않는 글줄이나 날마다 끄적거리다가, 겨울이 오면 언제든 길바닥에 쓰러져 하얀 함박눈송이에 덮인 시체로 동사하고 싶었다.

그러나 목숨이란 참으로 질긴 것이어서, 나는 좀처럼 죽을 수가 없었다. 얼마나 비굴했던 나날이었던지, 스스로에 대한 혐오감으로 속이 다 메스꺼워질 지경이었다.

겨울은 언제나 내게 악마의 계절이었다. 스산한 바람이 불고 가로수 잎들이 지기 시작하면 나는 견딜 수가 없었다. 아무 여자나 붙잡고 강간해 버리고 싶은 심정이었다.

자취방으로 돌아가면 담요 한 장뿐인 써늘한 얼음장판. 나는 몇 번이고 수음으로 추위를 잊으면서 지쳐서라도 잠이 들어 주기만 기다렸었다.

그 다음부터는 닥치는 대로 만나고, 닥치는 대로 헤어졌다. 만나기는 어려워도 헤어지기는 정말 쉬웠다. 아무도 나와는 오래 있고 싶어하지 않았으므로.

모든 시간이 형벌이었다. 도둑질조차도 할 수 없는 천성이 차라리 증오스러울 지경이었다.

나는 어떻게 해서든지 살아보아야겠다는 생각을 했다. 한정 없이 비굴해져 버린 내가 너무도 불쌍해서 술만 마시면 자주 울었다.

방안에는 겨우내 죽어 나간 파지만 널려 있고, 엽서 한 장도 오지 않았다. 다시는 글을 쓰지 않으리라. 나는 돈이나 벌리라. 돈을 벌어서는 첩년들이나 수십 명씩 거느리고, 잡놈들과 골프 따위나 치면서 피둥피둥 살이나 찌리라. 그런 생각을 하면 절로 히죽히죽 웃음이 새어 나오면서 질금질금 눈물도 흘러 나왔다.

그러나 그 쌍놈의 돈이라는 게 다 어디에 처박혀 있는지 전혀 내 손에는 잡혀 주지 않았다. 결국 나는 숙명처럼 다시 글을 써야만 했다. 그러지 않고서는 도저히 견딜 수가 없었던 것이다.

그런데 날마다 헤어진 것들은 또 왜 그리 간절한 그리움으로 가슴

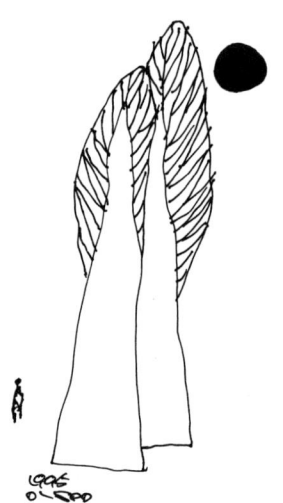

을 물들이는지 저물녘이면 도저히 견딜 수가 없을 지경이었다.

나는 의도적으로 그리워하기 시작했다. 손톱을 물어뜯는 버릇이 있는 아이에게 일부러 자꾸만 손톱을 물어뜯어라, 손톱을 물어뜯어라. 귀찮게 명령하면 저절로 손톱을 물어뜯지 않게 되듯이, 의도적으로 나는 헤어진 것들을 그리워하기 시작했다. 그렇게 하면 혹시 잊혀질는지도 모른다는 생각에서였다. 그리고 봄이 되어 마침내 나는 위안 하나를 발견하게 되었다. 바로 먼지로부터 발견되어진 위안이었다.

먼지에서 내가 얻어낸 교훈은 사는 것이 그리 대단한 의미를 가진 것이 아니라는 사실이었다. 따라서 만나고 헤어지는 것도 그리 대단한 의미를 가진 것이 아니었다.

그대여, 나와 헤어진 후 당신도 햇빛 따스한 봄이 되면 겨우내 죽어 나간 의식의 잔해들을 쓰레기통 속에 다 집어던지고 한 번쯤은 대청소를 해본 적이 있으리라.

그때 그대는 그대가 사는 방의 창문을 활짝 열어두었을 것이며, 해맑은 햇빛을 타고 창문 가득히 반짝이며 쏟아져 들어오는 먼지들을 본 적이 있을 것이다. 그때 그대의 귀가 틔어 있었다면 먼지가 속삭이는 소리도 들었으리라.

먼지는 억겁의 시간 저쪽에서 이쪽으로 떠내려온 그대 전생의 아주 미세한 미립자들. 언젠가 그대는 다시 먼지가 되어 억겁의 시간과 광대무변의 공간 속을 떠다니게 될 것이다.

가만히 있어도 시간은 흐르고, 시간이 흐르면서 그대는 죽게 될 것이다. 그대뿐만이 아니라 나도 죽게 될 것이다. 죽어서 다시 억겁의 시간이 흐른 다음에는 결국 또 다른 먼지로 화할 것이다.

살아 있는 모든 것이 그러한 것이며, 죽어 있는 모든 것이 결국은 그러할 것이다.

통쾌하여라.

우리가 증오한 모든 것들이 먼지로 화한다는 생각이여. 우리가 사랑한 모든 것들이 먼지로 화한다는 생각이여. 전혀 관심을 가져본 적조차 없는 하찮은 것들도 언젠가는 똑같은 먼지로 화한다는 생각이여.

정치가도 먼지로 화하고, 학자도 먼지로 화하고, 법관도 먼지로 화하게 된다. 꽃도 먼지로 화하고, 대변도 먼지로 화하고, 다이아몬드도 먼지로 화하게 된다.

그야말로 신의 은총이 아니고 무엇이랴.

그렇다면 그리운 그대.

우리는 다시 만나더라도 소중한 말은 그냥 가슴에 안고 간직해 두고 그저 먼 허공이나 바라보는 것은 어떠한가. 우리는 이미 전생의 먼지로서 어디에선가 만나고 있을는지도 모르는데 이승의 어리석은 마음으로 모질게 가슴 태울 필요가 있겠는가. 또 수없이 많은 세월이 흐른 뒤에는 현재의 우리도 먼지가 되어 한 번 더 다시 만날 수 있을는지도 모르는 것을.

부질없다. 이승의 모든 일들이여. 그런데도 어째서 사람들은 저토록 눈이 멀어서 한 점 먼지도 보지 못한 채 서로가 할퀴고 짓밟고 잡아먹기를 좋아하는고.

세속의 아무리 잘나 빠진 사람이라도 너무 낮은 소리는 듣지 못하고, 너무 높은 소리도 듣지 못한다. 너무 큰 개체도 보지 못하고, 너무 작은 개체도 보지 못한다.

그러나 어느 날 현자로부터 전해 들은 바 있어 일러두노니, 부디 마음의 눈을 뜨고 들여다보라. 먼지는 작지만 광대무변하다. 모든 것이 먼지로부터 태어나서는 먼지로 돌아간다. 그것은 미래이며 과거다. 그리고 또 하나의 다른 우주다.

33. 콩나물

콩나물은 음지에서 콩을 발아시켜 자주 물을 주어 먹기 좋도록 연하게 기른 상태를 말한다.

콩나물을 먹는 것은 콩의 떡잎과 줄기와 뿌리 전부를 먹는 셈이 된다.

옛날에는 대개 한 집에 하나 정도는 콩나물 시루가 있어 아낙네들이 틈나는 대로 물을 부어 콩나물을 기르는 광경을 볼 수가 있었다.

콩나물은 특별한 기술이 없어도 제때에 물만 부어 주면 불쑥불쑥 자라 오르는 장점이 있다. 노오란 빛으로 시루에 가득 자라 오른 콩나물은 참으로 소담스러워 보인다. 게다가 가정에서 기른 것은 완전히 무공해 식품이다. 영양가도 높고 값도 싸다. 그래서 서민들의 식탁에 자주 오르내린다.

그러나 오늘날은 콩나물을 손수 기르는 아낙네들이 거의 눈에 띄지 않는다. 콩나물 공장이라는 게 생겨서 다량으로 재배해 시장에다 풀어 놓는 것이다.

콩나물뿐만이 아니라 생활 필수품 거의 전부가 손수라는 단어와는 거리가 멀다. 모든 것이 기계에 의해 생산되어지는 것이다.

기계가 발달함에 따라 여자들은 점차로 편해지기 시작했다.

그래서 바느질 광주리의 골무 따위도 이제는 구경하기가 힘들어졌다. 오늘날 대학생 정도 나이의 여자들에게 또아리가 뭐냐고 물으면 제대로 대답하는 여자들이 몇 명이나 될는지.

빨래는 세탁기가 해주고, 밥은 전기 밥솥이 해주는 세상에서 더욱 고달파진 것은 오직 남자들뿐이다. 여자들은 그런 것들을 사자고 조르기만 하면 되는데, 남자들은 그런 것들을 사기 위해 뼈빠지게 돈을 벌지 않으면 안 되는 것이다. 만약 애 낳는 기계라도 시판되어진다면 여자들은 그것조차도 사 달라고 조르는지도 모른다.
　하여간 오늘날의 모든 가정용품들이 여자들을 위주로 해서만 연구 발달되어져 온 것 같다. 거짓말같이 생각되어지면 집 안 전체를 한번 낱낱이 살펴보라. 냉장고·세탁기·의장·화장대·전기 밥솥·전기 다리미·싱크대·에어콘·텔레비전 등등 모든 것들이 남자보다는 여자가 더 많이 애용하는 것들이다. 남자들을 위해서 연구 발달되어진 것이라곤 그 망할 놈의 술밖에 없다. 굳이 더 추가해 보자면 아니꼬운 안전 면도기 정도가 고작이다.
　그러니까 남편들은 술을 마시거나 안전 면도기를 사기 위해서 돈을 버는 것이 아니라는 사실이 자명하다. 그런데도 남편들이 술을 좀 마시고 들어오면 오만상을 찌푸리는 여자들이 있다. 속이 쓰려서 콩나물국이라도 끓여 달라고 하면,
　"흥!"
하고 토라져 버리는 여자들이 있다. 무슨 면목으로 사랑받기를 바라는지 모르겠다.
　여자들은 대개 허영심을 기본적으로 어느 정도는 가지고 있다. 시장에서 사면 아주 싸게 살 수 있는 물건도 굳이 백화점에서 사는 여자들이 있는가 하면, 국산품이라도 같은 값이면 영어나 불어가 씌어져 있는 물건들을 사려고 든다. 이런 여자들일수록 사치품만은 한푼어치도 깎지 못한 채 고스란히 바가지를 쓰고 나온다.
　식단을 짜는 데도 콩나물 따위는 아예 품목에 넣으려 들지 않을는지도 모른다.
　그러나 콩나물을 비천하게 보아서는 안 된다. 만약 알뜰한 주부라면 이미 콩나물의 높은 영양가와 다양한 용도에 대해 익히 잘 알고 있을 것이다. 콩나물은 무침, 볶음, 국, 비빔밥, 찌개, 냉국 등등으로 얼마든지 우리의 미각을 즐겁게 해준다. 그리고 손쉽게 실내의 분위기를 바꾸는 데도 한몫을 담당할 수가 있다.

맑고 투명한 유리병이나 유리컵 속에 물을 채우고 콩나물을 소담스럽게 꽂아 놓으면 눈부시도록 하얀 뿌리가 자라는 모양도 일품이려니와, 연두빛 떡잎이 자라나는 자태도 꽃보다 청초하고 우아해 보인다.

특히 콩나물은 오래도록 서민 가까이에 있어 왔으며, 전혀 계절을 타지 않고 싼값으로 경제를 도와 왔다.

그런데 일전 모 일간지에 농수산부와 보사부가 콩나물을 몹시 괄시한다는 사실이 보도된 적이 있었다. 내용인즉 질 좋은 콩나물을 생산하자는 취지에서 전국의 콩나물 제조업자들이 모여 '대한콩나물위생관리협회'라는 단체를 만들었는데, 농수산부와 보사부에서 서로 자기네 소관이 아니라면서 발뺌을 계속하는 바람에 무려 10개월 동안이나 등록도 하지 못한 채 허공에 떠 있다는 것이었다. 전국의 콩나물 공장은 3천6백여 개소나 되며, 연간 1천5백억 원어치의 콩나물이 생산된다고 한다.

그런데 성장 촉진제로 농약을 쓰는 콩나물로 인한 물의가 잦은데다 3천5백여 업소가 세금을 내지 않는 무허가 업소여서 업자들은 영업업소들을 합병해 경영을 합리화하고, 위생시설을 갖추어 유해 콩나물을 없애도록 하자는 취지에서 그 협회를 만들었다는 것이었다.

그런데 농수산부에 신청을 내었으나 콩나물은 가공식품이니까 보사부 소관이라면서 신청을 받아 주지 않았고, 보사부는 보사부대로 콩에 물을 주어 재배하는 채소이므로 농수산부의 소관이라면서 신청을 받아 주지 않았던 모양이었다. 그래서 그 등록신청은 보사부와 농수산부를 왔다갔다 옮겨다니며 무려 10개월 동안이나 괄시를 받고 있는 중인데, 그처럼 서로 미루기만 하는 두 정부부처 사이에서 전혀 환영을 받시 못한 콩나물 제조업자들은 무허가 업소들이 세금을 내고 국민 보건에 이바지하려는데도 발뺌을 하는 정부기관을 도대체 이해할 수 없다고 분개했다는 얘기였다.

우유와 육류 등 소위 값비싼 인기 품목들은 서로 자기네 소관이라면서 오랫동안 줄다리기를 해온 보사부와 농수산부가, 값싼 콩나물에 대해서는 정반대로 서로 자기네 소관이 아니라고 우기는 것은 얼마나 우스꽝스러운 일이냐는 것이 일반인들의 견해였다.

보사부와 농수산부의 실무자들은 아무래도 콩나물을 등한시하고 있는 것이 아니라 서민을 등한시하고 있는지도 모른다.

그러나 콩나물이여 서러워 말라. 서민들은 언제나 콩나물을 애용할 것이고, 협회 따윈 정부당국에 등록되어 있지 않다고 하더라도 업자들에게 콩나물 대가리 반쪽만큼의 양심이라도 있다면 결코 유해 콩나물 같은 것은 만들지 않을 것이다.

34. 도라지

  도라지는 초롱꽃과의 양지바른 산야 전역에 걸쳐 분포되어져 자생하고 있는 식물이다.
  돈 많은 분들께서야 산삼이나 인삼에 견주어 우습게 생각하실는지도 모르지만 알고 보면 도라지도 그리 우스운 존재만은 아니다.
  도라지는 다년생 초본으로서 뿌리에 영양분을 많이 저장하고 있으며, 약용이나 식용이나 관상용으로 쓰이기도 한다. 뿌리의 생김새가 산삼이나 인삼과 비슷해서 사람들은 흔히 사이비 학자들을 가리켜 도라지라고 일컫는데, 이는 그 학자가 겉만 그럴듯할 뿐 사실은 별볼일이 없다는 뜻일 것이다.
  하지만 뿌리의 모양 하나로 도라지를 산삼이나 인삼과 비교하는 것은 약간 잘못된 처사가 아닐는지.
  우선 도라지는 산삼이나 인삼과는 그 근본부터가 다른 식물이다. 앞서 언급한 대로 도라지는 초롱꽃과에 속해 있는 식물이지만, 산삼이나 인삼은 오가피나무과에 속해 있는 식물이다. 꽃 모양도 틀리고, 잎 모양도 틀리다.
  흔히 산에서 나는 삼을 산삼이라 하고 사람이 재배한 삼을 인삼이라 하는데, 모두 신비한 약효를 가지고 있다 하여 옛부터 비싼값으로 거래되어 왔던 모양인데, 왜 하필이면 도라지가 그와 상반되는 개념의 식물로서 사람들의 입에 오르내리게 되었는지는 모를 일이다.
  도라지는 대개 남보라색 꽃이 피는 것이 보통이나 더러는 하얀색 꽃이 피는 경우도 있다.
  남보라색 꽃이든 흰 꽃이든 그 모양이 참으로 정결하고 소박해 보여서 한 마디로 우리나라 사람들의 순결한 정서가 그대로 꽃 속에 담겨 있는 것 같다. 산염불가(山念佛歌)나 도라지타령 등의 노래가 생겨난 것도 전혀 우연에서만은 아닐 것이다. 혹시 도라지가 우리들의 가슴 어딘가에도 심어져 있어 남보라색이나 하얀색의 꽃으로 피어나고 있었기 때문이 아닐까.

한방에서는 이 뿌리를 거담제로도 쓰지만, 식용으로는 우리나라가 가장 그 이용법이 발달해 있는데 볶아서 나물로 무치면 도랒나물, 초고추장에 그대로 무치면 도랒생채, 엷게 썬 다음 찹쌀풀을 발라 말려 기름에다 튀기면 도랒저냐, 삶아서 꿀이나 설탕을 넣고 조린 것은 도랒광저라 한다. 일부 지방에서는 뿌리를 말려서 쌀을 만들어 밥에 얹어먹기도 한다. 특히 절에서는 스님들의 식탁 위에 자주 오르내리는 반찬으로 쓰이기도 한다.

그런데 약재로 쓰든 식용으로 쓰든 반드시 껍질을 벗겨야만 한다는 사실쯤은 누구든 알아둘 필요가 있다. 도라지 뿌리에 있는 사포닌은 1만 배의 용액에서도 완전한 용혈작용을 일으키기 때문이다.

하지만 그런 따위야 무슨 상관이랴.

나는 지금 내 기억 속에 실재하는 남보랏빛 도라지꽃에 대한 얘기를 하고 싶다.

내가 군대를 갓 제대했을 무렵의 일이다.

당시 나는 여러 가지로 형편이 좋지 않은 상황에 놓여 있었다. 두번째의 치명적인 실연과 몸서리쳐지는 가난과 나 자신에 대한 회의 때문에 도무지 살맛이 나지 않았었다. 그래서 과감하게 자살을 해버릴까, 아니면 엿장수라도 하면서 계속 살아볼까로 한동안을 망설이고 있었다. 다니던 대학은 휴학상태였였다.

대가리가 큰 자식이 집구석에서 빈둥빈둥 놀고먹는다는 죄책감이여, 수치심이여, 고문이여.

나는 정말로 꽉 죽어 버렸으면 좋겠다는 생각을 하루에도 몇 번씩이나 되풀이했었다.

모든 시간이 권태롭기 짝이 없었다.

그런데 어느 날 친구 녀석 하나가 찾아와서 심각한 얼굴로 내게 말했다.

"고민이 있다."

내용인즉 여자를 하나 점찍어 놓고 혼자서 속을 태우는 중인데 좀 도와 줄 수가 없느냐는 얘기였다.

녀석은 고등학교를 졸업하고 뜻한 바가 있어 진학을 포기한 채 시골로 들어가 개간사업을 하고 있었는데, 손수 일군 땅에다 더덕이니 도라지니 냉이니 씀바귀니 하는 따위의 특수작물을 다량으로 재배하여 최근에는 톡톡한 재미를 보고 있다는 소문이 있었다. 그래서 딸 가진 부모들은 은근히 녀석을 욕심내는 눈치들이라는 소문이었다. 그러나 정작 녀석은 만천하의 여자들은 한결같이 안중에 들어오지 않고, 하필이면 동네 유일의 다방 레지 하나 때문에 속이 타서 미칠 지경이라는 얘기였다.

소문에 의하면 서울의 어느 명문대학을 다니다 휴학을 하고 여기까지 흘러온 모양인데, 얼굴이 아름답기는 물론이려니와 문학에도 상당히 조예가 깊다는 얘기였다.

나도 그 다방 레지를 몇 번 본 적이 있었는데, 솔직히 말해서 첫눈에도 마음이 흔들릴 정도로 분위기가 있는 여자였다.

녀석은 온갖 수단을 다 동원해서 그녀의 환심을 사보려고 노력했지만 언제나 실패로 끝나고 말았다는 얘기였다.

하지만 그녀에게 눈독을 들이고 있는 남자가 녀석뿐만은 아니어서 내로라 하는 놈들은 누구나 아낌없이 그녀 앞에서 돈을 탕진한다는 거였는데, 역시 결과는 모두가 마찬가지였다는 소문이었다.

"우린 무식해서 안 되는 모양인데 네가 나를 좀 도와 줘야겠다. 너로 말하자면 연애편지 하나는 끝내 주는 놈이 아니냐."

무슨 요구든지 다 들어 줄 테니 제발 친구 목숨 하나 구제해 주는 셈치고 한 달 분량의 연애편지를 작성해 달라는 부탁이었다.

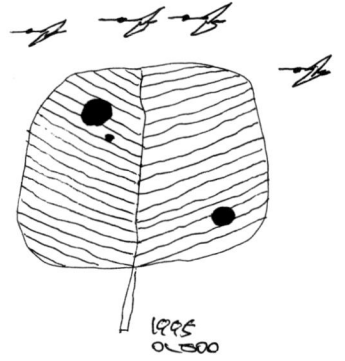

"망할 새……"

끼라고 말하려는데, 녀석은 무릎을 꿇고 두 손을 싹싹 비비기 시작했다. 너무 진지한 표정이었다.

나도 두 번씩이나 실연을 거듭해 본 경험이 있는 터였으므로 녀석의 심중을 충분히 이해할 수가 있을 것 같았다.

그날부터 나는 녀석의 이름으로 그녀에게 보내는 연애편지를 대필하기 시작했다.

땀을 뻘뻘 흘리면서 온갖 지식을 다 동원하고 온갖 미사여구를 다 동원해서 새벽까지 연애편지를 쓰는 일에 열중했다. 나중에는 그것만이 내 유일한 보람이 되었다.

비록 내가 친구 녀석의 이름을 빌어 연애편지를 쓴다고는 하더라도 그것은 바로 나 자신의 고백이었고, 그 고백을 계속하는 동안 나는 어느새 자기도취에 빠져서 나도 모르는 사이 환상처럼 그녀를 사랑하기 시작했다.

연애편지는 무려 석 달 동안이나 계속되어졌다. 하루도 빠짐 없이 그것은 그녀에게로 배달되어졌다. 어떤 날엔 다섯 통씩이나 배달되어진 적도 있었다.

그러나 결국 그 작전은 실패로 돌아가고 말았다. 어느 날 녀석이 소포로 반송되어진 편지 전부를 가지고 무참한 모습으로 내 앞에 나타났던 것이다.

"하지만 나는 끝까지 해볼 거다."

녀석은 진심으로 그녀를 사랑하고 있으므로 자신의 목숨이 다할 때까지라도 구애를 계속해 보겠다는 각오를 표명했다.

그러나 나는 포기했다. 엄밀한 의미로 말하자면 나는 또 한 번 실연을 당한 셈이 되었다. 물론 내가 구체적으로 그녀와 어떤 관계에 놓이기를 원했던 것은 아니지만, 아무튼 내 환상 하나는 깨어져 버린 셈이었다.

나는 자살도 엿장수도 제대로 감행하지 못한 채 가까스로 돈을 구해서 복학을 하는 도리밖에 없었다. 그것만이 최선의 방책이라는 생각을 가졌던 것은 내가 아니라 바로 나의 아버님이었다.
 그런데 다음해 여름방학이 되어 녀석을 만났을 때, 놀랍게도 녀석은 그녀를 완전히 사로잡아 놓고 있었다.
 그토록 어렵던 일을 어떻게 성사시켰느냐고 물으니까 녀석은 이렇게 대답했다.
 "도라지꽃으로 사로잡았다."
 녀석이 개간한 몇백 평 밭에 피어 있는 도라지꽃을 모조리 베어서는 리어카에다 싣고 가서, 그녀의 눈길이 닿는 곳마다 한 묶음씩 장식해 놓았다는 거였다.
 "두 달 동안은 온통 맑은 가을 하늘에 담갔다가 꺼내 놓은 듯 청아한 보랏빛 도라지꽃 속에서 살았어요. 다방에도 집에도 도라지꽃투성이였죠. 책상 서랍을 열어도 옷장을 열어도 도라지꽃이 들어 있었을 정도니까요. 주인집 사람을 포섭해서는 무단으로 내 방에 침입해서 그런 방법으로 내 마음을 흔들어 놓았어요. 성실한 면도 있지만 낭만적인 면도 있는 남자였어요. 특히 그 낭만이라는 것이 내 마음을 사로잡았어요. 연애편지가 너무 세련되어 있어서 지독한 바람둥이인 줄 알았는데 알고 보니 그렇지도 않더군요."
 그녀가 내게 덧붙여 준 설명이었다.
 나는 그때 정말로 그녀가 누구보다도 고운 여자라는 생각을 했었다. 온갖 수단과 방법으로도 마음이 흔들리지 않았는데, 그까짓 도라지꽃 때문에 쉽게 허물어져 버릴 턱이 없다고 우기는 사람이 있다면 나는 그에게 말해 주고 싶다. 당신의 가슴이 이미 오래 전에 메말라 버린 것은 아닌가라고.
 정말로 사랑스러운 여자는 남자에게서 열 냥의 금반지보다도 한 송이의 도라지꽃을 받고 가슴이 설레는 여자다.
 그러나 오늘날 이러한 여자가 이 세상에 살아남아 있을 것인가.
 다만 나는 이제 이 세상의 모든 여자들이 어쩌다 한번쯤이라도 귓

불을 발그레하게 물들일 수만 있어도 좋겠다는 생각을 자주 한다.

　시집을 간 다음에라도 남편이 자신을 사랑하고 있느냐 그렇지 않느냐의 여부를 따지기 이전에, 자신이 과연 사랑스러운 여자인가 아닌가부터 따져 보아야 할 것이다. 그리고 사랑을 준다고 하더라도 과연 자신이 그 사랑을 볼 수 있는 눈과, 받을 수 있는 그릇을 가슴 안에 가지고 있는가 없는가의 여부도 한번쯤 생각해 보아야 할 것이다. 어느새 이 세상은 사랑조차도 물질을 통해 평가하거나 표현하려고 드는 사람들로 가득 차 있다.

　그러나 기억하라.

　사랑은 결코 아무것으로도 대용되어지지 않는다. 그것은 마음과 마음을 통해서만이 전달되어지는 것이다. 따라서 주는 것도 아니고, 받는 것도 아니다. 서로의 가슴 안에 소중한 마음으로 간직하는 것이다.

35. 호박꽃

너는 가난한 이 나라 농촌 초가집 토담 위에 피어 있는 한 송이 눈부신 황금이다. 팔아서 쌀을 사고 고기를 살 수는 없지만 바라보면 절로 마음이 환하게 밝아진다.
너의 가슴은 언제나 넉넉하게 열려 있다. 때로는 벌들이 잉잉거리며 날아와서 열려 있는 네 가슴 안으로 들어간다. 그리고 오래 눈부신 네 사랑에 취했다가 돌아간다. 그리하여 그 어떤 꽃이 만드는 열매보다도 풍성한 열매를 너는 만들어 낸다.
네가 만들어 낸 열매는 호박이라고 일컬어지는데, 호박은 뿌리를 제외한 모든 것을 먹을 수가 있다. 이파리·꽃·줄기·호박·씨 따위들이 모두 반찬이나 국이나 범벅이나 간식 등으로 쓰여진다.
인간들은 때로 눈을 빼면 아무것도 남는 것이 없는 동물이듯이 가시적인 것에만 마음을 쓰는 수가 있다. 못생긴 여자들을 보면 흔히 네 모습에 비유해 호박꽃도 꽃이냐는 말을 쓰곤 하는데, 그건 한 마디로 몰상식해서 그런 줄로 알고 있으면 된다. 국민학생들의 자연책에서부터 생물학 교수들의 참고 서적에 이르기까지 너를 꽃이라고 명기해 놓은 예는 한 군데도 없다.
분명히 너는 꽃이다. 꽃 중에서도 가장 친근미를 주는 꽃이다. 요염한 교태를 가진 다른 꽃들이, 질 때는 무참한 모습으로 퇴색해 버리는 것과는 전혀 다르게, 너는 마지막 지는 순간까지도 퇴색하지 않고 조심스럽게 몸을 오므리면서 단아한 모습으로 떨어져 간다. 조금이라도 더 꽃 대궁에 붙어서 벌과 나비를 유혹해 보려고 거의 추악한 몰골이 될 때까지 안간힘을 쓰면서 버티고 있는 꽃들보다, 적당한 시기에 그렇게 퇴색하지 않은 빛으로 소리 없이 떨어져 나가는 네 모습은 또 얼마나 아름다운가.

무릇 아름다움이라고 하는 것은 겉에 노골적으로 드러나 있는 것보다 속에 깊이 간직되어 있는 것이 한결 가치가 높은 것이어서, 한눈에 반해 버린 아름다움보다는 보면 볼수록 친근감이 더해 가는 아름다움이 훨씬 그 생명력이 긴 법이 아니겠는가.

너는 바로 그러한 꽃이다. 절대로 요란스럽지 아니하고, 절대로 요염하지 아니하다.

그러나 너는 그 어느 꽃보다도 모습이 소박하고, 그 어느 꽃보다도 가슴이 넉넉해서 보면 볼수록 정다워진다.

너는 개성도 있으면서 그것이 두드러지지 아니하고, 너는 베푸는 것도 많으면서 결코 자만에 차 있는 것 같지 아니하다.

너의 성품은 네가 피어나게 된 전설과도 잘 부합하는 것 같다.

전설에 의하면 너는 부처님의 말씀에 의해서 피어난 꽃이다. 여기에 줄이어 적자면 그 전설의 내용은 대강 이러하다.

옛날 인도에 믿음이 아주 진실한 스님이 있었다. 그는 황금으로 된 대형 범종 하나를 만들어 놓고 죽는 것이 평생의 소원이라고 항상 말해 왔었다. 그리하여 열심히 시주를 받아서는 황금 종을 만들기에 여념이 없었다. 동으로 대형의 종을 만들기도 쉽지 않은 판국에 황금으로 대형의 종을 만들기가 쉬웠으랴.

그는 종이 채 절반도 만들어지기 전에 기력이 쇠잔하여 죽고 말았다. 그리고 죽어서 부처님 앞에까지 가게 되었다.

그는 부처님 앞에서 생전에 그가 종을 만들던 일을 낱낱이 아뢰고, 그 종을 다 완성시킬 때까지만이라도 다시 인간 세상에서 살도록 해 달라고 간곡히 빌었다.

그리하여 그는 소원대로 다시 이 세상에 환생했다.

그러나 그가 인간 세상으로 돌아와 보니 세상은 완전히 그 모습이 달라져 있었고, 그가 만든 종의 행방도 찾을 수가 없었다. 그 동안에

벌써 1백 년이라는 세월이 흘러갔음을 그 중은 미처 알 수가 없었던 것이다.

그는 바랑을 걸머지고 날마다 그 종을 찾아다니는 것이 일이었다. 그러던 어느 날 길을 가다가 문득 발 밑에 자기가 만들던 종과 흡사하게 생긴 황금빛 꽃이 있어 그 줄기를 따라 땅 속을 파내게 되었는데, 바로 거기에 대형의 황금 종이 미완성인 채로 묻혀 있었다.

그는 그 종을 파내어 다시 오랜 각고 끝에 완성시키고, 어떤 소리가 나는가 싶어 쳐보았는데 소리 대신 황금빛 꽃이 떨어지면서 누우런 황금 열매가 달리는 것을 보았다.

바로 그 황금빛 꽃이 호박꽃이고, 황금빛 열매가 호박이다.

물론 전설이니까 액면 그대로는 받아들일 수 없지만, 다른 꽃들의 전설과는 어딘지 모르게 색다른 데가 있어 다시 한번 너를 생각하지 않을 수 없다.

너는 한 스님의 불심에 감복하여 부처님이 그 스님으로 하여금 범종을 찾도록 하기 위해 만들어 낸 꽃이다.

대개의 모든 꽃들이 짙은 남녀간의 사랑에 대한 결말로서 피어나는 전설로 이루어져 있는데 너만은 그렇지가 않다.

그런데도 사람들이 너를 천시하는 것은 이제 사람들의 가슴에 불심이 덜해졌기 때문인지도 모른다. 모든 것이 하나로부터 비롯되어 하나로 돌아가거니, 어느 꽃이라고 더 나을 것이 무엇이며 어느 꽃이라고 못할 것이 무엇인가.

하지만 인간이란 참으로 이기주의적인 동물이어서 오직 자신들의 이익을 위해서는 다른 생명체에다 별의별 악행을 다 저지른다.

최근에는 감자에 토마토기 열리게 해서 포마도라는 깃 따위의 기형 식물을 만들고 있는 중인 모양인데, 언젠가는 호박도 고구마의 줄기에 달려 호구마가 될는지도 모른다.

그때는 너를 호구마꽃이라고 불러야 할 것이다. 그리고 못생긴 여자들을 보면 호구마꽃도 꽃이냐라는 말로 대치해서 비유할 것이다.

그러나 어쩌면 그런 것들이 만들어지기 이전에 인간이 먼저 신의 노여움을 받고 E.T.(일그러지고 틀어진) 얼굴로 변해 버릴는지도 모르겠다.

36. 똥개들의 말

    요즘은 도무지 살맛이 나지 않는다.
    이제 한국 사람들까지도 우리들을 보신탕용으로밖에는 취급하지 않는다. 엄연히 토종개라는 듣기 좋은 말이 있는데도 아이고 어른이고 가리지 않고 똥개라는 호칭을 마구잡이로 사용한다.
    우리가 똥을 먹는 습성을 익힌 것은 오직 주인에 대한 충성심 때문이었다. 우리도 똥보다는 고기 반찬에 쌀밥이 좋다. 똥만이 우리의 주식은 아니다. 그런데도 우리의 충성심은 생각지도 않고 무조건 괄시만 퍼붓는다.
    우리의 임무는 도둑을 지키는 것이지 죽어서 보신탕집에 가는 것이 아니다. 물론 죽고 난 다음에는 기꺼이 보신탕이 되어 줄 수도 있지만 살아 있는 동안만은 제대로 개 취급을 받고 싶다.
    그런데 최근에 이르러 갑자기 한국 사람들까지도 우리를 개 축에도 끼지 못하는 개로 취급한다. 자기네들이 자기네들 생활관습에 맞추어 우리를 이렇게 길들여 놓고, 이제 와서 똥개똥개 하면서 천대하다니 참으로 서운하기 그지없다.
    갑자기 물밀듯이 밀어닥친 서양 문물에 젖어들어서 집 구조와 생활양식까지도 서양식으로 바꿔 놓고, 개까지도 서양 개들을 들여 놓았다.
    질투한다고 할지는 몰라도 솔직히 말해서 서양 개들은 전혀 개답지도 않은 개들이다. 어떻게 감히 주인집 식구들과 잠자리를 같이하며, 식사까지도 한자리에서 같이한단 말인가. 더군다나 개인 주제에 아무 것이나 주면 주는 대로 먹을 것이지, 어떤 놈들은 고깃국이 아니면 아예 거들떠보지도 않는다니 얼마나 건방지고 불경스러운 일인가.

모름지기 개는 개다워야 한다. 주인집 식구들을 언제나 하늘처럼 떠받들고, 그저 온갖 충성을 다 바쳐야 한다.

하지만 이제 우리에겐 그럴 기회조차 제대로 주어지지 않는다. 도시에서고 농촌에서고 그저 외제라면 무조건 숭배하는 악습에 물들어서 우리의 시세는 도무지 말씀이 아닐 정도로 폭락했다. 잡종이라도 외국산 개의 피가 섞인 놈이라야 그런대로 개 취급을 받는다. 우리는 겨우 개장수들한테나 인기가 있어서 이제는 우리를 보신탕용으로 열 마리 스무 마리씩 기르는 집도 생겨났다. 집을 지키게 하기 위해서가 아니라 오직 팔아먹기 위해서 기르는 것이다.

보신탕집에다 우리를 팔아먹기 위해서 다량으로 사육하는 전문가들은, 우리가 어릴 때부터 우리의 양쪽 귀에다 펌프를 꽂고 강한 바람을 불어넣어 고막을 모두 파열시켜 버린다. 아무 소리도 못 듣게 되면 시끄럽게 짖어대지도 않을 뿐만 아니라, 그만큼 다른 데 전혀 신경을 쓰지 않으니까 빨리 살이 찌게 된다는 것이다.

우리는 한국 사람이 본디 순박하고 인자하며 하늘의 뜻에 잘 순응하기로 이름나 있는 줄 알았는데, 어느새 이렇게 변해 버렸는지 도무지 알 수가 없을 지경이다. 서양 개들은 죽으면 무덤까지 만들어 줄 정도로 자비로운 반면에, 우리들은 죽지도 않았는데 보신탕집에 팔아먹을 계산부터 하고 기른다. 그토록 비싼값에 사들여서 죽으면 땅에 파묻을 고깃덩어리를 생전에 그토록 애지중지하는 이유가 무엇인가.

애완용이라고는 하지만 우리가 볼 때는 전혀 귀여운 데라곤 없다. 어떤 놈들은 개도 아니고 노루도 아니고 쥐도 아닌, 그런 동물들의 특징이 한데 어우러져 있는 모습을 갖추고 있다. 또 어떤 놈들은 털 속에 눈깔 두 개가 빠꼼 뚫려서 마치 헝클어진 실뭉치같이 생긴 것도 있다.

그러나 어떻게 생겼든간에 애완용이라고 하는 놈들은 하는 짓이 모두 얄밉고 방정맞아서, 인간에 대한 우리의 충성심만 아니라면 당장에 콱 모가지를 물어 죽여 버리고 싶을 지경이다. 그런데도 목욕을 시키고 리본을 달아 주고 옷을 해입히고 자가용을 태워 나들이까지 시켜 주다니, 다 같은 개의 입장으로서 도무지 밸이 간질거려 견딜 수가 없다. 게다가 어떤 집에서는 서양 개 한 마리를 관리하는 데 드는 비용이 5급공무원 한 달 봉급보다 더 든다니 절로 입이 벌어질 노릇이다. 어떤 사람들은 그 돈이면 병원비를 물고 퇴원할 수도 있고, 또 어떤 사람들은 그 돈이면 딸애를 고등학교에 보낼 수도 있다. 경우에 따라서는 죽어가는 사람의 목숨까지도 건질 수 있다.

그런데 그걸 개한테 주어 버린단 말인가. 개는 그저 개같이 먹고 자고 싸면 되는 것이다. 그러다가 죽으면 되는 것이다.

하지만 우리도 별로 억울해하지는 않겠다. 만약 부처님이 진짜로 존재하고 환생과 윤회가 이루어지는 것이라면, 언젠가는 우리도 세상을 주도할 날이 올는지도 모른다. 우리가 인간을 지배할 날이 올는지도 모른다.

상상해 보라.

그때는 인간들의 목에 사슬이 걸리고 개들은 안방에서 텔레비전을 보고 있다. 밖에서 인기척이 나면 인간들은 어떠한 소리로든 짖어야 하고, 만약 도둑과 손님을 구별하지 못해서 손님으로 온 개를 물었을 경우에는 호되게 매를 맞기도 해야 한다. 인간은 개의 신발을 물어뜯어도 안 되며, 함부로 개의 생선 따위를 훔쳐먹어도 안 된다. 개들은 품행이 좋지 않은 개에게는 이 인간 같은 놈아, 라는 욕을 사용하게 될 것이다.

그러나 무엇보다도 인간이 괴로운 점은, 개들이 애완용 인간이라는 것을 개량해 낼지도 모른다는 점이다.

어떤가. 입장을 바꾸어 놓으면 이토록 모든 것은 자명해진다.

아무리 인간이 만물의 영장이라고는 하더라도 하늘의 뜻을 어길 수는 없을 것이다.

하지만 우리들 잡종개만은 죽어서도 그런 세상이 오기를 바라지는 않겠다. 일찍이 우리가 한국 사람에게 배워 온 것은 한과 체념과 눈물만이 아니다. 은근과 끈기를 비롯해서 덕과 포용력도 배워 왔다. 우리가 만약 인간들의 천대에 자존심이 상해서 더 이상 견디지 못하고 쥐약 먹은 쥐를 잡아먹는 한이 있더라도, 우리는 토종개답게 유순한 성품으로 인간을 우러르며 죽을 것이다. 이제는 인간들이 하등의 동정심이나 후회의 빛도 없이 쥐약 먹은 쥐가 들어 있는 우리들의 내장을 꺼내 던지고, 우리를 가마솥에 삶아서 맛있게 뜯어먹는 한이 있어도 우리는 결코 인간을 미워하지 않을 것이다.

아직도 인간들 중에는 가슴에 사랑이 가득하고, 눈시울에 눈물도 가득한 자가 한둘이 아님을 알기 때문에.

37. 나는 너에게 편지를 쓰노니

소녀여.
소녀라는 말은 흰색이다.
자고 새는 날마다 의식 속에 꽃피는 나이, 너는 마음까지 희기 때문에 아름답다. 여자란 거울 하나와 빗만 있으면 감옥 속에서도 인생을 즐겁게 살 수 있다는 서양의 속담도 있거니와, 모름지기 여자에겐 아름다움 하나만이 그 생명이라 해도 과언은 아니다. 한 달 동안 국을 끓여먹을 수 있는 분량의 콩나물값보다 한 달 동안 얼굴에 바를 수 있는 파운데이션값이 한결 비싼 것을 보면, 여자의 아름다움이란 분명 먹고 사는 일보다는 중요한 것으로 생각되어지는 모양이다.
하지만 거울 하나와 빗만 가지고 감옥 속에서 평생을 즐겁게 살 수 있는 여자라면, 그 여자는 한 마디로 속물적인 아름다움만을 가꾸며 사는 여자이겠고, 무엇보다도 중요한 것은 마음 안에 있는 빗과 거울이 아니겠는가.
소녀여, 네게는 아직도 속물적인 냄새는 나지 않는다. 너는 우아하게 피어 있는 한 그루의 목백합, 아직은 문명의 폐기물에 오염되어 있지 않은 춘천의 맑은 물 속에 네 그림자를 드리우고, 아직은 매연으로 더럽혀지고 있지 않은 춘천의 하늘 가득 네 향기를 분분히 날리고 있다. 너는 겉으로도 아름다우며 속으로도 아름답다.
그러나 그 아름다움이 언제까지나 지속되어질 것인가. 진정한 여자의 아름다움이란, 눈에 보여지는 것이 아니라 마음으로 느끼어지는 것이어야 한다.
쇼펜하우어라는 철학자의 말에 의하면 여자는 18세에 사고가 멎어 버리는 동물이라는데, 사고가 멎어 버린 동물에게서 내면의 아름다움을 발견할 수가 있단 말인가.

하지만 쇼펜하우어는 멍청이. 나는 그의 말을 믿지 않는다. 여자도 늙어 죽을 때까지 사고를 멈추지 않을 수가 있으며, 그렇게 할 수 있는 여자야말로 내면의 아름다움까지를 가질 수가 있는 것이다.

하지만 불행하여라. 이 세상은 너무도 형편없이 망가져 버려서 그런 여자를 찾아보기가 매우 힘들다. 고등학교를 졸업하기만 해도 급속도로 세상의 여러 가지 때가 묻어 버리고, 사람을 볼 때도 사람 그 자체를 바라볼 수 있는 능력을 상실한다.

오늘날 여대생들의 머릿속에 무엇이 들어 있는지 그 열개를 열고 들여다보라. 모여앉으면 나누는 얘기들은 대체로 한심하기 이를 데 없다. 하다못해 남자친구에 관한 얘기도 그 남자친구 마음에 관한 얘기가 아니라, 그 남자친구의 가문과 학벌과 경제와 외모 따위다. 이른바 그것들은 그 남자친구의 장식품이지 그 남자친구 자체는 아니다. 핸드백도 그렇고, 구두도 그렇다. 제품 그 자체보다는 어느 회사 제품이며, 어디서 얼마를 주고 샀는가를 우선 논한다. 그러니까 지지리도 솜씨가 형편없는 어느 양화점이나 가방 공장에서 아무렇게나 만든 제품에다 유명 메이커의 상표를 붙이고, 유명 백화점에 내다 놓기만 하면 무조건 비싼값으로 사들이는 바보가 된다. 그런 정도에까지 이르면, 이미 여자란 그 외형이 아무리 아름다워 보인다 해도 끝까지 아름답게 느끼어지지가 않는 법이다.

사람의 감각기관이란 곧 피로해지는 것이어서 같은 음식만 먹어도 이내 물려 버리고, 같은 노래만 들어도 곧 싫증이 나고 만다. 따라서 눈으로 보는 것도 마찬가지다. 아무리 아름다운 것이라 해도 같은 것을 오래 보면 외면해 버리고 싶어지는 것이다.

하지만 내면의 아름다움은 그렇지가 않다. 내면의 아름다움은 영원하다.

그러면 그 내면의 아름다움이란 어떻게 이루어지는 것인가.

그것은 정서의 순화와 사랑의 지속에 의해서 이루어진다. 결코 돈이 많아서 생겨나는 것도 아니고, 빽이 좋아서 얻어지는 것도 아니며, 권력이 막강해서 긁어모을 수 있는 것도 아니다.

그것은 길바닥에 내버려져 있거나, 백화점에 진열되어져 있거나, 냉장고 속에 저장되어 있지도 않다. 그것은 사람의 가슴 안에 있는 것이므로 사람의 가슴으로밖에는 끄집어 낼 수가 없다.

책을 읽어라.

책 속에는 책을 쓴 이들의 가슴이 있다. 그림을 보고 음악을 듣고 연극을 보라. 예술 속에도 예술 하는 사람들의 가슴이 있다. 그러나 무엇보다도 모든 것을 사랑하라. 사랑이야말로 모든 것의 닫힌 문을 여는 열쇠이며, 모든 것을 아름답게 만드는 신의 명약이다.

눈물겨워라, 이 세상이여.

어느 가난한 어머니는 밤중에 고열로 숨이 넘어가는 아기를 안고 병원문을 두드리다 돈이 없다는 이유로 쫓겨났다. 그리고 그날 밤 그 아기는 죽어 버렸다. 우리들의 이웃마다 사나운 개들을 기르고, 높은 담벼락마다 유리조각이 번뜩거린다. 하늘이 병들고 강이 죽는 시대. 가짜가 판을 치고 진짜가 밀려나는 시대. 한 페이지의 시집보다는 한 권의 주간지가 사랑받는 시대.

만약에 누구든 마음대로 자기 돈을 만들어 쓰라고 허락한다면, 그때는 이미 돈이 필요 없을 텐데도 밤새도록 돈을 만드는 사람이 있을 정도로 돈만이 사랑받고 돈만이 기운 센 시대.

사라져라. 영원히 사라져 버려라.

소녀여.

소녀라는 말은 흰색이다.

너는 아직도 어두운 이 세상에 환하게 피어 있다. 너는 한 그루의 목백합. 목백합은 춘천여고 운동장 한복판에만 서 있는 것이 아니다. 춘천여고를 다니고 있는 모든 소녀들, 또는 춘천여고를 졸업한 모든 여성들이 이 나라 어디에든 한 그루 목백합으로 희게 피어 있다.

아직은 때묻지 않은 채로 하느님의 길로 가는 환한 사랑의 등불을 밝히고 있다.

세상이 어두운들 끝까지 어두우랴. 세상이 눈물겨운들 끝까지 눈물겨우랴.

목백합은 목백합을 낳고, 그 목백합이 다시 다른 목백합을 낳아서 이 세상이 모두 향기로 가득 차고, 그 꽃잎 하나 떨어진 자리에도 시가 자라고 음악이 자랄 수만 있다면 지금은 세상이 어두워도 상관없으리. 지금은 세상이 눈물겨워도 상관없으리.

소녀여.

지금은 자정이 넘은 시간. 나는 강원도 산골 어느 고적한 마을에서 이 편지를 쓰노니, 너는 영원히 아름다울 일이다. 겉으로든 속으로든 끝끝내 아름다울 일이다.

그러나 이 시간 그보다는 먼저 편안히 잠들기를. 그리고 아름다운 꿈도 함께 머리맡에 있어 주기를.

38. 대학생과 국화빵

대학생들이여.
국화빵을 보라.
나는 어느 소설에서 대학생의 입을 통해 대학생이 국화빵이라는 말을 했던 적이 있다. 거기에 덧붙여 꽃게는 꽃이 아니라 게이듯이, 국화빵도 국화가 아니라 빵이라는 설명도 덧붙인 적이 있다.
눈치 빠르신 분들은 대번에 알아차리셨겠지만 결코 낙관적인 안목에서 표현되어진 말은 아니다. 대학생이 국화빵이라면, 대학은 그 국화빵을 찍어내는 빵틀에 지나지 않기 때문이다.
어디에서 개성이라는 것을 찾아보랴. 한결같이 똑같은 모양, 똑같은 무늬, 똑같은 크기를 가진 것이 바로 국화빵이다.
이러한 몰개성의 사회에서 눈부신 발전이란 도저히 기대할 수가 없다. 그런데도 대학생들은 점차 국화빵으로 변모되어 가고 있다.
그대들은 말할 것이다. 사회가 우리를 그렇게 만들었노라고.
백번 지당하신 말씀이다. 나도 솔직히 말해서 여러분이 얼마나 불행한 시대에 태어났는가를 아주 잘 알고 있는 사람 중의 하나다. 왜 그대들이 도서관보다도 전자 오락실에서 기계와의 외로운 게임에 열중하고 있는가도 충분히 이해할 수 있는 사람 중의 하나다.
도대체 어느것이 진짜이고 어느것이 가짜인지 알 수가 없는 시대, 무엇이 소중하고 무엇이 무가치한 것이지 전혀 분별이 안 되는 시대, 양심이 녹슬고 황금만 빛나는 시대, 종교도 예술도 철학도 몰락한 시대. 아, 브루투스 너마저도, 라는 시저의 말 한 마디가 더욱 선명하게 칼날이 되어 가슴에 날아와 박히는 시대, 다만 먹고 살기 위해서 살아갈 뿐이라는 사실이 자꾸만 의식을 짓누르는 시대, 개선의 여지는 보이지 않고 시간이 흐르면 그대들도 언젠가는 그 급류 속으로 휘말려 들게 되리라는 불안감이 앞설 것이다.
그러나 다시 한번 생각해 보라.
그리 멀지 않은 장래에 그대들에게는 그대들의 시대가 반드시 올 것이다. 그때 그대들은 어떻게 할 것인가. 필히 구시대의 악습만은 되풀이하지 않도록 하기 위해서 그대들이 우선적으로 실행해야 할 일은 무엇인가. 국화빵이 되지 않는 길은 무엇이며, 절망하지 않는 길은 무엇이며, 당장 이 시대를 견디어내는 방법은 무엇인가.
모색해 보라.
그것을 명쾌히 한 마디로 가르쳐 줄 사람은 아무도 없다. 가르쳐 준다고는 하더라도 그것이 과연 최선의 방법인가도 모호하다.
하지만 무엇보다도 중요한 것은 그대들의 마음이다. 그대들에게 있어서는 지성이 바로 생명 그 자체다.
잘 아시겠지만 지성이란 지식과는 달라서 많은 법칙을 기억하고, 많은 공식을 기억하고, 많은 단어를 기억하고, 많은 인명이나 연대를 기억한다고 해서 절로 생겨나는 것이 아니다. 지성은 지식을 통한 깨달음에 의해서 생겨나는 것이므로 두뇌에 있지 않고 가슴에 있다.
그대들이 제일 먼저 염두에 두어야 할 것은 바로 그 가슴에다 어떤 지성의 샘물을 저장하느냐다. 따라서 그대들이 가까이해야 할 것이 무엇인가도 또한 중요하기 짝이 없다.
그대들의 가슴이 메마르지 않기 위해 그대들이 가까이해야 할 것들을 찾아보라.
기계와 돈과 제도와 이데올로기 따위는 결코 아니다. 술과 담배와 여자와 대마초는 더더구나 아니다.
감히 말하거니와 그대들의 가슴 안에는 절대적으로 시가 필요하다. 시를 읽고 눈시울을 적실 수 있는 감성이 필요하다.
그러나 시라는 것이 어디에서 생겨나는 것이랴. 들리는 모든 것이,

보이는 모든 것이, 그리운 모든 것이, 사랑하는 모든 것이, 시가 되고 눈물이 되는 것이 아니랴.

애증이 없이 어찌 인간으로 남아 있을 것이며, 이론과 실제만으로 어찌 인간끼리 살아갈 수 있을 것인가.

그대들은 기성세대들로부터 배운 문잠그기를 망각토록 하라.

사방을 둘러보아도 닫혀 있는 것뿐이다. 닫혀 있는 것에 덧붙여 육중한 자물쇠까지 매달려 있다. 식당이나 다방의 화장실에도 자물쇠가 매달려 있고, 성당이나 교회당의 출입문에도 자물쇠가 매달려 있다.

그러나 무엇보다도 두려운 것은 사람의 가슴 안에 매달려 있는 자물쇠다.

대학생들이여.

그대들은 열려 있어야 한다. 너무나 많은 것들이 가슴을 통해서 만들어지고 가슴을 통해서 소멸한다. 비극도 불행도 전쟁도 평화도.

하지만 열려 있는 가슴만으로는 아무것도 만들어 낼 수 없으며, 소멸시킬 수도 없다.

도서관으로 가라. 가서 전자 오락을 하듯이 온 정신을 다 집중해서 책을 읽으라, 닥치는 대로 읽으라. 그러면 그대의 가슴 안에 무엇이 고이는가를 알게 될 것이다.

모든 선이며 악이며 불이며 물이며 태양이며 모래와 풀과 바위, 그리고 그대 자신에 이르기까지 보는 대로 한 줄의 시가 느껴져 올 때까지 그대들은 지성의 샘물을 파라.

도대체 한 줄의 시도 모르는 대학생이라면 그건 틀림없는 국화빵이지 지성인이라고는 생각할 수가 없다.

끝으로 덧붙이고 싶은 카프카의 일기 몇 줄.

6월 4일

가장 부러운 친구. 파울 아들레르. 그는 시인이다. 그 외의 아무 직업도 그는 가지고 있질 않다. 그는 아내와 아이들을 데리고 이 친구 집에서 저 친구 집으로 옮아다닌다. 그의 곁에만 있게 되면 스스로의 생활을 익사시키고 싶다는 양심의 가책을 받는다.

그런데 나는 과연 그대들에게 무슨 뜻을 전하려고 여기 그의 일기 몇 줄을 적는 것일까.

39. 봄을 기다리는 사람들을 위하여

1

기다리는 자(者)는, 기다릴 것이 아직도 남아 있는 자는 행복하다.

그리고 기다리는 일은 얼마나 초조한 혼자만의 병이었던가. 우리가 진실한 마음으로 어떤 것을 기다릴 때, 질긴 섬유질처럼 시간은 우리의 살과 정신 속에 조직을 뿌리 뻗고 있었다.

모든 사람들은 플라스틱 인조 인간처럼 표정 없는 얼굴로 우리 곁을 스쳐가고 있었다.

우리가 기다림이라는 이름의 병을 앓고 있을 때, 그들은 이미 이 세상에는 더 이상 건져먹을 정도 사랑도 없음을 다 알아 버렸다는 달관의 표정으로 삭막한 문명의 거리 속을 바쁘게 흘러다니고 있었다.

우리는 그들을 바라보며, 과연 우리가 기다림 하나로 젊음의 한 부분을 이렇게 우울 속에 적시며 살아가는 것이 옳은가도 가끔 생각해 보았고, 더러는 술과 유행가와 싸구려 사랑, 그리고 돈이라는 것과 쾌락이라는 것과 안일이라는 것 들의 유혹에 곁눈질을 해보기도 했었다. 그러나 우리는 알고 있다. 우리가 앓고 있는 이 기다림이라는 이름의 병이 술이나 돈이나 안일이나 쾌락 따위의 병보다는 한결 앓아볼 가치가 있는 열병임을.

아기들은 한 가지씩 새로운 병을 앓으면서 한 가지씩 새로운 재롱을 익힌다. 고통 없이 인간이 획득할 수 있는 것은 신(神)의 옷섶 안에 절대로 들어 있지 않는 법이다.

기다림이 길면 길수록 만남은 우리를 행복 속에 몰아넣는다. 기다림이 진실하면 진실할수록 기다리는 시간은 쓰라리고 아픈 형벌이 된

다. 오늘 우리는 무엇을 기다리며 살아야 할 것인가? 그대여 생각하라. 깊이 생각하라.

인간은 타락하고 사랑은 녹슬었다는 말들이 흉흉한 소문으로 전염병처럼 나돌고 있는 시대. 사람의 목숨이 자동차 밑에 깔려 돈으로 계산되고, 집집마다 낮에도 굳게 대문이 닫혀 있는 시대. 담 위에 번뜩이고 있는 날카로운 불신의 유리조각들. 천주교에서 기르는 맹견. 병원 앞에서 돈 없이 죽은 생후 3개월난 아기. 염불보다는 잿밥에 관심이 더 많은 일부 성스러운 계급의 옆모습. 그리고 별볼일 없는 그대의 젊음.

그러나 실망하지 말라. 세상은 그렇게 어둠뿐으로만 조작되어 있는 것은 아니다. 아직도 이 세상에는 그대가 남아 있다. 그대가 기다려야 할 것들이 남아 있다. 그대는 이제 알고 있다. 인생이 어릴 적 땅따먹기처럼 그렇게 쉽고 간단한 것이 아님을. 적어도 그대만은 이 삭막한 문명의 거리를 오직 먹고 살아야 하기 때문에 헤매어야 하는 바보가 되어서는 안 된다. 최소한 그대는 시간의 노예가 되지 않기로 하자. 그대 정신의 질긴 밧줄로 시간의 발목을 묶어 놓고, 집요하게 그대는 기다림을 계속하기로 하자.

그리고 무엇을 기다려야 하는지 묻지 말기로 하자. 주택복권 당첨을 기다리든, 송충이 엄지발가락에 무좀이 생기기를 기다리든 그건 그대의 자유니까. 그러나 잊지는 말 것. 최소한 그대가 인간이라는 이름으로 살기 위해서는 쥐나 바퀴벌레나 쇠비름 따위보다 한결 나은 점이 있어야 함을.

2

봄에 모든 것이 되살아난다. 저 어둡던 겨울밤마다 새벽잠 속을 울리던 나뭇가지. 그 쓰라린 불면의 나날을 보내고, 다시 당신의 새눈 하나가 움트기 시작한다. 겨울에 언어를 잃고, 빛을 잃고, 시간을 잃고, 그 이름마저 잃어버린 당신의 꽃 한 뿌리. 당신의 서랍 속에는 밤마다 눈이 쌓이고, 당신의 수첩 속에는 날마다 꿈 하나가 지워지고, 마침내 당신은 헤매기 시작했다. 겨울에 우리는 비로소 알게 되는 법이다. 우리가 사랑하던 것들은 이미 죽어 있음을. 그리고 겨울에 우리는 생각하게 되는 법이다. 우리가 새로이 사랑해야 할 것이 무엇인가를.

이 봄에는 잊는 연습을 하자. 그 겨울에 우리 곁에서 떠난 것들을 잊는 연습을 하자. 그리고 사랑해 보기로 하자. 우리가 만났던 그 겨울 동안의 어둠이며 불면이며 고립, 또 그런 것들과 함께 고개를 깊이 파묻고 괴로워하였던 우리 스스로를.

진실로 겨울에 죽어 있던 것은 아무것도 없다. 풀도, 나무도, 뱀도, 벌레도.

그렇다.

그것들은 멈추어 있었을 뿐. 손톱을 앓으며 오래도록 사랑하던 것들을 떠나보낸 뒤, 잠시 시간이 문을 닫고 있었을 뿐. 결코 죽은 것이 아니었다. 이제 일제히 되살아나는 이 봄의 무수한 연두빛 낱말 앞에서 우리는 무엇을 할 것인가.

봄은 겨울을 쓰라리게 보낸 자에게 더욱 넉넉한 햇빛과 은혜를 준다. 한 마리의 매미가 되기 위해 굼벵이는 무려 4년 남짓을 땅 속에서 보낸다. 그 많은 세월 동안 얼마나 많은 고통과 어둠을 홀로 식혀야 했던 것일까. 오늘 당신의 마음 언저리에도 봄은 찾아와 지난 겨울의 상처마다 생금 가루 같은 햇빛을 뿌리고 있다. 그러나 잊어서는 안 된다. 우리가 만난 그 겨울의 쓰라림, 방황, 가난한 잠, 패망, 그리고 빌어먹을 놈의 불행 들을. 우리가 잊어야 할 것들은 그 겨울에 우리를 버리고 떠난 저 통속한 인간들의 기름진 낱말뿐이다.

40. 廣大歌

이제 여름은 갔다.
 바다에서의 피서(避暑)는커녕 방안에서의 방서(防暑)조차도 못한 상태에서 속수무책으로 더위에 의식을 뜯어먹히던 나의 여름. 숨막히는 열기 속에서 광기만 뻗쳐 오르던 나의 여름. 현기증 나는 백사장에서 햇빛 때문에 살인을 했다던 까뮈의 뫼르소여, 내 눈에도 그대의 총탄을 맞고 벌레처럼 쓰러져 꿈틀거리는 한 인간이 환시되곤 했었다.
 그러나 나는 사실, 무기력한 사내. 그 여름 내내 아무것도 한 일이 없다. 이제 내게 남아 있는 그 여름의 흔적이라곤 모기에 물린 반점 몇 개, 그것조차도 희미해져 있을 뿐, 사는 건 참으로 부질없다는 생각만 든다.
 나는 그 여름 내내 병마와 시달리고 있었다. 내 육신 곁에 있는 사람들은 많았으나 내 영혼 곁에 있는 사람들은 없었으므로 나는 사실 외로웠다. 그래서 극약을 마시는 심정으로 독주를 마시고는 자주 춘천의 거리를 방황했었다. 방황하면서 만나는 사람들의 가슴 속을 자세히 들여다보곤 했었다.
 대개의 사람들이 메마른 가슴으로 거리에 나와 있었다. 어떤 사람들은 극도로 메말라서 가뭄기의 논바닥처럼 가슴이 갈라져 있기도 했다. 또 어떤 사람들은 거기다 철조망까지 쳐 놓은 것도 보였다. 아무리 자신의 가슴을 드러내 보이지 않으려고 위장을 해도 내 눈에는 훤히 들여다보였다.
 나는 젖어 있는 사람을 만나고 싶었다. 만나서 메말라 가는 내 가슴도 적셔 보고 싶었다.

그러나 젖어 있는 사람은 단 한 명도 만날 수가 없었다.
더러는 나에 대한 비판의 말들이 들려오고, 터무니없는 낭설까지 떠돌아다녔다. 하루는 술을 마시다가 우리나라 작가 중에서 나를 가장 혐오한다는 대학생 하나를 만났다. 혐오의 이유인즉 내가 통속소설가이기 때문이라는 거였다. 내 소설 중에서 무엇을 읽었느냐고 물으니까 식물인간이라는 것을 읽었다고 말했다. 내용이 어떤 거냐고 물으니까 창녀를 주인공으로 한 섹스소설이었노라고 대답했다. 그는 내가 이 사회의 어두운 일면들을 들추어내면서 반성과 더불어 참여정신을 가져 주기를 역설했다. 그리고 자신이 존경하는 국내의 몇몇 작가들 이름과 외국의 몇몇 작가들 이름을 그 표본으로 들춰보였다.
내가 그의 말대로 통속작가일는지도 모르지만 아직 창녀를 주인공으로 한 섹스소설을 쓴 기억은 없다. 식물인간이라는 제목도 생경하다.
그러나 나는 아무 말도 하지 않았다. 당신이 만약 내 소설을 읽고 똥 같은 소설이라고 생각했다면 나는 똥 같은 소설을 쓴 것이며, 당신이 만약 내 소설을 읽고 그럴듯한 소설이라고 생각했다면 나는 그럴듯한 소설을 쓴 것일 뿐이라고만 말해 주었다. 똥 같은 소설을 쓰는 사람이든 그럴듯한 소설을 쓰는 사람이든 언젠가는 보다 나은 소설을 단 한 편만이라도 남겨 놓고 싶다는 생각은 마찬가지이며, 발표한 소설이 모두 누가 읽어도 명작이라고 생각할 만큼 위대한 소설가는 전무후무하다.
하지만 최근에 이르러 나는 스스로에 대해 반성하기 시작했다.
불후의 명작은 못 되더라도 최선을 다한 작품만은 반드시 써보겠노라고.
그러나 그렇게 하기 전에 나는 우선 내 메말라 가는 가슴을 적시기 위해서 연애편지를 쓰는 습관부터 익혀야 할 것이다. 이렇게 메마른 가슴으로는 아무 일도 할 수가 없기 때문이다.
이해하시라. 내게는 진정으로 뼈저리게 그리운 이가 없다는 이유로 아무에게도 편지를 쓰지 않고 살아온 지가 거의 오륙 년. 그 동안 받은 편지는 많았지만, 마음 안에 고마움만 간직한 채 송구스럽게도 답장은 단 한 통도 보내지를 못했었다.
  그러나 나는 이제 비로소 연애편지라는 것을 쓰려고 한다.
  수신인은 여러 명일 수도 있고, 단 한 명도 없을 수도 있다. 그리고 내 편지 또한 단 한 통으로 끝나 버릴 수도 있고, 일평생 계속되어질 수도 있다. 왜냐하면 나는 지금 환상 하나를 만들어 놓고 그리로 편지를 보낼 작정을 했기 때문이다. 따라서 수신인의 이름 따위를 굳이 만들어 놓는 것은 오히려 무의미하다. 다만 편의상 나는 가상의 소녀 하나를 만들어 놓고 몇 가지의 간단한 환경과 조건만을 부여하겠다.
  나의 소녀여,
  내가 이렇게 부르는 순간에 한 소녀는 탄생되어진다.
  네가 어디로부터 왔으며 어디로 갈 것인지는 아무도 모른다. 다만 나만이 알고 있다.
  네 나이는 이제 겨우 스무 살, 생기 있고 발랄한 모습이다. 명랑쾌활한 성격에다 착한 마음씨와 영리한 두뇌도 가지고 있다. 그리고 때로는 대담하게 행동하는가 하면, 때로는 아주 감상적인 소녀로 돌변하기도 한다.
  너는 다재다능하다. 그래서 하고 싶은 일이 너무나 많다. 좋은 그림을 보면 화가가 되고 싶고, 좋은 시를 읽으면 시인이 되고 싶고, 좋은 영화를 보면 배우가 되고 싶어진다.
  너는 최근에 이르러 갑자기 유행가수가 되고 싶다는 충동에 사로잡히기 시작했다. 그래서 그 방면에다 총력을 기울이기 시작했다.
  네 주변에 있는 사람들은 하필이면 유행가수냐고 이구동성으로 반대의 뜻을 표명했지만 너는 결코 굽히지 않았다. 그리고 마침내는 어느 이름 없는 술집 밤무대를 얻어 통기타를 치며 노래를 부르기에 이르렀다. 네 꿈에 비해서는 너무도 초라한 무대이지만 너는 참고 기다리면 기회가 오리라는 기대감을 키우며 열심히 노래를 부르고 있다.
  너는 음색도 곱고 성량도 풍부하며 음악성도 뛰어난 편이다. 게다가 몇 가지의 악기까지도 만질 줄 안다. 그래서 그 술집의 밤무대에서는 제법 인기가 있다.

그러나 나의 소녀여.

지금부터 나는 네게 광대에 대한 이야기를 해주려 한다.

내가 광대에 대한 이야기를 해주는 이유는, 부디 네가 오늘날 우리나라에 만연해 있는 일시적 쾌락 위주의 서양병에 물들지 않기를 바라는 마음에서이다.

세상의 그 어떤 목표든지 꿈만으로는 이루어질 수 없는 것이며, 한 덩어리의 진흙을 가졌다고 아무나 사람을 만들어 낼 수는 없는 법이다. 특히 예능 분야에는 도저히 말로는 표현할 수 없는 한 세계가 있어 범인들로서는 감히 감지해 낼 수 없는 신비로움이 무궁무진으로 내장되어져 있다.

우선 서양을 버리고 동양을 보라. 동양 중에서도 우리나라를 보라. 그 옛날 어떤 화공은 병풍에다 용을 그릴 때 눈만은 그리지 않았는데, 그 이유가 눈을 그리면 용이 승천해 버릴 것을 염려해서라는 거였고, 이를 의심한 사람들이 이구동성으로 그 용에 점안할 것을 간청하자 그 화공은 하는 수 없이 붓끝에 먹을 묻혀 두 개의 점을 찍었으며, 놀랍게도 그 용은 찬란한 비늘을 번쩍이며 그만 하늘로 날아가 버렸다는 얘기는 너무도 유명하다. 그리고 그러한 얘기는 비단 그림에만 있었던 것이 아니라 다른 분야에도 허다해서, 한 총각이 부는 피리 소리에 천상의 선녀가 마음을 빼앗긴 나머지 지상으로 도망쳐 내려와 그 총각과 혼약을 맺고 아들딸까지 낳았었다는 식의 얘기도 있다. 어찌 전설이라고 흘려듣기만 할 것인가.

그 어떤 예술이든지 혼이라는 것이 깃들지 않고서는 그 위대함이 느껴지지 않거니와, 타고난 재주 하나만으로 꽃의 모양을 흉내낼 수 있다고는 하더라도 그 향기까지 맡아지게 할 수는 없다. 따라서 누구든 진정한 예인이 되기 위해서는 우선 고정관념부터 버리지 않으면 안 된다. 오늘날 사람들이 가지고 있는 서양의 그 과학적이고 현실적이며 논리적인 사고방식으로는 도저히 그러한 영혼의 세계를 표현해 낼 수가 없기 때문이다. 따라서 진정한 예인이 되기 위해서는 일생은 물론 목숨까지도 바칠 수 있을 정도의 굳은 각오가 반드시 필요하다. 그런데도 오늘날의 예인들을 보라. 그저 손쉽게 명성을 얻기 위해서 간사한 눈속임을 일삼는가 하면, 다른 나라 사람 것을 그대로 모방해서 마치 자기 것인 양 세상에다 내놓은 경우까지 있다.

가수의 경우도 예외라고 할 수가 없다. 옷차림도 율동도 창법도 마치 서양 어느 가수의 복제인간처럼 닮은 사람이 분명히 있다. 그런 사람일수록 광대라는 소리는 죽어도 듣기 싫어한다.

아직까지도 일부 사람들은 연예인들에게 광대라는 호칭을 사용함으로써 은근히 천시하는 감정을 나타내는 경우가 있는데, 한 마디로 그런 사람들은 차원이 좀 낮은 사람이라고밖에는 표현할 수가 없다. 그리고 광대라는 소리를 듣는 것을 무슨 모욕이라도 당하는 것처럼 생각하는 사람 역시 광대에 대한 것을 잘 모르고 있는 사람임이 분명하다.

오늘날 우리나라에 만연해 있는 서양병은 우리의 전통문화를 병들게 하고, 그 그림자의 형체마저도 희미하게 만들어 놓았을 정도다. 서양 사람들의 흉내나 내는 것을 큰 자랑으로, 우리의 전통문화에 접목되어지는 것을 큰 창피로 여기는 사람들도 더러는 있는 모양인데, 솔직히 말해서 빈대떡에 케첩을 발라먹는다고 썩 고상해 보이지는 않는다. 우리가 아무리 서양 사람의 흉내를 내어보라. 언제나 따라갈 뿐이지 앞지를 수는 없다. 어디까지나 우리에게는 우리에게 맞는 정서가 있는 법이며, 그 정서에 맞는 노래를 부르는 가수라야만이 그 생명력이 길어진다는 사실을 거듭 나는 강조해 두고 싶다.

광대라는 소리를 듣는다는 것이 어째서 모욕인가. 어쩌면 광대와 피에로를 착각하고 있기 때문은 아닌가. 프랑스 코메디 〈아데라르테〉의 시종 배역으로서 멍텅구리역을 그 기원으로 하는 피에로는 하얗게 분을 바른 얼굴, 더하기표 모양의 눈, 지나치게 과장해서 그려 놓은 입술, 헐렁헐렁한 옷 따위를 그 전형적인 모습으로 하고 있다.

그러나 사실 그것은 광대 축에도 끼이지 못한다. 우리말사전을 찾아보면 어릿광대라는 것이 있는데, 광대가 등장하기 전에 우선 우습고 재미있는 이야기로 분위기를 돋우어 놓는 배역을 일컫는 말이라고 풀이되어져 있다. 그러니까 피에로는 어릿광대에 비유되어질 수는 있어도 광대에 비유되어질 수는 없다. 그 배역이나 재능으로 견주어 현격한 차이가 있는 것이다.

우리나라에서는 고려 때부터 전래한 직업적 예능인을 광대라고 불러왔다.

그런데 광대는 본디 삼국시대의 무자리라는 떠돌이족속들 중에서 생겨났다고 한다. 그들은 왕건이 후백제를 칠 때 가장 들끓던 무리들로서 관적과 부역이 없고, 그저 수초를 따라 표랑하며 사냥을 하거나 고리를 걸어 파는 것으로써 생업을 삼았으며, 후에 그들은 무자리가 기생이나 백정이나 광대 들로 변모되어졌다는 것이다.

그들은 농사를 짓지 않고 걸량으로 생계를 꾸려갔으며, 후에 같은 천민인 무당과 내혼을 하여 세습적 유랑민으로 그 맥을 잇기도 했던 모양인데, 더러 궁중의 나례나 중국 사신의 영접 때 또는 귀족의 연석이나 산대도감극이 있을 때 불려가서 그 재능을 발휘하기도 했다고 한다.

하지만 대부분이 천대받으면서 그들의 주특기인 줄타기나 땅재주, 또는 판소리와 창을 앞세우고 전국을 걸량으로 떠돌았다는 것인데 자연히 그들은 북도창을 남도에, 남도창을 북도에 소개하는 문화의 교량적 역할을 담당하기도 했다는 것이다.

그러나 어찌되었든 이 세상에 사람으로 태어나, 걸량으로 떠돌이생활이나 일삼으면서 같은 사람에게 전대받는 일만큼 비참하고 슬픈 일이 어디 있을까. 더구나 그것이 자식에게까지 전수되어지는 것이라면 그 마음이 오죽 아프고 한스러웠을까. 그리고 그들은 도대체 그 한과 슬픔을 무엇으로 극복해 내었을까.

내 환상의 소녀여 생각해 보라.

아마도 그들은 판소리와 창, 그리고 땅재주와 줄타기 등으로 그 한과 슬픔들을 극복하는 도리밖에는 없었을 것이다.

대개의 식자들이 우리 문화를 한(恨)의 문화라고 말하지만, 한 걸음 더 나아가서 생각해 보면 우리 문화는 한의 문화에서 그쳤던 것만은 아닌 것 같다. 한풀이의 문화에까지 도달해서, 나중에는 그 한을 안으로 고요히 다스리면서 어떤 도의 경지를 발견하는 데까지 이르렀던 것 같다.

광대들에게는 신명이라는 것이 있어서, 그들이 막상 땅재주나 줄타기를 할 때는 신기에 가까운 조화를 부릴 수 있었다는 얘기들이 오늘날까지 전해져 내려오는데, 우선 현존하는 줄타기만 보아도 그것이 거짓이 아니라는 사실을 충분히 짐작해 낼 수가 있다.

서양의 줄타기와 한번 비교해 보자. 서양은 우선 줄타기를 위해 여러 가지 장비들이 동원되어진다. 줄 아래에는 안전망이 쳐져 있고, 줄 위에는 중심을 잡기 위한 장대가 주어진다. 그리고 줄을 타는 사람의 표정은 신중하기 이를 데 없다. 동작도 마찬가지다. 숨도 크게 못 쉬는 것처럼 보인다. 거기에서 신명 같은 것은 전혀 느낄 수 없다. 그러나 우리 고유의 줄타기를 보라. 별 장비도 없이 줄이 쳐지고, 밑에 안전망 따위는 아예 없다. 전혀 떨어지리라는 생각조차 하지 않는 것이다. 게다가 중심을 잡기 위한 장대도 필요 없다. 그저 신명을 돋우는 데 필요한 부채 하나만 간단하게 손에 쥐어져 있다. 줄을 타는 사람의 표정은 도무지 신중해 보이지 않는다. 언제나 벙글벙글 웃으면서 줄 위에서 제기도 차고, 깨금발도 뛰어 보인다. 판소리와 창을 풀어내면서 끊임없이 춤을 추거나 익살맞은 동작을 구사하는 모습, 언제 보아도 황홀하다. 때로는 인간의 그것이라고는 짐작하기 어려운 격렬한 동작까지 서슴지 않는다. 바로 서양의 경우에서는 볼 수가 없는 신명이라는 것이 내려지는 것이다. 그 노니는 품은 마치 줄 위에서 태어나 줄 위에서만 살아온 사람처럼 보일 정도다.

하지만 그것이 단지 숙련에 의해서만 이루어지는 것일까. 아닐 것이다. 그 밑바닥에는 깊은 한이 도사리고 있고, 그것을 극복하기 위한 정신적 노력으로 얻어진 한 도의 경지가 엿보여진다. 광대들이 가지는 해학과 풍자, 낭만과 풍류 그런 것들은 이미 그들에게 주어진 운명의 모든 시련을 마음 안에서 초극한 다음에야 얻어질 수가 있는 것이다.

광대야말로 우리나라 예인들의 뿌리 그 자체다. 오늘날 재능 있는 사람이라는 말로 탤런트라는 외래어가 쓰여지는데, 광대의 경우를 보라. 창과 판소리와 산대도감극과 땅재주와 줄타기와 춤과 풍악 모두를 갖추고 있다. 광대야말로 가수와 배우와 스턴트맨과 무용가와, 그리고 악사의 전신이 아니고 무엇이랴. 게다가 그들의 판소리와 창은 후에 문학의 모체로 발전하기도 했다.

오늘날 양풍에 물들어 있는 예인들이여. 그대들은 진정 광대라는 호칭이 부끄러운가. 유행가수가 되려는 꿈을 키우며, 오늘도 이름 없는 술집 어두운 무대에서 노래를 부르고 있을 나의 소녀여. 나는 네가 광대의 후예라는 소리를 듣는 일에 하등의 부끄러움이 없기를 바란다.

그리고 가수로서 성공하더라도 너만은 너무 인기에만 급급하지 않기를 바란다. 돈을 써서 박수부대를 동원하고, 엽서로 유령팬들을 만드는 일 따위야말로 얼마나 자기 자신을 가련하게 만드는 일인가. 그런 짓을 할 시간적 여유가 있으면 차라리 우리의 정서에 맞는 노래를 부르기 위해 우리의 전통문화에다 너의 정신을 접목시켜 보는 것은 어떻겠는가. 광대가 천시받았던 것은 고려시대이지 현대는 아니다. 그들이 천대받았던 것은 시대를 잘못 타고났기 때문이며, 진정 그들이 천했기 때문은 아니다.

하늘은 아름다운 재능을 가진 자들에게 항시 시련과 고통을 내리거니와 그것은 그 아름다운 재능을 더욱 높은 경지로 이끌어 주기 위함이며, 그 아름다운 재능을 보고 즐기는 자들일수록 더욱 그 재능을 가진 자들을 천시하는 것은 천시하는 자들 스스로가 아름다울 수 없기 때문이다.

나의 소녀여.

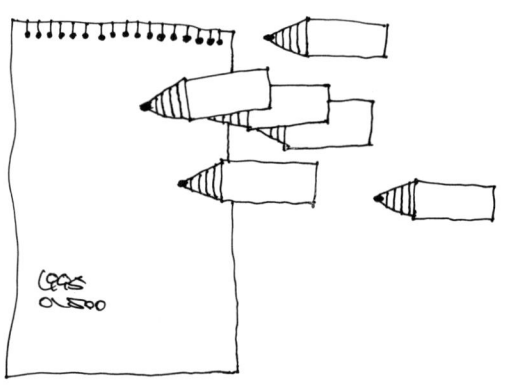

네가 가는 길은 결코 화려한 길이 아니다. 네가 가는 길은 험난하다. 이제 사방에 우리의 아름다운 노래 소리는 간 곳이 없고, 서양 귀신들의 울음소리만 가득하다. 오늘날 외국의 이름난 남자가수가 내한 공연을 하면, 대한의 어린 딸들이 광대(廣大) 아닌 광대(狂隊)처럼 모여들어 끼아악 하는 비명들을 질러대거나, 심지어는 무대 위로 속옷 따위를 집어던지고도 한다는 말이 제발 낭설이기를 나는 간절히 빈다. 그리고 하루 빨리 네가 우리의 진정한 정서가 담겨 있는 노래를 가지고 양풍에 물들어 죽도밥도 아닌 우리의 가슴을 선녀처럼 어루만져 주기를 간절히 빈다.

우리나라에는 아직도 영가(詠歌)라는 것이 현존해 있다고 한다.

영가는 소리를 통해 법열경에 도달할 수 있을 정도로 그 경지가 깊고 오묘한 것으로서, 누구든 만약 그것을 익히게 되면 오장을 통하여 나오는 오음으로써 자연의 대기에 중화하고 무상의 희열을 만끽할 수가 있다고 한다.

내가 읽었던 박상화(朴相和) 선생님의 《한국의 영가》라는 책에 의하면, 일부 선생의 문제인 청탄(金永台, 1863~1944)이 32세 때 그의 수도처인 국사봉에서 있었던 일로, 그해 여름 어느 날 밤 국사봉 아랫마을 충남 논산군 두마면 향한리 사람들이 떼지어 국사봉으로 올라왔는데, 이유를 물은즉 국사봉에 광채가 찬란하여 불이 난 줄 알고 불을 끄러 올라왔다고 대답했다는 것이다. 그런데 그날 밤 청탄은 영가무도를 하며 무아 삼매경에 들어 있었다는 것이다.

믿지 않는 사람들도 많을 것이다.

하지만 반드시 이러한 세계는 존재한다. 그리고 그러한 존재들을 쉽게 체험할 수 있는 곳이 바로 우리나라다.

나의 소녀여. 네가 만약 그러한 것들을 충분히 익힌 연후에 노래를 부르게 된다면, 너는 천상의 소리와 화음하는 아름다운 소리를 낼 수가 있을 것이다. 그리고 그때는 광대의 후예로서, 한풀이의 노래를 하는 가수가 아니라 소리의 선녀로 내려와 많은 사람들의 영혼을 씻어 줄 수 있는 존재로서 자리하게 될 것이다.

네 노래 끝에 끼아악 하는 비명 따위는 있을 수가 없을 것이며, 단순한 쾌락만을 추구한 서양의 풍조 따위는 부끄러워서 감히 고개조차 들 수가 없을 것이다.

나의 소녀여.

나도 이제부터 글을 쓸 때는 좀더 정신이나 영혼면에서 우리의 고유한 것에게로 시선을 돌리고자 한다.

처음에는 나는 비록 네가 이 세상에 존재하지 않는 환상에 불과하다고 썼었지만, 언젠가는 네가 실지로 존재한다는 사실을 내 소설 속에서 직접 꺼내 보여 줄 것이다.

그때까지 사랑하는 나의 소녀여. 사차원에서건 영계에서건, 또는 이 우주공간 어디에서건 서른여덟 살 먹은 미친사내 하나가 끊임없이 네게로 보내는 마음의 교신들을 부디 귀담아 들어 다오. 견딜 수 없이 내가 외로워할 때는, 뜬눈으로 밤을 새우는 어느 하루 꺼져 있는 내 방 라디오를 통해서라도 한 소절 천상의 아름다운 노래 소리를 보내 다오.

진실로 존재하는 것은 마음 안에만 있을 뿐이니, 내가 마음으로 죽어 있는 너를 지금부터 살려내리라. 그리하여 가슴이 메마른 사람들로 하여금 네 목소리를 듣게 하리라. 이 땅의 무대에서 서양 귀신들도 물러가게 하리라.

멀고먼 옛날 광대의 딸로 태어나 남도 어느 마을에서 줄타기를 하다가 떨어져 죽은 뒤, 지금은 내 가슴속에서 현대의 꽃같이 아름다운 소녀로 현신하는 소리의 혼령이여. 아직 너를 알아볼 수 있는 것은 오직 나 한 사람뿐이다.

그러나 언젠가는 내 메마른 가슴이 젖게 되고, 그리하여 내 영혼도 열리게 되면 나는 비로소 붓을 들게 될 것이며, 너는 내 소설을 읽은 이 나라 어느 소녀의 몸을 빌어 언제라도 현신할 수가 있을 것이다.

41. 소녀들이여

　새해에는 우리가 함박눈이 되어 내리자. 사막에도 내리고, 바다에도 내리자. 한 해가 시작되는 그날부터 한 해가 다 끝나는 그날까지 온 세상을 순백색 눈에 덮이게 하자.
　한갓 수증기로 하늘에 올라가 기온이 낮아지면 결빙되어져 내리는 눈이 아니라 좀더 아름다운 의미로서의 눈. 나를 위해서 기도하지 않고 남을 위해서 기도하는 마음이 하늘까지 닿아, 그러한 마음끼리 만나서 떠돌다가 우리들 스스로 자욱한 눈이 되어 내리자. 내려서 가득한 사랑으로 쌓이자.
　둘러보라. 세상에는 외로운 이들이 너무나 많음을 알게 되리니, 우리가 눈이 되면 그들의 곁에 있으리라.
　엄동설한, 밖에는 밤새도록 바람이 펄럭거리고 연탄불은 어느새 꺼졌는데 몇 달 동안 아무도 찾아오지 않는 방안, 한 시인이 폐병을 앓으며 홀로 시를 쓰고 있을 때.
　가슴이 눈처럼 희고 순결한 소녀들이여.
　새해에는 우리들의 기도가 하늘에 닿을 때까지, 하늘에 닿아 축복의 눈으로 내릴 때까지 우리는 길섶에 자라는 보잘것없는 풀꽃 하나라도 부디 눈물겹게 사랑하는 마음을 갖도록 하자.
　그러기 위해 우리는 먼저 우리가 길섶에 자라는 보잘것없는 풀꽃이 되어야 하느니, 외롭고 슬픈 사람을 만나거든 그가 바로 나 자신이라고 생각하자.
　아직도 우리는 희디흰 백지, 우리의 꿈은 무한하지만 인생이란 반드시 밝고 행복한 것만은 아니다. 시련과 고통도 함께 따른다.

그러나 시련과 고통 속에 있는 이들과 함께 살면서 그들을 사랑으로 감싸 준 이는, 그 시련과 고통을 만나게 될 때 하등의 두려움도 없으리라.

세상에 널려 있는 모든 것이 하찮고 무의미한 것은 하나도 없는 법, 우리가 눈이 되어 내리고 싶듯이 또 누구는 비가 되어 내리고 싶을는지 알 수가 없다.

별이며 새며 꽃과 나비도 모두 사람의 마음이 실려 있고, 집과 길과 전신주와 쓰레기통 속에도 누군가의 마음이 실려 있다.

그러나 소녀들이여.

무엇이 우리를 눈이 되게 하는가.

무엇이 우리를 사랑으로 가득하게 하는가.

무엇이 우리가 되고자 하는 것을 모두 되도록 만드는가.

그것은 신이 아니라 오직 자기 자신임을 알도록 하자. 그리고 모든 밑바탕이 마음 안에 있음도 알도록 하자.

마음이 넉넉하다는 것은 얼마나 중요한가. 나만을 위해서 살지 않고, 남을 위해서 산다는 것은 얼마나 중요한가.

나 자신만의 기쁨과 행복은 잠시뿐이며 나 하나에 그치고 말지만, 남에게 베풀어 준 기쁨과 행복은 또 다른 남에게 번져 가면서 오래 남는다.

소녀들이여.

새해에는 나 자신을 위해 기도하자. 예수님을 믿는 사람은 예수님께 기도하고, 부처님을 믿는 자는 부처님께 기도하자. 나만을 위해 사는 사람들이 많으면 많을수록 세상은 척박해지고, 남을 위해 사는 사람들이 많으면 많을수록 세상은 화평하리니.

또는 명절날이 가까워 오는 어느 날 밤, 사람들은 저마다 고향으로 돌아갈 준비를 하고 있는데, 서울 변두리의 어느 무허가 하숙집, 나이 어린 소년 하나가 하루 종일 신문을 팔다가 돌아와서 찾아갈 고향도 없이 새우잠을 자고 있을 때, 또는 한 달 전에 죽은 애인을 생각하며 음악 감상실에 들어와 말 없이 슈베르트를 신청하는 어느 사내, 그러나 신청곡은 나오지 않고 자꾸만 애인의 얼굴만 떠오르는데 문득 자살하고 싶다는 생각이 떠오를 때, 우리는 눈이 되어 내리리라. 내려서 시와 고향과 음악으로 닿으리라. 척추를 앓는 이의 척추 속에도 내리고, 뇌를 앓는 이의 뇌 속에도 내리고, 심장을 앓는 이의 심장 속에도 내리리라. 내려서 그 순간부터 척추가 낫고, 그 순간부터 뇌가 낫고, 그 순간부터 심장이 낫게 하리라.

우리가 일찍이 사랑했던 것들의 머리 위에도 내리고, 우리가 어쩔 수 없이 미워했던 것들의 머리 위에도 내리리라. 거지의 누더기 위에도 내리고, 배금주의자의 고급 외투 위에도 내리리라. 남을 모함하는 자의 가슴 안에도 내리고, 남을 용서하는 자의 가슴 안에도 내리리라.

그러하면 온 세상이 모두 희리니, 그때부터 모든 어둠과 더러움도 사라지리라.

소녀들이여.

새해에는 남들이 하찮고 보잘것없이 생각하는 모든 것들을 우리는 새롭고 소중한 것으로 다시 보고, 그 속에 누구의 어떤 마음이 실려 있는가도 알기로 하자.

아, 밝아오는 을축년 새해에는.

42. 겨울편지

겨울에 헤어진 이여.
나는 그대를 아주 오래 전에 잊어버리고 말았습니다. 그대의 얼굴도 잊어버리고, 그대의 목소리도 잊어버리고, 그대의 이름조차도 잊어버리고 말았습니다.

그러나 겨울만은 아직도 잊어버리지 않았습니다. 그리고 그대와 헤어졌기 때문에 아직도 내 가슴이 쓰라린 것이 아니라, 겨울만은 잊어버리지 않았기 때문에 아직도 내 가슴이 쓰라리다는 사실을 나는 압니다.

내게 있어서의 겨울은, 늦가을 어느 날 전혀 생각지도 않은 시간에, 전혀 생각지도 않은 장소에서 예감으로 먼저 다가섭니다. 머지 않아 겨울이 오리라는 예감, 나는 그 예감을 느끼는 순간부터 겨울의 기억 속에 파묻히기 시작합니다. 그러므로 나의 겨울은 다른 사람들의 겨울보다는 약간 더 깊다는 표현이 옳을 것입니다.

나는 그 기나긴 겨울 동안 아무 생각도 하지 않으려고 노력합니다. 특히 그대에 관한 일이라면 최대한 생각지 않으려고 노력합니다. 그대에 관한 일들을 생각한다는 것은, 내게 있어서는 가혹한 형벌이나 다름이 없기 때문입니다.

내 기억의 수첩에서 그대의 얼굴을 지워 버리고, 그대의 목소리를 지워 버리고, 그대의 이름마저 지워 버리기 전까지는 나도 날마다 고통 속에서 살았었습니다.

그러나 이제는 아무렇지도 않습니다. 아무렇지도 않은 마음으로 춘천의 겨울을 그저 방황해 볼 뿐입니다.

눈 내리는 날 공지천으로 나가 보면 호수는 검푸르게 죽어 있습니다. 물 위에 떠 있는 수상 가옥들은 모두가 굳게 문을 닫아 걸고 있으며, 그것은 교통이 두절된 먼 북구의 겨울 어느 작은 마을의 통나무집을 연상시키고 있습니다.

온 천지에 가득히 눈만 내리고, 사람들의 발길은 끊어진 지 오래인데, 그래도 수상 가옥들의 처마 밑에는 맥주·소주·쏘가리 매운탕·잉어회 따위의 표렴들이 장대 끝에 매달린 채 옆으로 기울어져 눈을 맞고 있습니다. 그것들은 퇴락한 붉은색 천으로 만들어진 것이어서 어찌 보면 마치 패잔한 병사들의 임시 막사에 기대어져 있는 중대기처럼 을씨년스러워 보입니다. 그리고 호수 연변에 즐비하게 끌려 나와 있는 보트들은 보트들대로, 마치 총 맞아 죽은 병사들의 시체가 눈 속에 파묻혀 있는 듯한 착각을 불러일으키기도 합니다.

사방은 쥐죽은듯 고요하지요. 모든 것이 끝나 버린 것 같습니다. 종말의 마지막 정리만 남아 있는 것 같습니다. 이 세상의 모든 추악함과 어두움을 희디흰 눈송이로 덮는 일, 오직 그것만이 남아 있는 것 같습니다.

호수를 왼편으로 바라보며 둑길을 한참 동안 걸으면 기다란 다리가 하나, 그것을 건너 다시 아스팔트길을 한참 동안 걸으면 우두 벌판.

거기는 아무것도 없습니다. 태초처럼 적막합니다. 새 한 마리도 날지 않고, 나무 한 그루도 서 있지 않습니다. 다만 외로운 하루, 종일 함박눈만 쏟아지고 있습니다.

저는 겨우내 그런 곳들을 홀로 방황하지요. 아무 일도 손에 잡히지 않습니다.

저는 비로소 자신이 더없이 외로운 존재라는 사실을 깨달아 가고 있는 것입니다.

깊은 밤 선잠에서 깨어나면 연탄불이 꺼졌는지 온 방안은 냉동실처럼 써늘하고, 몇 시나 되었을까. 언제나 밤 늦게까지 틀어 놓던 옆집 라디오 소리도 끊어진 지 오래인데, 탁상시계를 보면 네가 태엽을 언제 감아 줬냐는 듯 절망한 채 멎어 있고, 겨울생선이라도 실러 가는 것인지 철컥거리며 화물트럭 한 대가 석사동을 빠져 나가는 소리, 그 뒤로는 줄곧 적막하고 가슴만 자꾸 허전해 옵니다. 어디 여행이라도 다녀올까 하는 생각도 들지만 낯선 곳에서는 더욱 견딜 수가 없을 것 같습니다.

아, 그래서 나는 어쩔 수 없이 지금처럼 이렇게 편지를 쓰게 됩니다. 이미 그대의 얼굴, 그대의 목소리, 그대의 이름조차 잊어버렸노라고 말하면서도 기어코는 또다시 모든 기억들을 되살리게 되고, 언제나 편지의 마지막줄에다 써넣듯이 보고 싶다는 한 마디를 써넣게 됩니다.

그러나 나는 이 편지가 내일 아침이면 결국 한줌의 재가 되고 말리라는 사실까지도 이제는 익히 잘 알고 있습니다.

그대여.

아직 나는 그대의 그 무엇도 잊어버린 것이 없습니다.

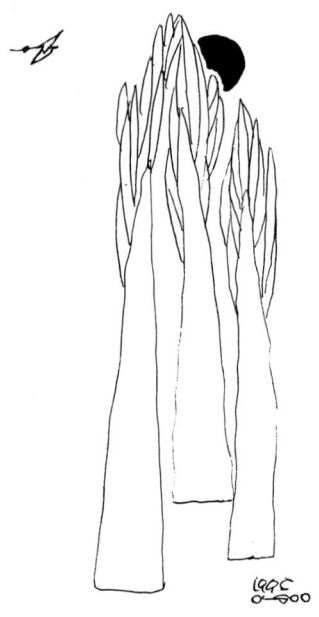

43. 누가 그를 사랑하나

내가 詩人 최돈선을 처음 만난 것은 1972년 봄 春川市 碩士洞에서였다.

제대해서 복학을 했는데 학생 중에 詩人이 하나 있다는 소문이었다. 《강원일보》와 《동아일보》 신춘문예에 詩와 童詩가 당선되었고, 《월간문학》 신인상 공모에서도 詩가 당선되어 이미 권위 있는 문예지가 송년특집 부록으로 발행한 대한민국 문인주소록 따위에 원로들과 나란히 성명 삼자가 올라 있는 인물이라는 거였다. 얼마나 존경스러운 인물인가. 나는 은근히 그와 술 한잔을 나눌 수 있는 기회가 와 주기를 빌고 있었다.

그러나 운명이여.

만약 내가 詩人 최돈선을 만나지 않았더라면 지금쯤 나는 어떤 인물이 되어 있을까. 春川敎育大學을 졸업해서 국민학교 선생이 되어 있을까. 아니면 도중하차해서 간판장이가 되어 있을까. 모르겠다. 분명히 말할 수 있는 것은 詩人 최돈선만 만나지 않았더라면 내가 小說을 쓰게 되진 않았을 거라는 사실이다.

우리는 통성명을 하던 그날부터 마치 오래 전부터 잘 알고 지내던 사이처럼 붙어다니기 시작했는데, 툭하면 강의를 빼먹어 버리고 술집에서 외상술을 마시며 시간을 소일하기 일쑤였다. 당연히 그해 우리는 졸업을 하지 못했다.

다음해부터 우리는 방 한 칸을 얻어 자취생활을 시작했는데 살림이라곤 냄비 하나에 젓가락 두 벌. 운 좋은 날은 라면으로 때우고, 운 나쁜 날은 하루 종일을 굶었다. 왜 그렇게 운 나쁜 날만 자주 계속되곤 했는지. 지금 생각해도 진저리가 쳐질 지경이다.
　다음해에도 또 그 다음해에도 우리는 졸업을 하지 못했는데, 어쩌다 마음 좋은 선배라도 만나 하얀 쌀밥에 꽁치 반찬이라도 배불리 얻어 먹은 날에는 연탄도 때지 않은 겨울 냉방에 나란히 누워 손끝 하나 움직이지 않았다.
　"움직이면 에너지가 소비된다구. 오늘 먹은 음식으로 일주일은 버틸 수 있어야 한다구."
　"말을 길게 하지 마. 말하는 데도 에너지는 소비되니까."
　둘이서 귀를 열고 바람 소리만 듣고 있었다.
　당시 나는 화가가 되기를 꿈꾸고 있었는데, 아무리 생각해 보아도 내 꿈은 실현되지 않을 것 같았다. 밤이면 처마 밑에서 풀썩풀썩 눈더미가 떨어져 내리는 소리. 절망도 한 아름씩 가슴에 떨어져 내리곤 했다.
　詩人 최돈선.
　그는 절대로 세상을 원망하거나 운명을 한탄하지는 않았다. 어떤 불행이나 고통 속에서도 오직 슬프고 투명한 詩를 종교처럼 믿으며 살아왔다. 내가 그토록 혐오해 마지않던 배금주의자들, 권위주의자들, 독재자들까지도 그는 결코 개새끼들이라고 욕하는 법이 없었다. 알고 보면 모두가 다 정답고 그리운 존재들이라는 거였다. 아직도 사람이 개새끼로 보이는 것은, 내가 개새끼를 벗어나지 못했기 때문이 아니냐는 거였다. 그의 가슴속에는 언제나 학 한 마리가 하얀 날개를 접고 앉아 전생의 그리운 강물 소리를 듣고 있는 것 같았다.
　우리어머니는 내가 詩人 최돈선이 때문에 졸업을 못했다고 혀를 차시지만, 詩人 최돈선의 어머니는 정반대였다. 불량배 이외수 때문에 詩人 최돈선이 신세를 조졌다는 것이다. 결국 우리는 둘 다 春川敎育大學을 7학년까지 다니다 도중하차해 버렸던 것이다.
　막막했다. 방세와 외상값은 자꾸만 쌓여가고 겨울은 깊었는데, 굶고 사는 것도 한두 해지 이제 더 이상은 견뎌낼 수가 없었다. 나는 화가의 꿈마저 스스로 포기해 버리기에 이르렀다. 그러나 詩人 최돈선은 결코 詩를 포기하지는 않았다. 밤을 새워 원고지와 씨름을 했다. 아침이면 언제나 코피를 흘렸다. 겨우내 연탄 한 장 피워 보지 못한 냉방. 그가 밤을 새워 가꾼 낱말들이 새빨간 꽃잎으로 방바닥에 돋아나는 것을 바라보며, 나는 차라리 그가 먼저 자살해 주기를 빌었다. 그는 내가 알고 있는 이 세상의 모든 詩人들 중에서 가장 아름다운 마음을 가진 詩人이었다. 그가 먼저 자살해 준다면 나도 따라서 자살할 수가 있을 것 같은 느낌이었다.

하지만 그는 결코 자살 따위는 하지 않았다. 날이 갈수록 초연한 모습으로 변해 갔다.

나는 그를 지탱하는 힘이 詩에 있다고 생각했다. 나도 詩를 쓰고 싶다는 강한 충동에 사로잡히곤 했다.

그러나 죽었다 다시 살아나도 詩人 최돈선만큼 詩를 사랑하고, 진실로 詩人답게 살아갈 수는 없다는 생각이 들었다.

"소설 한번 써볼까?"

어느 날 밤 나는 용기를 내어 그에게 말해 보았다. 《강원일보》 신춘문예 마감이 내일로 박두해 있었다.

"그래, 너는 쓸 수 있을 거다."

그가 내게 용기를 주었다. 그래, 너는 쓸 수 있을 거다. 그 말 한 마디가 나를 소설가로 만들었다. 그날 밤 나는 단편소설 하나를 날림공사하듯 급조해 내었고, 그 소설이 《강원일보》 신춘문예에 당선되었다.

지금 생각하면 詩人 최돈선에 의해 나는 새로이 탄생되었던 셈이었다. 그에게서 전수받은 文學精神, 또는 사물에 대한 사랑이 없었더라면 오늘날의 나는 존재할 수 없었을 것임이 분명했다.

"시골에 내려가서 면서기라노 해봐야겠다."

어느 날 그는 나를 남겨두고 春川을 홀연히 떠나 버렸다. 그리고 몇 달 후 공무원 시험에 합격해서 면서기가 되었다는 소문이 들려왔다. 詩人과 면서기는 어떤 차이가 있는 것일까. 내가 그에게서 배운 바에 의하면 아무런 차이도 있을 수 없다. 오직 가슴 안에 詩를 간직하며

사는 사람이라면 그의 직업이 무엇이든 그는 詩人으로 불리어져야 한다. 어느 궂은비 내리는 날 그의 얼굴이 못 견디게 보고 싶어 그가 면서기를 한다는 강원도 인제군 남면 면사무소를 찾아갔더니 출장중이었다. 출장지를 물어물어 찾아가 보니, 그는 우산을 받쳐들고 우울한 모습으로 논두렁을 배회하고 있었다. 논두렁콩을 심으라는 상부 지시에 의해 농부들이 논두렁에다 줄지어 콩을 심어 놨는데, 비둘기들이 모조리 파먹어 버렸다는 거였다.

"실적이 나쁘면 문책을 받아야 하지만 낸들 어떻게 하나. 비둘기도 먹고는 살아야지."

그는 오히려 비둘기를 걱정하고 있는 듯한 어투였다. 그 때문이었을까. 그가 다시 면서기를 그만두었다는 소문이었다. 소식두절, 한동안 우리는 서로 어디서 무얼 하며 살고 있는지 모르고 지냈었다. 그러다 전라남도 완도 어디서 고등학교 선생으로 있다는 소문이 들려왔다. 시험을 봐서 다시 고등학교 선생이 되었다는 것이다. 도깨비 같은 친구. 이제 춥고 배고프지는 않겠구나. 차비라도 생기면 찾아가 보리라 마음먹고 있는데, 그 도깨비가 春川으로 오게 되었다는 소문이 다시 내 가슴을 설레게 했다. 그리고 몇 달 후, 그는 정말로 春川에 돌아와 강원고등학교 국어선생이 되었다.

그는 詩를 전혀 발표하지 않는다. 발표하기 위해 詩를 싸들고 문예지나 출판사 문을 뻔질나게 드나들며 굽신거리지도 않는다. 하지만 그는 언제나 쓰고 있다. 그는 아직도 진정한 詩人, 가슴 속에 천년 그리움의 학 한 마리가 날개를 접고 앉아 있다. 그의 제자들 중에는 이미 고등학교 2학년 때 문예지에 추천을 완료받고 詩人이 되어 버린 동포들까지 있다. 그 동포들은 겸손하고 예의바르며 다정다감하다. 명장 밑에 약졸 없다는 말이 거짓말은 아닌 모양이다.

요즘은 詩人 최돈선의 어머니도 불량배 이외수의 어머니도 당신들의 아들이 신세 조졌다고는 생각지 않으시는 것 같다.

나는 공교롭게도 詩人 최돈선이 근무하는 강원고등학교 바로 앞에다 집을 샀다. 그가 가끔 점심시간에 들러 하얀 쌀밥에 꽁치 반찬이라도 배불리 먹고 가는 날에는 하루 종일 기분이 좋다. 새로 쓴 그의 詩를 읽어본 날에는 세상이 온통 아름다워 보인다.

아무리 축구선수가 詩人보다 존경받는 세상이라지만, 나는 그가 그의 詩를 감추어 두고 사는 것만은 불만이다. 아름답고 눈물겨운 것은 많은 사람들이 나누어 가질수록 좋은 법이다.

독자들이여, 詩人 최돈선을 만나거든 함께 통성명을 하고 술을 마시지는 말라. 그도 취하면 우는 버릇이 있다.

(최돈선 作《외톨박이》발문)

절망의 벼랑에다 꽃을 피워내는
독특한 감성

유익서(小說家)

 이외수, 그는 이제 알려질 만큼 잘 알려진 작가가 되었다.
 《겨울나기》·《장수하늘소》·《들개》 등 그의 일련의 베스트셀러 소설들과 함께, 그의 괴짜의 면모가 독자들에게 널리 잘 알려져 있는 것이다.
 그 때문에 그가 한때 늘 주려 온 배(腹)한테 죄송해하며 지낸 적이 있었다던가, 올림픽이 열리는 4년에 한 번씩 목욕을 한 때가 있었다는 그런 따위 이야기는 이제 하나도 새삼스러울 것이 없다. 그리고 또 머리를 쓰다듬을 때마다 머릿니가 후두두둑 떨어지곤 했다는 일이나, 잠들어 있는 사이 아내에게 수염을 도둑맞고 마치 여의봉을 잃어버린 손오공처럼 펄펄 뛰며 흥분했다는 등의 일화 역시 이미 케케묵은 옛 가락에 지나지 않는 것이다.
 그뿐만 아니라, 또 그와 가까이 지낸 사람들은 술만 취하면 그가 어떤 전설적인 표창의 명수보다 더 멋있게 젓가락을 던질 수 있다고 장담하는 버릇이 있다는 것이나, 유난히 외로움을 잘 타는 그의 성품 또한 잘 알고 있는 것이다.
 그러나 이제 이외수가 달라져 간다는 소문이 하나둘 들려오고 있다.
 그의 타고난 외로움이나 세상을 보는 독특한 파란색 안경은 아직도 변함 없으나, 그는 좀 엉뚱하게도 새로 지은 옷을 입고 다소 세상을

재미있어해하며 사는 사람으로 변모해 가고 있다는 것이다. 그러니까 안은 예전 그대로인데 겉이 사뭇 달라져 가고 있다는 것이다.

많은 독자들의 사랑을 받는 베스트셀러 작가가 된 그의 외형적인 변모는 어쩌면 너무나 당연하고 자연스러운 일인지도 모른다.

그러나 그런 소식을 전해 주는 사람들은 한결같이 교외의 두 칸짜리 초옥에서 시내의 기천만 원짜리 호화주택으로 옮겨앉은 것이라든가, 쌀 걱정 없으면 부자 아니겠느냐던 그가 월수 기백만 원의 고소득자가 되어 생활의 즐거움을 누리는 걸 보며 은근히 걱정하는 눈치들이다. 물론 그의 변모를 전해 주는 사람들의 걱정은 나변(那邊)에 있는 것이 아니다. 이외수를 사랑하는 그들은 그가 세상을 재미있어해하는 사이, 그의 문학이 잠의 궁전에 깊이 빠져들지나 않을까 하고 걱정하고 있는 것이다.

어쩌면 당연한 것인지 모르지만 이외수에 대한 기억은 대개 술과 연관되어져 있다. 우리가 처음 만났던 79년 초겨울, 이틀 낮 이틀 밤을 우리는 술로 시작해 술로 끝냈었다.

그 무렵 '작가(作家)' 동인회 결성 관계로 우리와 뜻을 함께 하기로 한 문우들과 열심히 만나고 다녔던 나는 윤후명과 춘천에 내려갔을 때, 그 동안 전화 통화만 했던 그와 처음으로 직접 대면했던 것이다.

75년 《세대》지 신인문학상 당선작 《훈장》과 함께 섬뜩한 기억으로 남아 있는 그의 당선 소감과, 《꿈꾸는 식물》·《고수》 등 범속을 이탈해 있는 그의 작품의 인상과 함께 꽤나 괴짜라는 소문을 이미 듣고 있었으나, 술집 '장군'에 나타난 그의 모습은 그런 나의 예비 지식을 일시에 무너뜨리고 말았다. 누가 그를 춘천 거지라고 한 것을 후에 읽은 일이 있었지만, 그때 그의 모습은 거지와 조금도 진배 없었던 것이다.

그러나 어쩌랴. 점수를 후하게 주어 지난 2, 30년대 '백조' 시대의 문사를 대하듯하며 술을 마셨고, 세상이 그의 작품을 알아 주지 않는 데 대해 몇 번이나 토해 놓는 독기 서린 불만을 들어 주기도 했었다.

그때 우리는 자정이 가까워 술에 푹 젖어 오정희 씨 집으로 쳐들어

갔고, 나는 일찍 나가떨어지고 말았으나 오정희 씨의 부군과 그들은 그 집에 있는 술을 깡그리 다 찾아 비웠다고 했다.

그리고 이튿날도 술집을 몇 군데나 옮겨다니며 그 술은 또 계속되었는데, 노래를 부르고 장기를 두기도 했으나 다시는 문학에 대한 이야기는 입 밖에 내지 않았었다.

그 만남을 빌미로 우리는 그가 서울에 올 때면 가끔 만나곤 했는데 늘 술과 함께였고, 그의 작품이 그렇듯 그에 관한 기억은 하나 범상한 것이 없다.

이솝 우화에, 최초로 사람을 만든 신(神)이 손이나 얼굴과 마찬가지로 마음을 밖에서 볼 수 있게 만들지 않은 걸 몹시 후회했다는 이야기가 있다. 마음을 볼 수 없으니 사람의 됨됨이를 알지 못해 불편하기 짝이 없다고 뒤늦게 후회했다는 것이다. 하지만 신이 그런 실수를 했기에 망정이지, 그렇지 않고 사람의 마음을 밖에서 다 읽게 해놓았다면 사는 일이며 사랑하는 일들이 얼마나 싱겁고 재미없게 되었을까.

이외수는 그 신의 실수를 생각나게 하는 작가이다. 왜냐하면 그는 신의 실수를 보완이라도 하듯, 사람의 마음 가장 은밀한 곳까지 속속들이 투시하는 신비한 안경을 가졌기 때문이다. 그리고 은종이를 비비듯 신선한 음향을 뿌리는 감성의 문장, 그것으로 그는 그의 안경으로 들여다본 사람들의 마음의 광맥을 열심히 캐내고 있는 것이다.

언젠가 나는 이외수에 대해 그렇게 말한 일이 있었다. 물론 지금도 그 생각은 조금도 달라지지 않았다.

움직이는 것은 모두 안주로 삼아 술을 마시는 《훈장》의 아버지, 벽을 마음대로 넘나들며 영원한 우주에로의 비상을 도모하는 《꿈꾸는 식물》의 작은형, 어른들을 깜찍하게 골탕먹이는 《고수》의 노름꾼 소녀, 그리고 4차원의 세계를 논하고 초인적 능력으로 장수하늘소를 살려내는 《장수하늘소》의 동생, 문명의 자양분을 거부하고 시들어 가는 《들개》의 남녀, 이들 모두가 이외수가 그의 안경에 포착된 광맥에서 캐낸 반짝이는 보석들인 것이다.

어떤 문학평론가는 이외수를 일러 만들어진 작가가 아니라 태어난 작가라고 한 일이 있었다. 즉 천부적인 재능을 타고난 작가라는 말이다.

아무튼 그는 독특한 감성과 재능을 지닌 우리시대의 중요한 작가 중의 한 사람임에 틀림없다.

특히 그는 허무나 절망의 벼랑에다 예쁜 꽃을 한 송이씩 피워내는 독특한 재능을 지니고 있는 작가인 것이다.

아무쪼록 굴레를 싫어하고, 현실 탈출의 꿈을 버리지 못하고, 그리고 호수와 안개와 음악이 좋아 춘천에 산다는 그가 작년이나 재작년이나, 그 지난해와 변함이 없는 작가 이외수이기를…….

내 잠 속에 비 내리는데

재판6쇄 : 2003년 9월 20일

지은이 : 李外秀
펴낸이 : 辛成大
펴낸곳 : 東文選

제10-64호, 78. 12. 26 등록
서울 종로구 관훈동 74번지
전화 : 737-2795
팩스 : 723-4518

ⓒ 1988, 李外秀, Printed in Seoul, Korea

ISBN 89-8038-703-2　03810

【東文選 現代新書】

1 21세기를 위한 새로운 엘리트	FORESEEN 연구소 / 김경현	7,000원
2 의지, 의무, 자유 — 주제별 논술	L. 밀러 / 이대희	6,000원
3 사유의 패배	A. 핑켈크로트 / 주태환	7,000원
4 문학이론	J. 컬러 / 이은경·임옥희	7,000원
5 불교란 무엇인가	D. 키언 / 고길환	6,000원
6 유대교란 무엇인가	N. 솔로몬 / 최창모	6,000원
7 20세기 프랑스철학	E. 매슈스 / 김종갑	8,000원
8 강의에 대한 강의	P. 부르디외 / 현택수	6,000원
9 텔레비전에 대하여	P. 부르디외 / 현택수	7,000원
10 고고학이란 무엇인가	P. 반 / 박범수	8,000원
11 우리는 무엇을 아는가	T. 나겔 / 오영미	5,000원
12 에쁘롱 — 니체의 문체들	J. 데리다 / 김다은	7,000원
13 히스테리 사례분석	S. 프로이트 / 태혜숙	7,000원
14 사랑의 지혜	A. 핑켈크로트 / 권유현	6,000원
15 일반미학	R. 카이유와 / 이경자	6,000원
16 본다는 것의 의미	J. 버거 / 박범수	10,000원
17 일본영화사	M. 테시에 / 최은미	7,000원
18 청소년을 위한 철학교실	A. 자카르 / 장혜영	7,000원
19 미술사학 입문	M. 포인턴 / 박범수	8,000원
20 클래식	M. 비어드·J. 헨더슨 / 박범수	6,000원
21 정치란 무엇인가	K. 미노그 / 이정철	6,000원
22 이미지의 폭력	O. 몽젱 / 이은민	8,000원
23 청소년을 위한 경제학교실	J. C. 드루엥 / 조은미	6,000원
24 순진함의 유혹 [메디시스賞 수상작]	P. 브뤼크네르 / 김웅권	9,000원
25 청소년을 위한 이야기 경제학	A. 푸르상 / 이은민	8,000원
26 부르디외 사회학 입문	P. 보네위츠 / 문경자	7,000원
27 돈은 하늘에서 떨어지지 않는다	K. 아른트 / 유영미	6,000원
28 상상력의 세계사	R. 보이아 / 김웅권	9,000원
29 지식을 교환하는 새로운 기술	A. 벵토릴라 外 / 김혜경	6,000원
30 니체 읽기	R. 비어즈워스 / 김웅권	6,000원
31 노동, 교환, 기술 — 주제별 논술	B. 데코사 / 신은영	6,000원
32 미국만들기	R. 로티 / 임옥희	10,000원
33 연극의 이해	A. 쿠프리 / 장혜영	8,000원
34 라틴문학의 이해	J. 가야르 / 김교신	8,000원
35 여성적 가치의 선택	FORESEEN연구소 / 문신원	7,000원
36 동양과 서양 사이	L. 이리가라이 / 이은민	7,000원
37 영화와 문학	R. 리처드슨 / 이형식	8,000원
38 분류하기의 유혹 — 생각하기와 조직하기	G. 비뇨 / 임기대	7,000원
39 사실주의 문학의 이해	G. 라루 / 조성애	8,000원
40 윤리학 — 악에 대한 의식에 관하여	A. 바디우 / 이종영	7,000원
41 흙과 재 [소설]	A. 라히미 / 김주경	6,000원

42	진보의 미래	D. 르쿠르 / 김영선	6,000원
43	중세에 살기	J. 르 고프 外 / 최애리	8,000원
44	쾌락의 횡포·상	J. C. 기유보 / 김응권	10,000원
45	쾌락의 횡포·하	J. C. 기유보 / 김응권	10,000원
46	운디네와 지식의 불	B. 데스파냐 / 김응권	8,000원
47	이성의 한가운데에서 — 이성과 신앙	A. 퀴노 / 최은영	6,000원
48	도덕적 명령	FORESEEN 연구소 / 우강택	6,000원
49	망각의 형태	M. 오제 / 김수경	6,000원
50	느리게 산다는 것의 의미·1	P. 쌍소 / 김주경	7,000원
51	나만의 자유를 찾아서	C. 토마스 / 문신원	6,000원
52	음악적 삶의 의미	M. 존스 / 송인영	근간
53	나의 철학 유언	J. 기통 / 권유현	8,000원
54	타르튀프 / 서민귀족 (희곡)	몰리에르 / 덕성여대극예술비교연구회	8,000원
55	판타지 공장	A. 플라워즈 / 박범수	10,000원
56	홍수·상 (완역판)	J. M. G. 르 클레지오 / 신미경	8,000원
57	홍수·하 (완역판)	J. M. G. 르 클레지오 / 신미경	8,000원
58	일신교 — 성경과 철학자들	E. 오르티그 / 전광호	6,000원
59	프랑스 시의 이해	A. 바이양 / 김다은·이혜지	8,000원
60	종교철학	J. P. 힉 / 김희수	10,000원
61	고요함의 폭력	V. 포레스테 / 박은영	8,000원
62	고대 그리스의 시민	C. 모세 / 김덕희	7,000원
63	미학개론 — 예술철학입문	A. 셰퍼드 / 유호전	10,000원
64	논증 — 담화에서 사고까지	G. 비뇨 / 임기대	6,000원
65	역사 — 성찰된 시간	F. 도스 / 김미겸	7,000원
66	비교문학개요	F. 클로동·K. 아다-보트링 / 김정란	8,000원
67	남성지배	P. 부르디외 / 김용숙 개정판	10,000원
68	호모사피엔스에서 인터렉티브인간으로	FORESEEN 연구소 / 공나리	8,000원
69	상투어 — 언어·담론·사회	R. 아모시·A. H. 피에로 / 조성애	9,000원
70	우주론이란 무엇인가	P. 코올즈 / 송형석	근간
71	푸코 읽기	P. 빌루에 / 나길래	8,000원
72	문학논술	J. 파프·D. 로쉬 / 권종분	8,000원
73	한국전통예술개론	沈雨晟	10,000원
74	시학 — 문학 형식 일반론 입문	D. 퐁텐 / 이용주	8,000원
75	진리의 길	A. 보다르 / 김승철·최정아	9,000원
76	동물성 — 인간의 위상에 관하여	D. 르스텔 / 김승철	6,000원
77	랑가쥬 이론 서설	L. 옐름슬레우 / 김용숙·김혜련	10,000원
78	잔혹성의 미학	F. 토넬리 / 박형섭	9,000원
79	문학 텍스트의 정신분석	M. J. 벨멩-노엘 / 심재중·최애영	9,000원
80	무관심의 절정	J. 보드리야르 / 이은민	8,000원
81	영원한 황홀	P. 브뤼크네르 / 김응권	9,000원
82	노동의 종말에 반하여	D. 슈나페르 / 김교신	6,000원
83	프랑스영화사	J. -P. 장콜라 / 김혜련	8,000원

84	조와(弔蛙)	金教臣 / 노치준·민혜숙	8,000원
85	역사적 관점에서 본 시네마	J. -L. 뢰트라 / 곽노경	8,000원
86	욕망에 대하여	M. 슈벨 / 서민원	8,000원
87	산다는 것의 의미 · 1 — 여분의 행복	P. 쌍소 / 김주경	7,000원
88	철학 연습	M. 아롱델-로오 / 최은영	8,000원
89	삶의 기쁨들	D. 노게 / 이은민	6,000원
90	이탈리아영화사	L. 스키파노 / 이주현	8,000원
91	한국문화론	趙興胤	10,000원
92	현대연극미학	M. -A. 샤르보니에 / 홍지화	8,000원
93	느리게 산다는 것의 의미 · 2	P. 쌍소 / 김주경	7,000원
94	진정한 모럴은 모럴을 비웃는다	A. 에슈고엔 / 김웅권	8,000원
95	한국종교문화론	趙興胤	10,000원
96	근원적 열정	L. 이리가라이 / 박정오	9,000원
97	라캉, 주체 개념의 형성	B. 오질비 / 김 석	9,000원
98	미국식 사회 모델	J. 바이스 / 김종명	7,000원
99	소쉬르와 언어과학	P. 가데 / 김용숙·임정혜	10,000원
100	철학적 기본 개념	R. 페르버 / 조국현	8,000원
101	철학자들의 동물원	A. L. 브라-쇼파르 / 문신원	근간
102	글렌 굴드, 피아노 솔로	M. 슈나이더 / 이창실	7,000원
103	문학비평에서의 실험	C. S. 루이스 / 허 종	8,000원
104	코뿔소 〔희곡〕	E. 이오네스코 / 박형섭	8,000원
105	지각 — 감각에 관하여	R. 바르바라 / 공정아	7,000원
106	철학이란 무엇인가	E. 크레이그 / 최생열	8,000원
107	경제, 거대한 사탄인가?	P. -N. 지로 / 김교신	7,000원
108	딸에게 들려 주는 작은 철학	R. 시몬 셰퍼 / 안상원	7,000원
109	도덕에 관한 에세이	C. 로슈·J. -J. 바레르 / 고수현	6,000원
110	프랑스 고전비극	B. 클레망 / 송민숙	8,000원
111	고전수사학	G. 위딩 / 박성철	10,000원
112	유토피아	T. 파코 / 조성애	7,000원
113	쥐비알	A. 자르댕 / 김남주	7,000원
114	증오의 모호한 대상	J. 아순 / 김승철	8,000원
115	개인 — 주체철학에 대한 고찰	A. 르노 / 장정아	7,000원
116	이슬람이란 무엇인가	M. 루스벤 / 최생열	8,000원
117	테러리즘의 정신	J. 보드리야르 / 배영달	8,000원
118	역사란 무엇인가	존 H. 아널드 / 최생열	8,000원
119	느리게 산다는 것의 의미 · 3	P 쌍소 / 김주경	7,000원
120	문학과 정치 사상	P. 페티티에 / 이종민	8,000원
121	가장 아름다운 하나님 이야기	A. 보테르 外 / 주태환	8,000원
122	시민 교육	P. 카니베즈 / 박주원	9,000원
123	스페인영화사	J.- C. 스갱 / 정동섭	8,000원
124	인터넷상에서 — 행동하는 지성	H. L. 드레퓌스 / 정혜욱	9,000원
125	내 몸의 신비 — 세상에서 가장 큰 기적	A. 지오르당 / 이규식	7,000원

126	세 가지 생태학	F. 가타리 / 윤수종	8,000원
127	모리스 블랑쇼에 대하여	E. 레비나스 / 박규현	9,000원
128	위뷔 왕 [희곡]	A. 자리 / 박형섭	8,000원
129	번영의 비참	P. 브뤼크네르 / 이창실	8,000원
130	무사도란 무엇인가	新渡戶稻造 / 沈雨晟	7,000원
131	천 개의 집 [소설]	A. 라히미 / 김주경	근간
132	문학은 무슨 소용이 있는가?	D. 살나브 / 김교신	7,000원
133	종교에 대하여―행동하는 지성	존 D. 카푸토 / 최생열	9,000원
134	노동사회학	M. 스트루방 / 박주원	8,000원
135	맞불 · 2	P. 부르디외 / 김교신	10,000원
136	믿음에 대하여―행동하는 지성	S. 지제크 / 최생열	9,000원
137	법, 정의, 국가	A. 기그 / 민혜숙	8,000원
138	인식, 상상력, 예술	E. 아카마츄 / 최돈호	근간
139	위기의 대학	ARESER / 김교신	10,000원
140	카오스모제	F. 가타리 / 윤수종	10,000원
141	코란이란 무엇인가	M. 쿡 / 이강훈	근간
142	신학이란 무엇인가	D. F. 포드 / 노치준 · 강혜원	근간
143	누보 로망, 누보 시네마	C. 뮈르시아 / 이창실	8,000원
144	지능이란 무엇인가	I. J. 디어리 / 송형석	근간
145	중세의 기사들	E. 부라생 / 임호경	근간
146	철학에 입문하기	Y. 카탱 / 박선주	8,000원
147	지옥의 힘	J. 보드리야르 / 배영달	8,000원
148	철학 기초 강의	F. 로피 / 공나리	8,000원
149	시네마토그래프에 대한 단상	R. 브레송 / 오일환 · 김경온	9,000원
150	성서란 무엇인가	J. 리치스 / 최생열	근간
151	프랑스 문학사회학	신미경	8,000원
152	잡사와 문학	F. 에브라르 / 최정아	근간
153	세계의 폭력	J. 보드리야르 · E. 모랭 / 배영달	근간
154	잠수복과 나비	J. -D. 보비 / 양영란	6,000원
155	고전 할리우드 영화	자클린 나가쉬 / 최은영	근간
156	마지막 말, 마지막 미소	B. 드 카스텔바자크 / 김승철 · 장정아	근간
1001	《제7의 봉인》 비평연구	E. 그랑조르주 / 이은민	근간
1002	《쥘과 짐》 비평연구	C. 르 베르 / 이은민	근간
1003	《시민 케인》	L. 멀비 / 이형식	근간
1004	《새》	C. 파질리아 / 이형식	근간

【東文選 文藝新書】

1	저주받은 詩人들	A. 뻬이르 / 최수철 · 김종호	개정근간
2	민속문화론서설	沈雨晟	40,000원
3	인형극의 기술	A. 훼도토프 / 沈雨晟	8,000원
4	전위연극론	J. 로스 에반스 / 沈雨晟	12,000원
5	남사당패연구	沈雨晟	19,000원

6	현대영미희곡선(전4권)	N. 코워드 外 / 李辰洙	절판
7	행위예술	L. 골드버그 / 沈雨晟	18,000원
8	문예미학	蔡 儀 / 姜慶鎬	절판
9	神의 起源	何 新 / 洪 熹	16,000원
10	중국예술정신	徐復觀 / 權德周 外	24,000원
11	中國古代書史	錢存訓 / 金允子	14,000원
12	이미지 — 시각과 미디어	J. 버거 / 편집부	12,000원
13	연극의 역사	P. 하트놀 / 沈雨晟	12,000원
14	詩 論	朱光潛 / 鄭相泓	22,000원
15	탄트라	A. 무케르지 / 金龜山	16,000원
16	조선민족무용기본	최승희	15,000원
17	몽고문화사	D. 마이달 / 金龜山	8,000원
18	신화 미술 제사	張光直 / 李 徹	10,000원
19	아시아 무용의 인류학	宮尾慈良 / 沈雨晟	20,000원
20	아시아 민족음악순례	藤井知昭 / 沈雨晟	5,000원
21	華夏美學	李澤厚 / 權 瑚	15,000원
22	道	張立文 / 權 瑚	18,000원
23	朝鮮의 占卜과 豫言	村山智順 / 金禧慶	15,000원
24	원시미술	L. 아담 / 金仁煥	16,000원
25	朝鮮民俗誌	秋葉隆 / 沈雨晟	12,000원
26	神話의 이미지	J. 캠벨 / 扈承喜	근간
27	原始佛敎	中村元 / 鄭泰爀	8,000원
28	朝鮮女俗考	李能和 / 金尙憶	24,000원
29	朝鮮解語花史(조선기생사)	李能和 / 李在崑	25,000원
30	조선창극사	鄭魯湜	17,000원
31	동양회화미학	崔炳植	18,000원
32	性과 결혼의 민족학	和田正平 / 沈雨晟	9,000원
33	農漁俗談辭典	宋在璇	12,000원
34	朝鮮의 鬼神	村山智順 / 金禧慶	12,000원
35	道敎와 中國文化	葛兆光 / 沈揆昊	15,000원
36	禪宗과 中國文化	葛兆光 / 鄭相泓·任炳權	8,000원
37	오페라의 역사	L. 오레이 / 류연희	18,000원
38	인도종교미술	A. 무케르지 / 崔炳植	14,000원
39	힌두교의 그림언어	안넬리제 外 / 全在星	9,000원
40	중국고대사회	許進雄 / 洪 熹	30,000원
41	중국문화개론	李宗桂 / 李宰碩	23,000원
42	龍鳳文化源流	王大有 / 林東錫	25,000원
43	甲骨學通論	王宇信 / 李宰碩	근간
44	朝鮮巫俗考	李能和 / 李在崑	20,000원
45	미술과 페미니즘	N. 부루드 外 / 扈承喜	9,000원
46	아프리카미술	P. 윌레뜨 / 崔炳植	절판
47	美의 歷程	李澤厚 / 尹壽榮	28,000원

48	曼茶羅의 神들	立川武藏 / 金龜山	19,000원
49	朝鮮歲時記	洪錫謨 外/李錫浩	30,000원
50	하 상	蘇曉康 外 / 洪 熹	절판
51	武藝圖譜通志 實技解題	正 祖 / 沈雨晟・金光錫	15,000원
52	古文字學첫걸음	李學勤 / 河永三	14,000원
53	體育美學	胡小明 / 閔永淑	10,000원
54	아시아 美術의 再發見	崔炳植	9,000원
55	曆과 占의 科學	永田久 / 沈雨晟	8,000원
56	中國小學史	胡奇光 / 李宰碩	20,000원
57	中國甲骨學史	吳浩坤 外 / 梁東淑	35,000원
58	꿈의 철학	劉文英 / 河永三	22,000원
59	女神들의 인도	立川武藏 / 金龜山	19,000원
60	性의 역사	J. L. 플랑드렝 / 편집부	18,000원
61	쉬르섹슈얼리티	W. 챠드윅 / 편집부	10,000원
62	여성속담사전	宋在璇	18,000원
63	박재서희곡선	朴栽緒	10,000원
64	東北民族源流	孫進己 / 林東錫	13,000원
65	朝鮮巫俗의 硏究(상・하)	赤松智城・秋葉隆 / 沈雨晟	28,000원
66	中國文學 속의 孤獨感	斯波六郎 / 尹壽榮	8,000원
67	한국사회주의 연극운동사	李康列	8,000원
68	스포츠인류학	K. 블랑챠드 外 / 박기동 外	12,000원
69	리조복식도감	리팔찬	20,000원
70	娼 婦	A. 꼬르벵 / 李宗旼	22,000원
71	조선민요연구	高晶玉	30,000원
72	楚文化史	張正明 / 南宗鎭	26,000원
73	시간, 욕망, 그리고 공포	A. 코르뱅 / 변기찬	18,000원
74	本國劍	金光錫	40,000원
75	노트와 반노트	E. 이오네스코 / 박형섭	20,000원
76	朝鮮美術史硏究	尹喜淳	7,000원
77	拳法要訣	金光錫	30,000원
78	艸衣選集	艸衣意恂 / 林鍾旭	20,000원
79	漢語音韻學講義	董少文 / 林東錫	10,000원
80	이오네스코 연극미학	C. 위베르 / 박형섭	9,000원
81	중국문자훈고학사전	全廣鎭 편역	23,000원
82	상말속담사전	宋在璇	10,000원
83	書法論叢	沈尹默 / 郭魯鳳	8,000원
84	침실의 문화사	P. 디비 / 편집부	9,000원
85	禮의 精神	柳 肅 / 洪 熹	20,000원
86	조선공예개관	沈雨晟 편역	30,000원
87	性愛의 社會史	J. 솔레 / 李宗旼	18,000원
88	러시아미술사	A. I. 조토프 / 이건수	22,000원
89	中國書藝論文選	郭魯鳳 選譯	25,000원

90 朝鮮美術史	關野貞 / 沈雨晟	근간
91 美術版 탄트라	P. 로슨 / 편집부	8,000원
92 군달리니	A. 무케르지 / 편집부	9,000원
93 카마수트라	바짜야나 / 鄭泰爀	18,000원
94 중국언어학총론	J. 노먼 / 全廣鎭	28,000원
95 運氣學說	任應秋 / 李宰碩	15,000원
96 동물속담사전	宋在璇	20,000원
97 자본주의의 아비투스	P. 부르디외 / 최종철	10,000원
98 宗敎學入門	F. 막스 뮐러 / 金龜山	10,000원
99 변 화	P. 바츨라빅크 外 / 박인철	10,000원
100 우리나라 민속놀이	沈雨晟	15,000원
101 歌訣(중국역대명언경구집)	李宰碩 편역	20,000원
102 아니마와 아니무스	A. 융 / 박해순	8,000원
103 나, 너, 우리	L. 이리가라이 / 박정오	12,000원
104 베케트연극론	M. 푸크레 / 박형섭	8,000원
105 포르노그래피	A. 드워킨 / 유혜련	12,000원
106 셸 링	M. 하이데거 / 최상욱	12,000원
107 프랑수아 비용	宋 勉	18,000원
108 중국서예 80제	郭魯鳳 편역	16,000원
109 性과 미디어	W. B. 키 / 박해순	12,000원
110 中國正史朝鮮列國傳(전2권)	金聲九 편역	120,000원
111 질병의 기원	T. 매큐언 / 서 일·박종연	12,000원
112 과학과 젠더	E. F. 켈러 / 민경숙·이현주	10,000원
113 물질문명·경제·자본주의	F. 브로델 / 이문숙 外	절판
114 이탈리아인 태고의 지혜	G. 비코 / 李源斗	8,000원
115 中國武俠史	陳 山 / 姜鳳求	18,000원
116 공포의 권력	J. 크리스테바 / 서민원	23,000원
117 주색잡기속담사전	宋在璇	15,000원
118 죽음 앞에 선 인간(상·하)	P. 아리에스 / 劉仙子	각권 8,000원
119 철학에 대하여	L. 알튀세르 / 서관모·백승욱	12,000원
120 다른 곳	J. 데리다 / 김다은·이혜지	10,000원
121 문학비평방법론	D. 베르제 外 / 민혜숙	12,000원
122 자기의 테크놀로지	M. 푸코 / 이희원	16,000원
123 새로운 학문	G. 비코 / 李源斗	22,000원
124 천재와 광기	P. 브르노 / 김웅권	13,000원
125 중국은사문화	馬 華·陳正宏 / 강경범·천현경	12,000원
126 푸코와 페미니즘	C. 라마자노글루 外 / 최 영 外	16,000원
127 역사주의	P. 해밀턴 / 임옥희	12,000원
128 中國書藝美學	宋 民 / 郭魯鳳	16,000원
129 죽음의 역사	P. 아리에스 / 이종민	18,000원
130 돈속담사전	宋在璇 편	15,000원
131 동양극장과 연극인들	김영무	15,000원

132	生育神과 性巫術	宋兆麟 / 洪熹	20,000원
133	미학의 핵심	M. M. 이턴 / 유호전	20,000원
134	전사와 농민	J. 뒤비 / 최생열	18,000원
135	여성의 상태	N. 에니크 / 서민원	22,000원
136	중세의 지식인들	J. 르 고프 / 최애리	18,000원
137	구조주의의 역사(전4권)	F. 도스 / 김웅권 外 Ⅰ·Ⅱ·Ⅳ 15,000원 / Ⅲ	18,000원
138	글쓰기의 문제해결전략	L. 플라워 / 원진숙·황정현	20,000원
139	음식속담사전	宋在璇 편	16,000원
140	고전수필개론	權 瑚	16,000원
141	예술의 규칙	P. 부르디외 / 하태환	23,000원
142	"사회를 보호해야 한다"	M. 푸코 / 박정자	20,000원
143	페미니즘사전	L. 터틀 / 호승희·유혜련	26,000원
144	여성심벌사전	B. G. 워커 / 정소영	근간
145	모데르니테 모데르니테	H. 메쇼닉 / 김다은	20,000원
146	눈물의 역사	A. 벵상뷔포 / 이자경	18,000원
147	모더니티입문	H. 르페브르 / 이종민	24,000원
148	재생산	P. 부르디외 / 이상호	18,000원
149	종교철학의 핵심	W. J. 웨인라이트 / 김희수	18,000원
150	기호와 몽상	A. 시몽 / 박형섭	22,000원
151	융분석비평사전	A. 새뮤얼 外 / 민혜숙	16,000원
152	운보 김기창 예술론연구	최병식	14,000원
153	시적 언어의 혁명	J. 크리스테바 / 김인환	20,000원
154	예술의 위기	Y. 미쇼 / 하태환	15,000원
155	프랑스사회사	G. 뒤프 / 박 단	16,000원
156	중국문예심리학사	劉偉林 / 沈揆昊	30,000원
157	무지카 프라티카	M. 캐넌 / 김혜중	25,000원
158	불교산책	鄭泰爀	20,000원
159	인간과 죽음	E. 모랭 / 김명숙	23,000원
160	地中海(전5권)	F. 브로델 / 李宗旼	근간
161	漢語文字學史	黃德實·陳秉新 / 河永三	24,000원
162	글쓰기와 차이	J. 데리다 / 남수인	28,000원
163	朝鮮神事誌	李能和 / 李在崑	근간
164	영국제국주의	S. C. 스미스 / 이태숙·김종원	16,000원
165	영화서술학	A. 고드로·F. 조스트 / 송지연	17,000원
166	美學辭典	사사키 겡이치 / 민주식	22,000원
167	하나이지 않은 성	L. 이리가라이 / 이은민	18,000원
168	中國歷代書論	郭魯鳳 譯註	25,000원
169	요가수트라	鄭泰爀	15,000원
170	비정상인들	M. 푸코 / 박정자	25,000원
171	미친 진실	J. 크리스테바 外 / 서민원	25,000원
172	디스탱숑(상·하)	P. 부르디외 / 이종민	근간
173	세계의 비참(전3권)	P. 부르디외 外 / 김주경	각권 26,000원

174	수묵의 사상과 역사	崔炳植	근간
175	파스칼적 명상	P. 부르디외 / 김웅권	22,000원
176	지방의 계몽주의	D. 로슈 / 주명철	30,000원
177	이혼의 역사	R. 필립스 / 박범수	25,000원
178	사랑의 단상	R. 바르트 / 김희영	근간
179	中國書藝理論體系	熊秉明 / 郭魯鳳	23,000원
180	미술시장과 경영	崔炳植	16,000원
181	카프카 ― 소수적인 문학을 위하여	G. 들뢰즈·F. 가타리 / 이진경	13,000원
182	이미지의 힘 ― 영상과 섹슈얼리티	A. 쿤 / 이형식	13,000원
183	공간의 시학	G. 바슐라르 / 곽광수	23,000원
184	랑데부 ― 이미지와의 만남	J. 버거 / 임옥희·이은경	18,000원
185	푸코와 문학 ― 글쓰기의 계보학을 향하여	S. 듀링 / 오경심·홍유미	근간
186	각색, 연극에서 영화로	A. 엘보 / 이선형	16,000원
187	폭력과 여성들	C. 도펭 外 / 이은민	18,000원
188	하드 바디 ― 할리우드 영화에 나타난 남성성	S. 제퍼드 / 이형식	18,000원
189	영화의 환상성	J.-L. 뢰트라 / 김경온·오일환	18,000원
190	번역과 제국	D. 로빈슨 / 정혜욱	16,000원
191	그라마톨로지에 대하여	J. 데리다 / 김웅권	근간
192	보건 유토피아	R. 브로만 外 / 서민원	근간
193	현대의 신화	R. 바르트 / 이화여대기호학연구소	20,000원
194	중국회화백문백답	郭魯鳳	근간
195	고서화감정개론	徐邦達 / 郭魯鳳	근간
196	상상의 박물관	A. 말로 / 김웅권	근간
197	부빈의 일요일	J. 뒤비 / 최생열	22,000원
198	아인슈타인의 최대 실수	D. 골드스미스 / 박범수	16,000원
199	유인원, 사이보그, 그리고 여자	D. 해러웨이 / 민경숙	25,000원
200	공동생활 속의 개인주의	F. 드 생글리 / 최은영	20,000원
201	기식자	M. 세르 / 김웅권	24,000원
202	연극미학 ― 플라톤에서 브레히트까지의 텍스트들	J. 셰레 外 / 홍지화	24,000원
203	철학자들의 신	W. 바이셰델 / 최상욱	34,000원
204	고대 세계의 정치	모제스 I. 핀레이 / 최생열	16,000원
205	프란츠 카프카의 고독	M. 로베르 / 이창실	18,000원
206	문화 학습 ― 실천적 입문서	J. 자일스·T. 미들턴 / 장성희	24,000원
207	호모 아카데미쿠스	P. 부르디외 / 임기대	근간
208	朝鮮槍棒教程	金光錫	40,000원
209	사유의 순산	P. M. 코헨 / 최하영	16,000원
210	밀교의 세계	鄭泰爀	16,000원
211	토탈 스크린	J. 보드리야르 / 배영달	19,000원
212	영화와 문학의 서술학	F. 바누아 / 송지연	근간
213	텍스트의 즐거움	R. 바르트 / 김희영	15,000원
214	영화의 직업들	B. 라트롱슈 / 김경온·오일환	16,000원
215	소설과 신화	이용주	15,000원

216	문화와 계급 — 부르디외와 한국 사회	홍성민 外	18,000원
217	작은 사건들	R. 바르트 / 김주경	14,000원
218	연극분석입문	J.-P. 랭가르 / 박형섭	18,000원
219	푸코	G. 들뢰즈 / 허 경	17,000원
220	우리나라 도자기와 가마터	宋在璇	30,000원
221	보이는 것과 보이지 않는 것	M. 퐁티 / 남수인·최의영	근간
222	메두사의 웃음/출구	H. 식수 / 박혜영	근간
223	담화 속의 논증	R. 아모시 / 장인봉	20,000원
224	포켓의 형태	J. 버거 / 이영주	근간
225	이미지심벌사전	A. 드 브리스 / 이원두	근간
226	이데올로기	D. 호크스 / 고길환	16,000원
227	영화의 이론	B. 발라즈 / 이형식	20,000원
228	건축과 철학	J. 보드리야르·J. 누벨 / 배영달	16,000원
229	폴 리쾨르 — 삶의 의미들	F. 도스 / 이봉지 外	근간
230	서양철학사	A. 케니 / 이영주	근간
231	근대성과 육체의 정치학	D. 르 브르통 / 홍성민	20,000원
232	허난설헌	金成南	16,000원
233	인터넷 철학	G. 그레이엄 / 이영주	15,000원
234	촛불의 미학	G. 바슐라르 / 이가림	근간
235	의학적 추론	A. 시쿠렐 / 서민원	근간
236	튜링 — 인공지능 창시자	J. 라세구 / 임기대	근간
237	이성의 역사	F. 샤틀레 / 심세광	근간
238	조선연극사	金在喆	22,000원
239	미학이란 무엇인가	M. 지므네즈 / 김웅권	23,000원
240	古文字類編	高 明	40,000원
241	부르디외 사회학 이론	L. 핀토 / 김용숙·김은희	근간
242	문학은 무슨 생각을 하는가?	P. 마슈레 / 서민원	근간
243	행복해지기 위해 무엇을 배워야 하는가?	A. 우지오 外 / 김교신	근간
244	영화와 회화	P. 보니체 / 홍지화	근간
245	영화 학습 — 실천적 지표들	F. 바누아 外 / 문신원	16,000원
246	회화 학습 — 실천적 지표들	F. 기블레 / 고수현	근간
247	영화미학	J. 오몽 外 / 이용주	근간
248	시 — 형식과 기능	J.-L. 주베르 / 김경온	근간
249	우리나라 옹기	宋在璇	근간
1001	베토벤: 전원교향곡	D. W. 존스 / 김지순	15,000원
1002	모차르트: 하이든 현악 4중주곡	J. 어빙 / 김지순	14,000원

【기 타】

▨ 모드의 체계	R. 바르트 / 이화여대기호학연구소	18,000원
▨ 라신에 관하여	R. 바르트 / 남수인	10,000원
▨ 說 苑 (上·下)	林東錫 譯註	각권 30,000원
▨ 晏子春秋	林東錫 譯註	30,000원

▨ 西京雜記	林東錫 譯註	20,000원
▨ 搜神記 (上·下)	林東錫 譯註	각권 30,000원
■ 경제적 공포(메디치賞 수상작)	V. 포레스테 / 김주경	7,000원
■ 古陶文字徵	高 明·葛英會	20,000원
■ 金文編	容 庚	36,000원
■ 고독하지 않은 홀로되기	P. 들레름·M. 들레름 / 박정오	8,000원
■ 그리하여 어느날 사랑이여	이외수 편	4,000원
■ 딸에게 들려 주는 작은 지혜	N. 레흐레이트너 / 양영란	6,500원
■ 노력을 대신하는 것은 없다	R. 쉬이 / 유혜련	5,000원
■ 노블레스 오블리주	현택수 사회비평집	7,500원
■ 미래를 원한다	J. D. 로스네 / 문 선·김덕희	8,500원
■ 사랑의 존재	한용운	3,000원
■ 산이 높으면 마땅히 우러러볼 일이다	유 향 / 임동석	5,000원
■ 서기 1000년과 서기 2000년 그 두려움의 흔적들	J. 뒤비 / 양영란	8,000원
■ 서비스는 유행을 타지 않는다	B. 바게트 / 정소영	5,000원
■ 선종이야기	홍 회 편저	8,000원
■ 섬으로 흐르는 역사	김영희	10,000원
■ 세계사상	창간호~3호: 각권 10,000원 / 4호: 14,000원	
■ 십이속상도안집	편집부	8,000원
■ 어린이 수묵화의 첫걸음(전6권)	趙 陽 / 편집부	각권 5,000원
■ 오늘 다 못다한 말은	이외수 편	7,000원
■ 오블라디 오블라다, 인생은 브래지어 위를 흐른다	무라카미 하루키 / 김난주	7,000원
■ 인생은 앞유리를 통해서 보라	B. 바게트 / 박해순	5,000원
■ 잠수복과 나비	J. D. 보비 / 양영란	6,000원
■ 천연기념물이 된 바보	최병식	7,800원
■ 原本 武藝圖譜通志	正祖 命撰	60,000원
■ 隸字編	洪鈞陶	40,000원
■ 테오의 여행 (전5권)	C. 클레망 / 양영란	각권 6,000원
■ 한글 설원 (상·중·하)	임동석 옮김	각권 7,000원
■ 한글 안자춘추	임동석 옮김	8,000원
■ 한글 수신기 (상·하)	임동석 옮김	각권 8,000원

【이외수 작품집】

■ 겨울나기	창작소설	7,000원
■ 그대에게 던지는 사랑의 그물	에세이	7,000원
■ 그리움도 화석이 된다	시회집	6,000원
■ 꿈꾸는 식물	장편소설	7,000원
■ 내 잠 속에 비 내리는데	에세이	7,000원
■ 들 개	장편소설	7,000원
■ 말더듬이의 겨울수첩	에스프리모음집	7,000원
■ 벽오금학도	장편소설	7,000원
■ 장수하늘소	창작소설	7,000원

■ 칼　　　　　　　　　　장편소설　　　　　　　　7,000원
■ 풀꽃 술잔 나비　　　　서정시집　　　　　　　　4,000원
■ 황금비늘 (1·2)　　　　장편소설　　　　　　각권 7,000원

　　　【조병화 작품집】
■ 공존의 이유　　　　　　제11시집　　　　　　　5,000원
■ 그리운 사람이 있다는 것은　제45시집　　　　　　5,000원
■ 길　　　　　　　　　　애송시모음집　　　　　10,000원
■ 개구리의 명상　　　　　제40시집　　　　　　　3,000원
■ 꿈　　　　　　　　　　고희기념자선시집　　　10,000원
■ 따뜻한 슬픔　　　　　　제49시집　　　　　　　5,000원
■ 버리고 싶은 유산　　　　제 1시집　　　　　　　3,000원
■ 사랑의 노숙　　　　　　애송시집　　　　　　　4,000원
■ 사랑의 여백　　　　　　애송시화집　　　　　　5,000원
■ 사랑이 가기 전에　　　　제 5시집　　　　　　　4,000원
■ 남은 세월의 이삭　　　　제 52시집　　　　　　6,000원
■ 시와 그림　　　　　　　애장본시화집　　　　　30,000원
■ 아내의 방　　　　　　　제44시집　　　　　　　4,000원
■ 잠 잃은 밤에　　　　　　제39시집　　　　　　　3,400원
■ 패각의 침실　　　　　　제 3시집　　　　　　　3,000원
■ 하루만의 위안　　　　　제 2시집　　　　　　　3,000원

東文選 現代新書 51

나만의 자유를 찾아서

샹탈 토마스

문신원 옮김

사랑의 기술과 내일을 생각지 않고 살아가는 기술을 연구하던 그 긴 세월 동안 내가 할 수 있었던 유일한 것은 여행이었다. 여행할 곳이 너무 광대해서 한평생이라는 시간도 모자랄지 모르는 활동. 권태의 위험도, 적도 전혀 없는 세계! 볼 것이 이렇게 많은데 왜 직업을 얻으려 근심하는가, 왜 자신의 감옥을 짓는가? 미래를 다스리기 위해서 무기를 연마한다는 핑계로 미래를 오히려 저지하는 그 고집을 난 이해하지 못했다. 내가 보기에는 떠나기만 하면 충분한 것 같았다……

현대인들은 누구나 자신이 자유롭다고 느끼지만, 실은 자유롭지 않다는 사실을 잘 알고 있다. 프랑스에서 상당한 독자층을 확보하고 있는 에세이스트이자 여행가인 저자는, 빡빡한 일정 속에 바쁘게 살아가다가 문득 현기증을 느끼는 독자들을 영원한 해변의 어느 시간 속으로 안내한다. 여행·독서·사색·독신·연인·권태·자살·휴식·모험 등, 혼자만의 진정한 자유를 위해선 필연적으로 부딪히게 되는 것들에 대한 진지한 이야기들과 함께 우리의 삶을 되돌아보게 한다.

우리가 우리 자신을 재창조할 때만이 사람들이, 풍경들이, 사상들이 우리에게 중요해진다고 설득하는 그녀는 부질없는 욕망들에 마음이 좀먹은 현대인들에게 여백을 살고, 신기루를 기록하고, 자신의 고독을 찬미하는 방법들을 제안하고 있다. 그리하여 대단히 유쾌한 되찾은 시간의 매력과 자신을 위한 시간의 비밀을 만드는, 독서를 통한 그러한 무수한 활동들이 형상화시키는 것을 삶 전체에 확장시켜 볼 것을 제안한다. 백포도주 같은 깔끔한 문체로 오랜만에 국내 고급독자들에게 프랑스 산문의 진수를 맛보게 한다.

나비가 되어 날아간 한 남자의 치열하고도 아름다운 생의 마지막 노래. 세상에서 가장 아름답고도 애절한 이야기가 비틀스의 노래와 함께 펼쳐진다.

잠수복과 나비

장 도미니크 보비 / 양영란 옮김

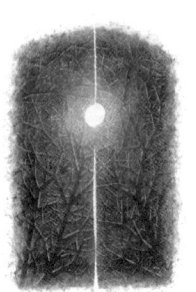

　장 도미니크 보비. 프랑스 《엘르》지 편집장. 저명한 저널리스트이며 두 아이를 둔 자상한 아버지. 멋진 말을 골라 쓰는 유머러스한 남자. 앞서가는 정신의 소유자로서 누구보다도 자유를 구가하던 그는 1995년 12월 8일 금요일 오후 갑작스런 뇌졸중으로 쓰러졌다. 3주 후 의식을 회복했으나, 그가 움직일 수 있는 것은 오직 왼쪽 눈꺼풀뿐. 그로부터 그의 또 다른 인생, 비록 15개월 남짓에 불과한 '새로운' 인생이 시작되었다.
　유일한 의사 소통 수단인 왼쪽 눈꺼풀을 20만 번 이상 깜박거려 15개월 만에 완성한 책 《잠수복과 나비》. 마지막 생명력을 쏟아부어 쓴 이 책은, 길지 않은 그의 삶에서 일어났던 일화들을 진솔하게 묘사하고 있다.
　그러나 그의 이야기는 유머와 풍자로 가득 차 있다. 슬프지만 측은하지 않으며, 억지로 눈물과 동정을 유도할 만큼 감상적이지도 않다. 오히려 멋진 문장들로 읽는 이를 즐겁게 해준다. 그리하여 살아남는 자들에게 희망과 용기를 주며, 삶의 그 모든 것들이 얼마나 소중한가를 새삼 일깨워 준다. 아무튼 독자들은 이제껏 경험해 보지 못한 진한 감동과 형언할 수 없는 경건함을 맛보게 될 것이다.
　《잠수복과 나비》는 출간되자마자 프랑스 출판사상 그 유례가 없는 엄청난 베스트셀러가 되었으며, 보비는 자기만의 필법으로 쓴 자신의 책을 그의 소중한 한쪽 눈으로 확인한 사흘 후 옥죄던 잠수복을 벗어던지고 나비가 되어 날아갔다. 자유로운 그만의 세계로…….
　국영 프랑스 TV는 그의 치열하고도 아름다운 마지막 삶을 다큐멘터리로 2회에 걸쳐 방영하였으며, 프랑스 전국민들은 이 젊은 지식인의 죽음 앞에 최대한의 존경과 애도를 보냈다.

자식은 그 어미가 못생겼다고 미워할 수 없다
딸에게 들려 주는 작은 지혜

노르베르트 레흐레이트너
안영란 옮김

"행복이 그대의 문을 두드리거든 열어 주어라!"
말처럼 쉽지는 않지만, 살아가다 보면 간혹 생각을 조금만 달리하는 것으로도 금방 행복해지는 때가 있다. 그래서 고대 인도의 현인들은 우리가 두려움을 극복하고, 행복 앞에서 우리 자신의 닫힌 문을 여는 데 도움이 될 만한 이야기들을 생각해 내었다. 왜냐하면 자기와 다른 의견이나 사상을 거부하는 사람들은 많으나, 재미있는 이야기를 마다하는 사람들은 없다는 것을 알았기 때문이다. 이런 이야기는 그들의 문화권에서 뿐만 아니라 곧 페르시아와 아라비아로 전해지고, 이어 그리스와 라틴, 중국과 동남아시아 등 전세계로 확산되어 수많은 사람들의 정서와 내적 생활을 윤택하게 해주면서, 긴 세월을 전해 내려오고 있다.

본서는 이렇듯 다양한 전통과 종교의 시대에서 유래한, 작지만 아주 소중한 이야기들을 한데 모았다. 비유 또는 우화·일화 등으로 엮은 이 짤막한 이야기들은 대개 기발하고도 놀라운 핵심과 요점으로 끝맺음을 하여, 독자들로 하여금 일상에서 굳어진 사고방식을 깨뜨리고, 진리를 수용하고 깨달음을 얻을 수 있도록 자극한다.

우리는 결코 이전 시대 사람들보다 현명하게 태어났다고 할 수 없을 것이다. 이기심, 인식과 사유의 결핍, 두려움은 여전히 우리 자신의 일부로 남아 있다.

여기 모든 지혜담 속에는 참으로 묘한 힘이 있어 사람을 도울 수도, 치유할 수도 있다. 그러니 위안과 행복, 조화를 추구하는 영혼에게 일종의 향유와 같은 것이라 할 수 있겠다.

소설로 읽는 세계의 종교와 문명

테오의 여행 (전5권)

카트린 클레망 / 양영란 옮김

★세계 각국 청소년 추천도서
★이달의 청소년 도서 (대한출판문화협회)
★98 올해의 좋은 책 (전국언론노동조합연맹)
★99 좋은 책 100선 (중앙일보사)

마음을 열고 영혼을 진정시켜 주는 책!
세상 끝까지 따라가는 엄청난 즐거움!
세계의 문명에 눈뜨게 해주는 책!
큰사람으로 만들어 주는 신의 선물!

열네 살짜리 소년을 동행한 신화와 제식의 세계 여행. 불치의 병에 걸린 주인공 테오는 '지상의 수많은 사람들이 어떻게 신을 믿고 있는가?'에 대해 이해하려고 끊임없이 놀라워하면서 질문한다. 또한 독자들을 '신비의 세계, 보편주의의 세계와 종교의식의 세계'로 안내하면서 '순진한 아이'의 역할을 충실히 해낸다. '하늘과 땅을 연결시키기 위해' 인간들이 구축해 놓은 세계 곳곳의 성소들을 찾아 나서, 온갖 종교의 성자들과 친구들을 만난다. 그리고 그들이 '무엇을, 왜 믿는가'를 우리에게 들려 준다. 마침내 여행이 끝나면 우리는 '종교의 역사는 관용의 역사이기도 하다'라는 말을 이해하게 되고, 세계의 문명에 대한 균형된 시각을 가지게 될 것이다. 또한 짚더미에서 보석을 찾는 것처럼 세상의 모든 것들 속에 존재하는 '진실의 알곡'을 찾을 수 있다는 것도 배우게 될 것이다. 다시 말해 "야유하지 말고, 한탄하지 말며, 악담하지 말라. 하지만 이해하려고 노력하라"고 한 스피노자의 말이 우리의 것이 될 터이다.

《르몽드》